캐나다 퀘벡 문화 담론

| 퀘벡 프랑스어와 문화정책 |

FRANÇAIS QUÉBÉCOIS ET POLITIQUE CULTURELLE AU QUÉBEC

캐나다 퀘벡 문화 담론

퀘벡 프랑스어와 문화정책

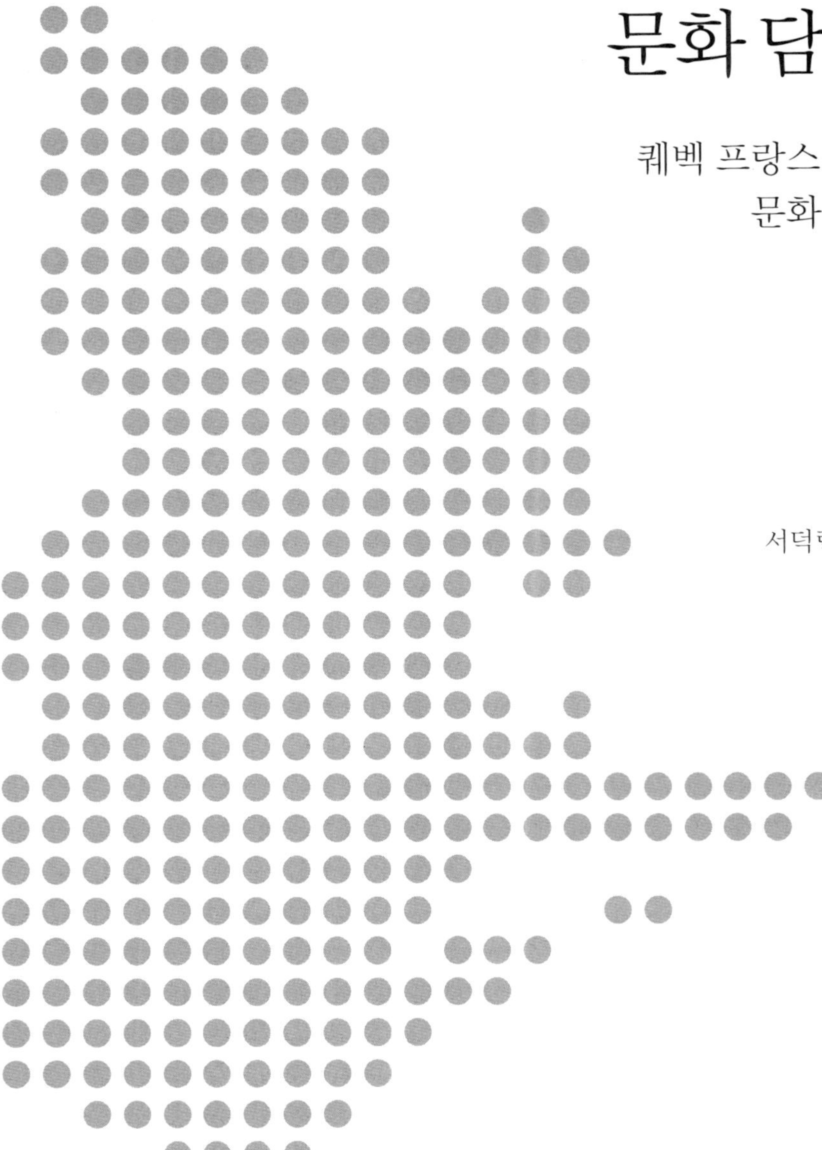

서덕렬 지음

한양대학교 출판부

오늘날 캐나다 퀘벡을 이해하기 위해서는 무엇보다 굴곡진 역사와 삶으로 점철된 퀘벡 프랑스어와 여러 민족으로 구성된 다문화 사회를 이끌어가는 데 중요한 원동력이 되고 있는 퀘벡 문화정책을 깊이 있게 성찰해 볼 필요가 있다. 이에 본서에서는 이러한 두 가지 측면에서 퀘벡을 집중적으로 조명해 보고자 한다. 이러한 성찰은 캐나다 퀘벡 문화의 삶을 전체적이면서도 통합적으로 시대의 흐름을 쫓아 파악해 볼 수 있는 좋은 계기가 될 것이기 때문이다.

먼저 캐나다 퀘벡에서 프랑스어의 과거와 현재 그리고 미래에 대한 언어로서의 지위를 성찰하고 전망해 보며, 언어학적 실체로서뿐만 아니라 삶의 터전과 집단 정체성의 토대로서 퀘벡 프랑스어의 역사와 삶의 진화 과정이 어떠했는지 살펴보고자 한다. 캐나다 퀘벡 사회는 여러 민족들 간의 자유로운 왕래를 통해 문화적 다양성을 추구하고 개인적 권리를 중시하면서 급속히 발전을 이루어가고 있다. 하지만 해마다 퀘벡으로 이주해 오는 여러 민족들로 인해 제기되고 있는 퀘벡 사회 응집력이라는 문제와 언어 공용 문제가 해결되어야 할 시급한 과제이기도 하다.

퀘벡은 캐나다에서뿐 아니라 북아메리카 내부에서도 창의적이고 정체성이 확고히 뿌리를 내린 독특한 지역 사회로 꼽힌다. 이 지역 문화는 프랑스어권의 문화적 성격을 띠면서 이에 대한 높은 가치를 부여하고 오랜 세월에 걸쳐 공존과 발전을 거듭해 오면서 과거에 이어져 내려온 역사적 유산과 다양한 민족으로부터 나오는 풍부한 이질 문화의 수용에서 그 문화적 독창성을 찾아볼 수 있다. 퀘벡 문화의 독창성은 대부분 프랑스어권 국가의 성격을 보존하고 그에 대한 가치를 부여하며 발전을 거듭해오면서 이루어진 역사적 유산과 민족의 풍요로운 문화적 혼종에서 엿볼 수 있다. 다원적이면서도 세계를 향해 열려 있는 퀘벡 문화는 수십 년의 계획 속에 이루어졌을 뿐 아니라 퀘벡 영토 전체에 걸친 문화 공급을 우선적으로 발전시키는 것을 목표로 하는 정책과 프로그램, 그리고 기구들을 정착시켰다. 그러나 역사적인 사건들과 개괄적으로 그려놓은 지정학적 사건들 외에도 인구 통계학적, 사회문화적, 정치적, 경제적 요소들이 퀘벡 사회의 특수성과 더불어 문화정책을 수립하는 밑바탕이 되었다는 점을 염두에 둘 필요가 있다.

제1장에서는 우선 퀘벡 프랑스어가 오늘날 퀘벡 사람들에게 그들의 정체성의 상징이 되기까지 퀘벡에서 뿌리를 내리기 시작한 프랑스어의 역사와 삶이 어떠했는지 고증학적인 분석을 시도해 보고자 하며, 이어서 퀘벡 프랑스어에 대한 사회 언어학적 접근을 통해 퀘벡 사회에서 언어 공동체 양상을 살펴보고, 퀘벡 정부의 이민정책에서 오는 대량 이민자들의 프랑스어 사용 문제와 퀘벡의 공용어로서 프랑스

어의 위상을 구체적인 사례들을 통해 기술해 보고자 한다. 또한 퀘벡에서의 프랑스어 사용 현황과 퀘벡의 언어정책을 통해 앞으로 전개될 퀘벡에서 프랑스어의 미래를 전망해 보고자 한다. 끝으로 퀘벡 사회 통합의 목표가 퀘벡의 언어 통합정책과 언어 통합 프로그램을 어떤 방향에서 영향을 주게 되는지 분석해 보고, 지난 여러 해 동안 이민자들의 통합정책에서 돌출되었던 중요한 변화들과 문제들을 논의해 볼 것이다.

제2장에서는 퀘벡 도시 문화정책의 근간을 이해하고 퀘벡이 추구하는 미래 도시 문화정책의 방향을 가늠해 보려고 한다. 이어서 퀘벡 문화정책의 역사적인 변화와 퀘벡의 정체성이 뿌리내리기까지 과정을 시간의 흐름을 좇아 되짚어 보면서 현재 실행되고 있는 퀘벡 문화정책의 기조와 방향을 파악하고, 퀘벡 문화정책 발전에 장애가 되고 있는 요인들이 무엇인지 알아보고자 한다. 또한 문화정책을 지원하기 위해 통계를 만들고 이를 이용하는 데 선두 주자로 널리 알려진 퀘벡주의 문화적 내력과 문화 통계학의 현황을 파악해 볼 것이다. 그뿐 아니라 캐나다의 문화 통계자료를 조사하여 문화 통계학 연구에 필요한 문헌 자료를 개발함과 동시에 캐나다에서 사용되고 있는 문화 통계학과 지표에 대한 성격 및 입장을 통찰해 보고 새로운 문화적 맥락으로 활용될 수 있는 자료들을 추출해 보고자 한다. 끝으로 퀘벡 문화정책이 고유한 문화적 정체성을 갖고 오늘날까지 어떻게 정착되어 왔는지 그 역사적 흐름을 추적해 볼 필요가 있을 것 같다. 한편 퀘벡 사람들의 언어와 문화의 기원과 상관없이 퀘벡 정부와 퀘벡 사람들이 갖게 되는 퀘벡 문화에 대한 집착은 어떠한 연유에서인지 알아보고, 옛 식민지 사회에서 예술과 문학 그리고 문화유산을 위한 선제적 조치들을

역추적해 보고자 한다.

본서는 2005년 캐나다 몬트리올대학교에서 방문 교수로 첫 연구년을 보내며 오래전부터 호기심으로 가득 찼던 퀘벡 프랑스어에 대한 연구가 출발점이 되었다. 그 이후 캐나다 정부 초청 그랜트를 수혜하게 되어 몬트리올에서 연구 임무를 수행한 후 학부에서 캐나다 관련 교과목을 개발하여 처음 개설하게 되었고, 몇 차례 한국연구재단의 중견연구자 지원을 받아 퀘벡 문화정책에 대한 연구를 수행하게 되었던 것이 여러 연구 결과물로 이어지게 되었다. 따라서 일반 독자들이 그동안 필자의 연구 내용을 쉽게 접할 수 있도록 하고자 한 것이 본서를 만들게 된 동기가 되었고, 때마침 한양대학교 저·역서 지원 사업이 큰 도움을 주었다.

캐나다 퀘벡에 대한 여러 독자들의 관심을 충족시키기에는 미흡한 점이 적지 않으나, 여기에 제시된 연구 자료나 캐나다 현지에서 접할 수 있는 각 기관의 통계 자료들은 차후 캐나다학 연구자들에게 필요한 도움을 줄 수 있고, 후속 연구에도 가치 있는 정보로 활용될 수 있기를 기대한다.

2022년 9월

서덕렬

차례

제1장

퀘벡 프랑스어

퀘벡 프랑스어의
역사와 삶

캐나다 퀘벡에서는 프랑스어가 단순히 의사소통 수단으로서만 사용되고 있는 것이 아니라 이제 퀘벡 사람들의 삶의 환경과 정체성의 표현 수단이 되었다. 또한 퀘벡 사람들은 자녀들에게 되도록 프랑스어를 배우도록 권장하는 퀘벡 정부의 전략적인 언어정책에 적극 호응하고 그러한 언어 환경을 함께 조성해 나갈 뿐만 아니라 스스로의 삶도 프랑스어 중심으로 영위해 나가고 있다. 그러나 그들은 프랑스와는 조금 다른 삶의 가치관과 나름대로 고유한 정체성을 갖고 평등한 권리를 향유하는 프랑스어 공동체를 이루고 있다는 데 주목할 필요가 있다. 따라서 오늘날에 이르러 퀘벡 프랑스어가 그들의 정체성의 상징이 되기까지 그 언어의 역사와 삶이 어떠했는지 고증학적인 분석 절차가 필요하리라 본다.

캐나다 퀘벡에서의 프랑스어는 1608년 사무엘 드 샹플랭(Samuel de Champlain)의 퀘벡 상륙과 더불어 프랑스의 보호 아래 정착되고 발전되기 시작하였다. 영국의 동화와 미국의 병합 그리고 영국계 캐나다인들의 지배에서 벗어나 410여 년에 걸친 오늘날에 이르기까지 퀘벡 프랑스어는 어떻게 발전되어 왔으며 어떤 언어적 지위에 이를 수 있었을까? 그리고 왜 대부분 영어권에 속하는 캐나다 여타 지역과는 달리 퀘벡이라는 역사적인 땅 위에서만 프랑스어가 확고한 지위를 구축하게 되었는가? 또한 퀘벡에서 현재 사용되고 있는 프랑스어가 과거에 퀘벡 사람들에게는 언어로서 어떠한 지위를 차지하였으며, 새천년을 살고 있는 오늘날에는 그들에게 이 언어가 그 무엇으로 표상되고 있는가? 퀘벡에서 프랑스어가 그토록 오랜 기간에 걸친 언어 분쟁에서 벗어나 어떻게 오늘날 퀘벡 사회에서의 공용어로서 굳건한 지위를 누리게 되었으며 현대를 살아가는 퀘벡 사람들의 정체성의 상징이 되었는가? 이러한 의문들을 중심으로 퀘벡 프랑스어가 발전해 온 과정을 통시적 관점에서 살펴볼 것이다. 언어 지위 차원에서 퀘벡 프랑스어의 변천 과정은 역사적 또는 정치적 흐름에 따라 크게 네 시기로 구분해 볼 수 있다.

본고에서는 캐나다 퀘벡에서 프랑스어의 과거와 현재 그리고 미래에 대한 언어로서의 지위를 성찰하고 전망해 보며, 언어학적 실체로서뿐만 아니라 삶의 터전과 집단 정체성의 토대로서 퀘벡 프랑스어의 역사와 삶의 진화 과정을 상세히 드러내 보이고자 한다. 사실 한 언어의 언어학적 발전 과정에서는 시간이라는 요소가 대단히 중요하다. 우선 언어가 존속되기 위해서는 삶을 공유하는 언어 공동체에서 받아들여지고 인정되어야만 한다. 따라서 언어는 정치적, 경제적, 사회적인 동시에 문화적인 지위를 필요로 하게 된다. 이러한 지위는 언어의 사용과 효용성을 보편화시키게 됨과 동시에 그 언어를 말하는 집단의 정체성을 강화시키게 된다.

오늘날의 퀘벡을 이해하기 위해서는 무엇보다 퀘벡 문화의 요체가 되는 프랑스어의 역사와 삶을 깊이 있게 성찰해 보는 것이 필요하다. 이러한 성찰은 퀘벡 문화의 삶을 전체적이면서도 통합적으로 시대의 흐름에 따라 일목요연하게 파악해 볼 수 있는 좋은 계기가 될 것이기 때문이다.

1

프랑스 체제 하의 프랑스어

누벨 프랑스라는 새로운 세계의 탄생과 더불어 북미 대륙에 최초로 프랑스어가 뿌리를 내리게 되었다. 프랑스가 지배하게 된 북아메리카 영토에는 프랑스식 이름이 붙여지면서도 누벨 프랑스의 어느 중심부에서는 프랑스어가 처음부터 영어의 위협에 직면하게 되는 상황을 맞기도 하였다. 1629년 키르크(Kirke) 형제들의 공격이 있은 후 퀘벡은 3년 동안 영국화되었다. 그러나 1660년 이후 루이 14세(Louis XIV) 왕의 딸들이 누벨 프랑스에 이주해 옴으로써 특히 쌩 로랑(Saint-Laurent)강 유역을 중심으로 프랑스어가 활발하게 사용된다. 즉 이 일대는 프랑스 식민지의 중심을 이루게 되어 이 지역에 거주하던 캐나다 사람들은 이내 프랑스어를 공용어로 사용하게 되고 또한 그들의 후손들에게도 프랑스어를 공용어로 물려주게 된다.

누벨 프랑스에서 언어는 특별히 문제가 되지 않았다. 프랑스어는 자연스럽게 언어로서 왕권의 지위를 누리게 되었고, 인구는 17세기 후반에 이르러서야 조금씩 늘어나게 되었다. 초기에 약 2,500명에 불과하던 주민의 수가 15,000명 정도로 증가했으며 프랑스가 식민지를 점령하던 시기에는 약 70,000명에 달하였다. 이와 같이 인구가 늘어난 것은 프랑스 왕가의 딸들과 프랑스 병사들이 대거 이주해왔을 뿐만 아니라 그 당시 출생률에 있어서도 한 몫을 했기 때문이다. 주로 쌩 로랑(Saint-Laurent)강 유역에서 인구가 집중적으로 증가하게 되었고 주민들끼리 의사소통은 비교적 원활하게 이루어졌다.

1. 누벨 프랑스의 탄생

북아메리카에서 프랑스의 모험은 1534년 자크 카르티에(Jacques Cartier)가 동아시아로 이르는 길을 찾아 나서면서 시작되었다. 그러나 프랑스가 북아메리카에 비로소 굳건한 뿌리를 내리게 되었던 것은 1608년 사무엘 드 샹플랭(Samuel de Champlain)이 퀘벡에 첫발을 내딛음으로써 퀘벡을 최초의 프랑스 도시로 만들게 되면서부터이다. 퀘벡은 대륙의 중심부에 위치하고 있어 신대륙과 구대륙을 연결해주는 가교 역할을 해줄 뿐만 아니라 쌩 로랑(Saint-Laurent)강을 우회하여 대양으로 직접 이르게 하는 요충지대로 프랑스가 북미 영토를 식민지화하는 데 중요한 전초 기지로 사용되었다.

퀘벡에 이어 몬트리올의 기관들이 상설되었던 쌩 로랑(Saint-Laurent)강 유역을 기점으로 북미 대륙 전반에 걸쳐 새로운 프랑스의 존재가 나타나기 시작하였다. 18세기 초에 북아메리카 땅에서 프랑스 제국이 가장 넓게 확장되었던 절정기를 맞게 된다. 그 당시 프랑스의 영토는 테르 너브(Terre-Neuve)와 아카디(Acadie) 그리고 허드슨(Hudson)만과 루이지안느(Louisiane)를 거쳐 벨 일(Belle-Isle)해협에서 그랑 락(Grands Lacs)까지 확장되었다. 그러나 이처럼 광활한 땅에서는 프랑스에서 이주해 온 사람들이 거의 살지 않음으로써 영국에 의해 그 소유권을 위협받게 된다. 그 당시 영토의 소유권은 곧 그 지역의 상업권을 독점할 수 있게 해주는 원동력이 되었다. 따라서 프랑스로서는 자국의 주민들이 비교적 많이 살지 않고 있는 지역에 대한 영토 지배력을 확고히 하고 동시에 대외 무역의 주도권을 쥐기 위해서는 이웃 아메리카 인디언 국가들과의 동맹조직을 더욱 공고히 해나가야만 했다.

두 민족 간에 결혼과 언어·문화 통합정책이 정착됨으로써 아메리카 인디언들은 프랑스 사람들과 동일한 대우를 받게 되었다. 그러나 프랑스 사람들은 이러한 정책의 비현실성을 이내 깨닫게 된다. 아메리카 인디언들이 그렇게 순종적이지만은 않았으며 프랑스어를 배우려는 노력도 거의 엿보이지 않았기 때문이다. 오히려 인디언 언어를 배운 프랑스 통역자가 상인들에게 그리고 상업 집단 활동에서 매우 필요한 존재가 되었다. 따라서 이 시기에는 많은 프랑스 젊은이들이 인디언 언어를 배워 통역자가 되기 위해 인디언들 집에서 몇 년씩 거주하기까지 하였다. 그들은 인디언들과 접촉하면서 새로운 삶의 방식과 인간관계 그리고 새로운 신앙을 접하게 된다. 그들에게 필요한 것은 아주 다른 환경에서 상징적인 의미를 부여받는 새로운 언어활동이었다.

북아메리카로 이주해 온 프랑스인들은 여러 지방 출신들이었지만 특히 왕가의 딸들이 이주해오면서 파리 출신들이 다수를 차지하게 된다. 또한 대부분의 식민지인들은 누벨 프랑스에 이주해 오기 전에 어느 정도 교육을 받고 프랑스어를 말해야 했다. 그 당시 쌩 로랑(Saint-Laurent)강 지역은 누벨 프랑스의 경제·문화 활동의 중요한 거점이 되었다. 따라서 프랑스에서 이주해 온 대다수의 사람들이 그곳에 정착하면서 퀘벡과 몬트리올 사이의 비교적 제한된 공간을 차지하고 살았다.

퀘벡은 누벨 프랑스의 수도로서 행정의 본거지가 되었다. 그곳에 신교도와 구교도들에 의해 세워진 기관들은 교육을 담당하고, 특히 원시인 젊은이들에게 프랑스어를 가르치려는 노력을 기울이던 곳이기도 하다. 퀘벡은 문학과 예술이 발달된 도시로 다른 도시들과 뚜렷이 구별되었다. 누벨 프랑스에는 인쇄소가 없어 문학 작품들은 주로 파리에서 출판되었다. 퀘벡은 언제나 축제와 모임이 많은 활기찬 도시였다.

그러나 프랑스가 이 식민지에서 정착시키려했던 사회 계층적 조직은 기대했던 만큼의 기능을 하지는 못했다. 귀족층의 사람들은 프랑스에서와 동등한 권한을 누렸지만 하인들의 책무는 그렇지 못했다. 황무지 개간도 쉽지 않았으며 식민지 개척은 이중의 언어활동으로 나타났다. 일상생활의 현실과 교류에 의해 다듬어지고 아메리카 인디언들의 말에서 차용되기도 하면서 단일화 된 새로운 프랑스어가 마침내 캐나다 사람들의 언어로 자리 잡게 되었다.

누벨 프랑스 사람들은 그들의 역사와 새로운 삶의 환경에 따라 프랑스 사람들이 아닌 나름대로 고유한 정체성을 지닌 캐나다 사람들이 되었다. 그들은 식민지화와 생존의 역사 속에 뿌리를 내리게 되었고 생활 형태는 아메리카 인디언들과 유사했으며 자연과 더불어 살아가는 생활 방식으로 종속적이기보다는 독립적이었다. 또한 계급주의보다 평등주의 사고방식을 갖고 살았다. 1670년경부터는 주거지에 정착한 이 프랑스인들을 캐나다인 또는 프랑스계 캐나다인이라 불렀다.

캐나다인들의 문화에는 구시대의 사회적 의무와 계층적 제약에서 벗어나도록 하는 자연과 공간과의 관계가 내재되어 있다. 나라 안에서 캐나다인들의 정착은 현실적인 문제였으며 그들은 자신들만의 뚜렷한 문화적 정체성과 이러한 문화적 정체성이 깊이 관련된 역사적 유산을 잘 인식하고 있었다. 캐나다인은 프랑스인과 동일한 혈통과 관심, 동일한 원리의 정부와 종교를 가지고 있었음에도 불구하고 서로 쉽게 화합하지는 못했다. 오히려 서로 다른 국가와 같이 적대 관계를 이루면서도 경우에 따라서는 그들의 조상 프랑스인의 혈통과 문화를 재차 분명히 드러낼 필요성을 느끼기도 했다. 그뿐 아니라 쌩 로랑(Saint-Laurent)강 유역에서 탄생한 누벨 프랑스의 존속과 생명력을 확고히 하기 위해서는 프랑스의 역사와 언어 그리고 제도 및 종교 등에 도움을 구하기도 하였다.

2. 프랑스인과 아메리카 인디언

프랑스인과 아메리카 인디언은 상호 협력과 동시에 대립 관계를 가지고 있었다. 그 당시 주요한 상업 활동이었던 모피 거래는 식민지 경제의 근간이 되었으며 연합군들은 전쟁을 위해서뿐만 아니라 평화를 위해 서로 의존하고 있었다. 프랑스인과 원주민의 우두머리들은 서로의 언어와 풍습을 배우기 위해 젊은이들을 맞교환하기도 하였다. 그러면서도 서로 대립 관계를 피할 수 없었던 것은 프랑스의 당초 식민지 계획의 목표가 원주민들을 지배하여 왕의 신하로 만들거나 교황의 신도로 만드는 것이었기 때문이다.

프랑스 체제로 지배된 기간 동안 식민지의 성격과 사용된 언어들 간의 관계를 특징짓는 두 시기를 구분해 볼 필요가 있을 것 같다. 1660년경까지 원주민 가운데 식민지인은 소수였던 시대와 프랑스가 차지한 영토에서 프랑스인들이 다수를 이루었던 식민지 시대인데, 이는 다음 두 가지 현상에서 연유된 것이다. 즉 1630년과 1660년 사이에 만연됐던 전염병의 재발과 프랑스에서 몰려온 수많은 이민 현상이다. 우선 원주민이 다수를 이루었던 시대에 캐나다로 이주해 온 프랑스인들은 아메리카 인디언 지방에 정착하였다. 따라서 구교도들은 원시인 어린이들을 교육시키고 신앙생활을 하도록 하였다. 이어서 프랑스인이 다수를 차지했던 식민지 기간 동안 몬트리올에서부터 쌩 로랑

(Saint-Laurent)강 하류에 이르는 농업 지역에서는 프랑스어가 원주민 언어를 밀어제치고 우위를 점하게 되었다. 그러나 1650년과 1690년 사이에 도피해 온 종족들[1)]이 밀려들어오면서 또 다른 언어가 섞이는 가운데 원주민들의 언어는 그런대로 유지될 수 있었다. 프랑스 체제가 끝날 무렵 원주민들은 현재 퀘벡 영토 주민의 약 10% 정도에 달하였다.

식민지 농업 지역은 훨씬 더 큰 영역인 프랑스와 아메리카 인디언 연합지대와 함께 나란히 연결되었다. 이곳은 캐나다인과 프랑스인들이 아주 소수이고 흔히 2개 국어를 사용하던 아메리카 인디언 지방이었다. 상거래에 이끌려 그리고 성의 불균형에 의해 식민지에서 떠밀려 온 결혼 적령기 남자들은 대부분 거기서 언어를 배워 아메리카 인디언 여자들과 결혼해 함께 살았다. 상거래, 외교, 전쟁, 탐험 등을 위해서는 식민지에서 많은 통역자들이 필요했는데, 이들은 거의 프랑스인이거나 캐나다인이었다.

쌩 로랑(Saint-Laurent)강 연안에 정착한 프랑스 출신의 식민지인들은 아메리카 인디언들과 거의 접촉이 없었으며 북부 지방에 사는 에스키모 인들과도 아무런 교류가 없었다. 북미 모피 사냥꾼들과 선교사들만이 아메리카 인디언들과 가까이 지냈을 뿐이다. 따라서 바로 이들이 누벨 프랑스의 프랑스어에 아메리카 인디언 언어가 침투되도록 한 주요 매개자 역할을 했던 것으로 볼 수 있다. 그러나 아메리카 인디

---

1) 휴론족, 아베나족, 이로쿼이어족들이 들어와 식민지인이 살고 있던 근방에 정착하게 되었다. 왕은 이들을 모두 프랑스 식민지인들로 만들려 했었지만 신교도들이 맞서는 가운데 이들 역시 완강히 저항하였다.

언 언어에서 차용된 용어는 모두 식물군이나 동물군 그리고 북아메리카 문화에 관련된 수십 개의 단어들[2)]을 찾아볼 수 있다.

한편 프랑스 식민지 지배자들은 일찍이 아메리카 인디언 지명에서 지역 관련 어휘를 폭넓게 차용하였다. 예를 들어 쌩 로랑(Saint-Laurent)강 연안에 있는 퀘벡(*Québec*)과 타두삭(*Tadoussac*)은 일 도를레앙(*île d'Orléans*)이나 일 오 쿠드르(*île aux Coudres*)와 같은 초기 프랑스 지명들과 함께 17세기 초반부터 사용되었다. 또한 19세기까지 유럽 사람들에 의해 점령당하지 않고 다만 그들이 자주 드나들었던 땅으로 프랑스 체제 하에 있던 지역 명칭들은 일반적으로 아메리카 인디언 지명에서 차용된 것들이다.[3)] 이러한 차용의 첫 물결이 프랑스 체제 기간 내내 이어졌고 영국 체제 기간 초기까지도 그 뒤를 이었다. 그뿐 아니라 19세기와 20세기에 이르러서도 지역 명칭을 사용함에 있어 차용의 물결이 계속되었다.

---

2) 17세기에 차용된 어휘들 가운데 몇 개의 예를 들어보면 *achigan* (poisson), *atoca* (airelle canneberge), *babiche* (lanière de cuir cru), *cacaoui* (canard), *carcajou* (mammifère) 등이 있는데, 이 모든 차용어들은 아직도 퀘벡 프랑스어에서 사용되고 있다. 이러한 차용현상은 18세기 동안에도 계속되었지만 어느 정도 절제 있게 받아들여졌다. 예를 들어 *malachigan* (poisson), *mascouabina* (fruit du sorbier), *pimbina* (fruit de la viorne), *savoyane* (plante, coptide du Groenland), *ouaouaron* (grenouille géante) 등과 같은 용어들이 이 기간 동안 차용되었던 것들이다.

3) 가령 *Abitibis*, *Nepissing*, *Témiscaming*이라는 호수를 지칭하는 명칭과 *Chekoutimi* (Chicoutimi), *Mataouane* (Mattawa)과 같은 전략적 요충지명이 있다.

3. 누벨 프랑스의 프랑스어

누벨 프랑스에는 17세기에 식민지인들을 중심으로 다양한 언어들이 존재하고 있었다. 그러나 누벨 프랑스의 언어학적 다양성은 같은 시기에 프랑스 본토에서도 나타났던 언어학적 다양성[4]의 문제보다 훨씬 빨리 해소되었다. 누벨 프랑스에 대한 최근까지의 언어학적 연구[5]에서는 상당수의 초기 식민지인들이 프랑스어를 모르거나 알고 있더라도 초보적인 지식에 불과했음을 보여주고 있다. 이러한 분석은 다수의 식민지인들이 시골 출신이나 하급 사회 계층의 사람들이라는 데

---

4) 프랑스에서는 라틴어 분화 과정에서 생긴 방언이 20세기 초까지 존속되었고, 오랜 세월 동안 프랑스어가 지방마다 현격한 차이를 드러냈다. 따라서 17세기에 프랑스어는 언어학적 단일성을 이루기 어려웠고 노르망디, 푸아투, 피카르디, 프로방스 등의 방언들, 그리고 바스크, 브르타뉴, 플랑드르 등의 지방어들과 공존하고 있었다. 표준 프랑스어는 주로 행정, 교육, 무역 등과 같은 사회의 공공 영역에서 사용되었고, 방언과 지방어들은 가정이나 농사일, 교회의 축일 등과 같은 동일한 공동체 구성원들끼리의 일상적인 의사소통에 사용되었다.

5) A. Rivard, *Étude sur les parlers de France au Canada*, Québec, J.-P. Garneau, 1914.
G. Dulong, *Bibliographie linguistique du Canada français*, Sainte-Foy/Paris, Presses de l'Université Laval/Klincksieck, 1966.
P. Barbaud, *Le choc des patois en Nouvelle-France. Essai sur l'histoire de la francisation au Canada*, Sainte-Foy, Presses de l'Université Laval, 1984.
P. Barbaud, "Des patois au français, la catastrophe linguistique", *Les origines du français québécois*, Sainte-Foy, Presses de l'Université Laval, 1994.

근거를 두고 있다. 그러나 지방과 이민자들 출신의 주거 환경에 대한 새로운 자료들[6]은 대다수의 식민지인들이 누벨 프랑스에 이주해오기 전에 프랑스어를 말할 줄 알았다고 추정하고 있다. 이러한 주장을 뒷받침하는 주요한 논거들을 언급해보면 식민지인들 90% 이상이 프랑스 북부 지방에서 이주해왔으며, 여성 식민지인 70%와 남성 식민지인 47%가 도시의 주거 밀집 지역에서 왔다는 것이다. 또한 대다수의 식민지인들이 교육을 받았고, 그들 중 반 이상이 자신들과 관련된 여러 가지 문서에 서명할 수 있었던 점이다. 그리고 식민지인들 약 3분의 1이 어느 정도 사회적 지위를 차지하고 있었으며 손을 쓰는 직업에 종사하면서 프랑스어에 대한 깊은 지식을 갖고 있었다는 점 등이다.

누벨 프랑스에서 프랑스어 방언은 세분화되었으며 언어 구조의 모든 층위에서 서로 상당한 차이를 나타냈다. 이러한 방언들은 같은 장소나 같은 지방에서 이주해 온 식민지인들에 의해서만 사용되었다. 한편 누벨 프랑스에서 소교구 교회와 농촌 취락은 서로 다른 지방에서 이주해 온 식민지인들을 한데 결집시켰고, 서로 다른 지방 출신의 식

---

6) H. Charbonneau et A. Guillemette, "Provinces et habitats d'origine des pionniers de la vallée laurentienne", Québec, *Langue, espace et société : les variétés de français en Amérique du Nord*, Sainte-Foy, Presses de l'Université Laval, 1994.
H. Charbonneau et A. Guillemette, "Lieux de provenance des Français établis dans la vallée du Saint-Laurent au XVIIe siècle" Bourges, *Conférences et actes du congrès national et Salon de généalogie de Bourges, Information généalogique du Haut-Berry*, n° 38, 1997.

민지인들끼리 결혼하는 경우가 많았으며[7] 대부분의 여성들은 도시에서 이주해 온 경우였다.[8] 일상적이거나 사적인 의사소통을 위해서는 프랑스 방언이 간혹 사용되긴 했으나 세대 간의 방언 전수는 줄어들었다. 따라서 누벨 프랑스에서는 비교적 빨리 프랑스 방언이 사라지게 되었고 대다수의 식민지인들도 프랑스어로 의사소통이 가능했기 때문에 더욱 자연스럽게 언어 단일화를 이룰 수 있었다. 그러나 이민자 출신들이 정착한 지방에서는 상황이 전혀 달랐다. 가정과 지방 공동체가 훨씬 더 안정되고 동질적이어서 프랑스 방언이나 지방 사투리들이 표준 프랑스어의 독주에도 불구하고 그런대로 잘 지탱해낼 수 있었다.

누벨 프랑스에서 언어 단일화를 이뤄냄으로써 점차 동질화된 프랑스어가 나타나게 되었는데, 이것이 오늘날의 퀘벡 프랑스어가 되었다. 이와 같은 언어적 동질화는 앞서 언급한 인구 통계학적 요인 외에도 이러한 유형의 언어학적 변화를 야기했던 여러 가지 사회적 요인 때문인 것으로 볼 수 있다. 먼저 수많은 식민지인들이 누벨 프랑스에서 사

---

7) M. Trudel, *La population du Canada en 1663*, Montréal, Fides, 1973.

8) P. Barbaud, "Des patois au français, la catastrophe linguistique", *Les origines du français québécois*, Sainte-Foy, Presses de l'Université Laval, 1994.
H. Charbonneau et A. Guillemette, "Lieux de provenance des Français établis dans la vallée du Saint-Laurent au XVIIe siècle" Bourges, *Conférences et actes du congrès national et Salon de généalogie de Bourges, Information généalogique du Haut-Berry*, n° 38, 1997.

는 동안 자신들의 사회적 지위가 눈에 띄게 향상되었다.[9] 그리고 그들 중 많은 사람들이 여러 가지 직업에 동시에 종사하고 있었으며 식민지인들 지도층과의 접촉도 비교적 쉬웠다. 가령 정부 지도층과 지방 인사는 식민지인들의 탄원에 직접 귀를 기울이곤 했다. 이러한 모든 요인들 때문에 사회적 분열이 최소화되면서 동시에 새로운 의무 조항들이 생겼는데, 그 중에는 더욱 공식적으로 프랑스어를 사용해야 한다는 항목이 있었다. 전형적인 퀘벡 프랑스어를 앞 다투어 사용하던 커다란 집단이 점차 생겨나기 시작했다. 이 집단에서 경쟁하듯이 사용되던 프랑스어는 식민지인들의 사회적 지위 또는 출신 지방이 다양함을 나타내고 있었으나 언어학적 단일화 과정은 획일적으로 전개되지는 않았다. 퀘벡 프랑스어로 이어진 대부분의 변화에는 그 당시 문법가[10]들이 권장했던 것과 사용을 금지했던 두 가지 대립적인 형태[11]가 있었는데, 사용을 금지했던 형태들은 현대 퀘벡 프랑스어의 여러 기록물에도 아직까지 나타나고 있다.

---

9) M. Trudel, *Catalogue des immigrants, 1632-1662*, Montréal, Éditions Hurtubise HMH, 1983.

10) 보즐라(Vaugelas)와 말레르브(Malherbe)가 당대의 문법학자로서 규범적 역할을 수행하였다.

11) 예를 들어 사용을 권장했던 *je vais, ce matin, sur*와 이에 대한 대립적인 어휘 형태로 사용을 금지했던 *je vas, à matin, dessus*가 있다.

4. 캐나다의 초기 프랑스어

오늘날 캐나다인들이 사용하고 있는 전통적인 프랑스어의 모든 용법은 17세기로 거슬러 올라가며 그 시대에 사용했던 프랑스어에서 확고한 기반을 다지게 되었다. 이러한 프랑스어 용법은 지방의 사투리에도 이어져 주민들의 활발한 지지에 힘입어 더욱 강화되어 나간다. 오늘날에는 구식이 되어버린 퀘벡 프랑스어 용법이 그 당시에는 올바른 용법이었고 더 나아가 여러 가지 변화를 겪으며 발전하였다.

프랑스 체제로 지배되는 기간 동안 줄곧 캐나다 사람들이 말하는 프랑스어에는 거의 악쌍이 없었다. 17세기와 18세기의 고문서 자료[12]에 나타난 표기법에 대한 연구에 따르면 그 당시 캐나다 프랑스어 발음은 17세기와 18세기에 걸친 파리 프랑스어의 발음[13]과 유사했었다.

---

12) M. Juneau, *Contribution à l'histoire de la prononciation française au Québec : étude des graphies des documents d'archives*, Sainte-Foy, Presses de l'Université Laval, 1972.

13) *Cf.*, C. Thurot, *De la prononciation du français depuis le commencement du XVIe siècle d'après le témoignage des grammairiens*, Paris, Imprimerie nationale, 1901.
T. Rosset, *Les origines de la prononciation moderne étudiée au XVIIe siècle*, Paris, 1911.
F. Deloffre, *Agréables conférences de deux paysans de Saint-Ouen et de Montmorency sur les affaires du temps (1649-1651)*, Paris, 1961.
예컨대 *perche, ouverte*가 *parche, ouvarte*와 같이 발음되었는데, 이러한 유형의 발음들은 17세기 내내 논란거리가 되었으며, 오히려 궁정에서는 중산층과 파리 시민들에게 이러한 발음을 사용하도록 권장하기도 하였다.

옛날 캐나다 사람들의 발음은 오늘날 전통적인 캐나다 프랑스어에도 남아 있다. 이러한 파리 프랑스어 발음과의 유사성은 수많은 식민지인들이 푸와투(Poitou), 오니스(Aunis), 쌩통쥬(Saintonge)와 같은 프랑스 서부 지방에서 대거 이주해왔다는 사실이 더욱 뒷받침 해주고 있다.[14] 더욱이 이주민들이 사용하던 프랑스어와 일 드 프랑스(Île-de-France)에서 사용하던 프랑스어 간에 그 당시 발음을 유사하도록 했을 뿐만 아니라 일찍이 파리 프랑스어와 음성학적으로 비슷하게 발음할 수 있도록 해주었던 발음 특성에 관한 일종의 공동체가 있었기 때문이다. 따라서 어느 지방의 특색 없는 음성학적 형태가 오히려 존속되어 공통된 유형의 발음으로 연계될 수 있었다는 것을 엿볼 수 있다.[15]

프랑스 체제 말기에 캐나다 프랑스어의 가장 특징적인 변화는 악쌍이라기보다 프랑스 본토 프랑스어와는 조금 다르게 갈라지기 시작한 어휘들[16]이다. 따라서 프랑스 체제가 끝날 무렵 캐나다 프랑스어가 프

또한 *froid, ployer, broyer, corroyeur* 등이 *fret, pleyer, breyer, coreyeur*와 같이 발음되었던 것도 17세기와 18세기에 걸쳐 논란이 되기도 하였다.

14) *Cf.*, M. Juneau, *Contribution à l'histoire de la prononciation française au Québec : étude des graphies des documents d'archives*, Sainte-Foy, Presses de l'Université Laval, 1972.
Y.-C. Morin, "Les sources historiques de la prononciation du français du Québec", *Les origines du français québécois*, Sainte-Foy, Presses de l'Université Laval, 1994.

15) *Cf.*, A. Rivard, *Étude sur les parlers de France au Canada*, Québec, J.-P. Garneau, 1914.

16) 캐나다 사람들이 일상생활에서 사용했던 어휘 변화의 예로는 *sac*가 *poche*로 *ennuyé*가 *tanné*로 *bonheur*가 *chance*로 *moment*이 *miette*로 *après-midi*

랑스 프랑스어와 구별되었던 것은 어휘와 표현들이라 할 수 있다. 여러 도시를 순회하며 선교사로서 포교활동을 하던 그 당시 영적 지도자였던 피에르 필립 포티에(Pierre-Philippe Potier)는 캐나다 프랑스어에서 약 천 개 이상의 새로운 표현들과 관용구들[17]을 찾아내기도 하였다. 또한 그는 캐나다에서 17세기와 18세기 동안 고어와 지방 특유 어법뿐만 아니라 아메리카 인디언 언어에서 차용된 것들로 이루어진 일상적 어휘들이 발전해왔음을 보여주었다.[18] 이러한 어휘는 퀘벡 프랑스어 어휘의 전통적 기초를 이룸과 동시에 그 시대의 관용적 프랑스어 어휘와는 서로 다르다. 따라서 이러한 어휘적 차이에도 불구하고 17세기와 18세기에 걸친 누벨 프랑스에서 구어 프랑스어의 특성들은 캐나다 프랑스어의 기초가 식민지에서 어느 기간 동안 존재할 수 있었

가 *relevée* 등으로 쓰였던 경우와 특별히 선원들이 사용했던 어휘들의 예로는 *attacher*가 *amarrer*로 *tirer une corde*가 *haler une corde* 등으로 변화되어 쓰였던 경우이다.

17) 캐나다 지방 특유의 어법으로 P.-P. Potier가 추출해낸 몇 가지 예들을 프랑스 프랑스어와 대비하여 인용해 보면 다음과 같다.
Il mouille (Il pleut), bûcher (abattre, couper) du bois, une secousse (un certain temps), traîner (errer, vagabonder), garrocher (jeter, lancer), tuque (bonnet de laine), C'est de valeur ! (C'est dommage !)
P.-P. Potier, "Façons de parler proverbiales, triviales, figurées, etc., des Canadiens au XVIIIe siècle" (manuscrit de 1743-1758 souvent appelé le "Glossaire" du père Potier), *BPFC*, vol. 3 et 4, 1905-1906, *op. cit.*, p. 219.

18) *Cf.*, P. W. Halford, *Le français des Canadiens à la veille de la Conquête, Témoignage du père Pierre-Philippe Potier*, Ottawa, Presses de l'Université d'Ottawa, 1994.

던 방언의 형태·통사론적인 측면이나 음성학적인 측면에 있었던 것이 아니라 다른 모든 사투리 형태보다 우세하고 지배적이었던 시대에 공통적으로 사용했던 프랑스어에 있음을 시사하고 있다.

2

영국 체제 하의 프랑스어

1759년 영국이 누벨 프랑스를 점령하게 되면서 캐나다 사람들이 사용해왔던 프랑스어는 언어로서의 지위를 점차 상실해 갔으나 지정학적으로뿐만 아니라 문화적으로 제한된 공간에서의 프랑스어는 살아남아 외부 세계와 격리된 채 발전되어 나간다.[19] 그런데 전쟁에서 영국이 프랑스에게 승리를 거두긴 했으나 캐나다 사람들도 정복할 수 있을 것인가? 그동안 프랑스어로만 의사소통해왔던 주민들에게 영어를 사용하도록 어떻게 강요할 것인가? 영국적으로 동화시키려는 많은 시도가 있었으나 프랑스계 캐나다 사람들은 강력히 대항해 나갔다.

프랑스어는 특히 영어와 계속 접촉하게 됨으로써 영국 체제 말기에

19) 식민지의 행정은 영어로 이루어진 반면 대다수의 주민들은 프랑스어를 그대로 사용하고 있었다. 이와 같은 상황에서 언어의 지위에 관련된 특별한 법적 조치라 할 수 있는 Proclamation royale(1763), Acte de Québec(1774), Acte constitutionnel(1791), Acte d'Union(1840) 등이 단행되었다.

는 캐나다 사람들[20]이 이용하던 게시판과 같은 시각적 공간에서는 영어에 의해 완전히 밀려나게 된다. 결국 영국 체제로 움직이게 된 약 100년 동안의 역사 속에 프랑스어는 언어로서 공식적인 지위를 잃게 된다. 반면에 실제 생활에 있어서 프랑스어의 꾸준한 사용은 지위 없는 언어로서의 입지를 극복해 나간다. 영국 체제의 시기가 끝날 무렵까지 주민들의 대다수가 캐나다 사람들이었다. 따라서 그들과의 의사소통은 프랑스어로 이루어져야만 했다. 반세기 이상 동안 캐나다 사람들은 영어와 함께 그들의 언어인 프랑스어 사용을 요구하였다. 어떤 의미에서 캐나다 사람들은 영국에 충성스러운 국민이 되었기 때문에 영국은 그들의 권리를 존중해야만 했다.

한편 영어를 사용하는 사람들의 이민 물결이 캐나다로 대거 밀려들어 왔다. 영국 상인들이 시장의 경제권을 주도하고 몬트리올은 한때 대다수 영어를 사용하는 사람들이 사는 도시가 되었다. 반면 프랑스어를 사용하던 캐나다인들의 소속감은 쌩 로랑(Saint-Laurent)강 유역을 더 이상 넘어서지 못하고 프랑스와의 문화적 관계마저도 사실상

20) 영국 체제 하에서 일반적으로 캐나다 사람이라고 지칭하는 것은 누벨 프랑스에서 정착했던 프랑스인들의 후손을 가리킨다. 그들은 새로운 점령자가 된 영국 국민들에 대항하여 관례적으로 프랑스어를 계속 사용하게 된다. 그러나 영국 체제의 시기가 끝날 즈음 영국에서 이주해 온 영국인들도 캐나다 사람으로 불리게 된다. 그 당시 '민족'이나 '인종' 그리고 '국적'이라는 단어는 이 두 집단의 사람들을 지칭하기 위해 흔히 사용되었다. 이러한 단어들을 통해 정체성에 대한 의식이 추구되었다. 그러나 강행된 영국화의 시도로 마침내 캐나다 사람들은 프랑스인이나 영국인 그리고 미국인들과는 다른 민족으로 구별되었다.

끊어지게 된다.

이 시기의 캐나다 역사는 대부분 캐나다 사람들이 그들의 언어와 제도, 권리 등을 인정받기 위해 벌어야 했던 투쟁으로 점철되었다. 따라서 이 시기는 저항과 투쟁의 역사로 보아야 한다. 처음에는 영국의 새 식민지에서 프랑스어는 시골 사람들이나 성직자들이 주로 사용하는 언어였다. 그러나 머지않아 법정과 정치적 무대에서도 프랑스어를 사용하게 되었다. 소멸되지 않고 어려운 역경 속에서도 살아남은 프랑스어는 계속 발전을 거듭해 나간다.

영국은 캐나다 사람들이 프랑스나 미국의 혁명을 통해 되도록 독립의 유혹을 받지 않도록 하였다. 이 시기에 프랑스계 캐나다 사람들의 수는 70,000명 정도에서 대략 696,000명에 이르러 약 10배가 증가하게 되었다. 그러나 영국에서 대거 이주해 온 이민자들로 인해 1851년에는 영국인들이 프랑스인들의 수를 넘어서게 된다.

1. 영국 식민지의 탄생

1763년 프랑스와 영국 간에 파리 조약이 체결됨에 따라 약 150년 동안 프랑스 체제로 지배되어 왔던 캐나다는 새로이 영국 식민지로 탄생하게 된다. 영국이 프랑스와의 전쟁에서 승리를 거두기에 앞서 수백 명의 영국 사람들이 쌩 로랑(Saint-Laurent)강 유역으로 이주해 왔다. 영어를 사용하는 이주민들은 가톨릭교로 개종하고 프랑스어를 말하는 사람들과 결혼함으로써 곧 쉽게 동화되었다.

영국으로부터 밀려오는 대량 이민과 시간이 가면서 진행되어 가는 영어화 움직임에도 식민지에서 프랑스어의 주도권은 위협받지 않았다. 영국에서 온 이민자들은 쌩 로랑(Saint-Laurent)강 유역에서 정착하는 것으로 그쳤던 것이 아니라 대서양 연안도 그들의 손 안에 넣기 위해 그곳까지 더 전진해 나갔다. 그런데 오랜 세월 동안 캐나다에 이주해 온 영국인들은 네 부류의 사람들, 즉 행정 관료, 상인, 수공업자, 병사들로 나누어지게 된다. 대개 귀족 출신들이었던 행정 관료들과 군사 장교들은 프랑스어에 능통했으며 식민지 사회의 영주나 성직자와 같은 지도층들과 의기투합 하였다. 프랑스 체제 하에서처럼 최고위 관료들은 황실에 대한 야망을 품으면서도 현지 사회에는 거의 동화하지 못했던 것에 비해 군사 장교들은 결혼까지 하면서 그 사회에 정착하려는 성향이 더욱 두드러졌다. 도시나 시골에 정착했던 상인들은 처음에는 2개 국어 사용자가 되어야 하는 부담에서 벗어나 있었지만 점차 시장에서의 영향력을 발휘하기 위해서는 고객들과 그 나라의 언어로 의사소통을 해야 하는 필요성을 느끼게 되었다. 세기가 바뀌면서 경제가 확장되고 시골 상인들이 급증하였으나 영리적 거래를 장악하고 있었던 사람들은 특히 캐나다인들이었다.

영국의 식민지 정복 이후 몇몇 영국 수공업자들이 대도시로 이주해와 정착하였으나 그들의 위세는 약했다. 동원 해제된 군인들과 몇 안되는 농부들은 비교적 뿌리를 잘 내린 시골 사람들 가까이에 정착하게 되었고, 그들이 캐나다 주민들과 융화하는 데는 큰 어려움이 없었다. 영국의 제국적 정책에도 불구하고 프랑스어의 생존과 우위에는 영국의 식민지 정복 이후 첫 몇 년 동안은 별 문제가 없었다. 그러나 사회적으로 경제적으로 신분 상승을 꾀하기 위해서는 영어 습득이 필요했으며 캐나다인들의 지도층은 새 정복자의 언어인 영어를 점차 배우기 시작했다. 대다수의 이민자들이 남자들이었기 때문에 흔히 영국 남자와 캐나다 여자가 결혼하는 경우가 많았다. 이렇게 결합된 경우 대개 남자가 처가의 언어와 문화를 배웠으나 지도층에서는 오히려 여자들이 식민지 사회의 상류층으로 진입하기 위해 발판이 되었던 영국 언어와 문화를 자발적으로 습득했다.

1774년부터 1783년까지 미국 혁명의 결과 왕정에 충실한 수천 명의 영국과 미국 사람들이 영국 체제 하에 있던 식민지를 향해 대거 이주해 왔다.[21] 그런데 영국 사람들은 오늘날 누보 브런스윅(Nouveau-Brunswick)이라 불리는 누벨 에코스(Nouvelle-Écosse)에 정착하게 되었고 뉴욕과 펜실베니아로부터 온 수천 명의 미국 난민들은 퀘벡 지방에서 정착하게 되었다. 특히 캐나다는 산업 혁명에 의해 야기된 사회적, 경제적 혼란으로부터 벗어나려는 이민자들이 선망하는 정착지가 되었다. 영국에서 쇄도해온 이민자들의 물결로 인해 퀘벡과 몬트리올이 새로운 영국 식민지로 탈바꿈 하였다. 프랑스 체제 하에서 중심도시가 되었던 퀘벡은 절반에 가까운 주민들이 영어 사용자가 되었고 1831년에서 1867년까지 몬트리올에서는[22] 영국 사람들이 대다수

---

21) 특히 영국에서 대량으로 밀려온 이주민들로 인해 캐나다 인구 구성 비율이 변화했다. 캐나다 총인구 가운데 1774년에는 영국인이 3%에 불과했던 것에 비해 1790년에는 영국인이 차지했던 비율이 15%를 넘었다.
Cf., G. Bourque, *Classes sociales et question nationale, 1760-1840*, Montréal, Parti Pris, 1970, p. 124.
J. Hamelin, *Histoire du Québec*, Montréal, édit., France-Amérique, 1976, pp. 276-277.

22) *Cf.*, J.-C. Robert, *Atlas historique de Montréal*, Montréal, Art global /

를 이루었다. 그러나 다른 지역에서는 영국인들의 분포가 불균등하였다. 미국과의 국경에 인접한 지역과 오타와 계곡 상류 부근 그리고 가스페지 쪽은 영국에서 이주해 온 사람들이 비교적 많이 살고 있는 지역들이었지만 옛날 영주 소유의 땅에서는 거의 살지 않았다. 이민자들이 모두 영어를 사용하는 사람들은 아니었다. 예컨대 스코틀랜드인과 아일랜드인 사이에서 보더라도 영어가 아닌 게일어를 사용하는 사람들이 있었다.[23] 이들은 프랑스어 학교나 영어 학교를 선택해야 했던 1840년대의 공교육이 일반인들에게 보급될 때까지 따로 구별된 공동체에 자주 모여 자신들의 언어를 수호하고 있었다.

2. 영어화 정책

캐나다에서 영어를 말하는 인구가 늘어나면서 영어가 우위를 차지하는 국제적인 도시들이 생겨났다. 또한 영국 상인들이 경제 시장을 장악함으로써 영어가 비즈니스를 위한 상용어가 되었다. 그러나 자유직업에 종사하는 사람들은 대다수가 영어보다는 프랑스어를 사용한 까닭에 영어 사용자가 어떤 문서를 작성할 경우는 흔히 프랑스어를 사용해야 했다. 그뿐 아니라 적어도 1830년대까지는 영국에서 이주해

Libre Expression, 1994, p. 93.

23) *Cf.*, J. Little, *Crofters and Habitants. Settler, Society, Economy, and Culture in a Quebec Township, 1848-1881*, Montréal et Kingston, McGill-Queen's University Press, 1991, p. 125.

와 정착하려는 임대인들과 몬트리올에서 집 임대 계약이 맺어질 경우 대개 프랑스어로 이루어졌다.[24)]

영국 체제 이후 초기부터 공식적인 알림 사항은 2개 국어를 사용하였으나 상업 게시판은 상인들에 따라 달랐다. 19세기 초반에는 게시물에 보통 프랑스어나 2개 국어를 사용했으나 도시의 주요 센터에서는 영어를 말하는 사람들이 증가함으로써 영어가 서서히 우위를 차지하기 시작했고 캐나다 장인들까지도 영어로 된 간판을 내걸었다.[25)] 그러나 이러한 현상은 영국계 사람들이 지배하고 있던 도시와 지방에서 특히 두드러졌다. 그 밖에 시골에 사는 대다수의 캐나다 주민들에 있어 게시물은 프랑스어로 쓰였다.

여러 도시에서의 가시적인 영어화 현상은 모든 지방 그리고 모든 계층의 사람들과 관계되었던 한층 민감한 과정의 표현이었다. 영국 제국에서 캐나다의 경제적인 통합은 세기의 전환점으로 치닫게 하는 데 중대한 영향을 미쳤고, 시골에서는 마침내 지방의 미래 지평이 열리면서 문화를 변화시킨 경제적 도약을 맛보게 되었다. 문화의 변화로는 무엇보다 음식의 영향을 들 수 있다. 군사 체제 이후 특히 스코틀랜드 병사들이 아주 좋아했던 감자 재배에 힘을 쏟게 되었다. 캐나다 사람들은 시간을 들여 감자를 재배하는데, 농민들은 오히려 밀 경작을 위

---

24) *Cf.*, D. Massicotte, *Montréal et son marché immobilier locatif de 1731 à 1831 : Stratification sociale, ségrégation spatiale et transition vers le capitalisme*, thèse de doctorat, Université de Montréal, 1995, p. 299.

25) *Cf.*, A. de Tocqueville, *Oeuvres complètes, tome V : Voyages en Sicile et aux États-Unis*, Paris, Gallimard, 1957, p. 211.

해 더욱 주변의 땅들을 개간하기 시작했다. 럼주는 가장 잘 팔리는 알콜 음료로서 브랜디를 대신했고 양조업자들이 이주해 들어옴으로써 맥주 소비도 활발한 성장을 보였다. 더욱 주목할 만한 것은 특히 영국 음료인 차 문화가 침투해 들어와 차를 마시는 것이 사회의 전반적인 계층에 걸쳐 급속히 퍼져 나갔다.

영국 체제 초기 정부에 의해 제정된 영어화 정책은 영국 출신의 사람들이 많지 않았기 때문에 바로 성공을 거두지는 못했다. 그러나 캐나다 지도층은 자신의 지위를 유지시키고 사회적 신분 상승을 꾀할 수 있도록 하는 언어 수단으로서의 영어를 조금씩 배우기 시작했다. 대부분의 사람들은 나폴레옹 전쟁이 끝나기를 기다렸고 영어화 정책이 진정한 효력을 나타내기 위해서는 영국에서 대량 이민자들이 이주해 들어와야 했다. 주요 도시들의 주민들은 새로운 기술을 습득한 수많은 영어 사용자들로 구성되었다. 장인들은 영어로 되어 있는 용어들을 통해 기술적 지식을 전수 받아야 했다. 영국 사람이 운영하는 가게들이 늘어나고 영어로 간판을 내건 공장들이 즐비한 도시들은 마치 영국과도 같은 모습을 띠고 있었다. 식민지의 모든 가정에는 영국 제품들이 들어가도록 할 만큼 경제적인 성장기를 맞게 되었고 그러한 제품에 관한 영국식 사용법에 적응할 수 있도록 사람들의 사고방식도 개조시켰다.

경제적이고 사회적인 원동력에 기인하는 이러한 변화 외에도 영국 정부가 캐나다 사람들을 영국인화 하려는 정책을 폈으나 캐나다 정치, 종교 지도자들의 강력한 저항으로 이러한 법적, 정치적 조치들은 실패로 돌아갔다. 프랑스의 식민지이면서 구교를 신봉하는 누벨 프랑스가 신교 국가인 영국 제국의 지배를 받게 됨으로써 캐나다 주민들은 영국 국교를 신봉하도록 종용받기도 했다. 그러나 그 당시 약 70,000명의 주민들 가운데 영국 출신의 캐나다 주민들은 단지 몇 백명에 불과했기 때문에 종교에 있어서만큼은 관용을 베풀고 신중을 기했다.

3. 프랑스어 수호

영국 체제로 접어들면서 프랑스어가 생존하는 데는 주로 교회와 학교가 수호자로서의 역할을 담당했다. 특히 많은 주민들이 살고 있는 시골에서 교회와 같은 집회소는 캐나다 사람들이 여전히 프랑스어를 말하며 구교의 신앙생활을 계속하는 곳이었다. 그러나 영국의 정복자들은 캐나다를 영국화 하기 위해 여러 가지 조치[26)]를 취했다. 그러나

26) 1760년과 1850년 사이 영국 정부 관계자들이 캐나다 사람들을 영국식으로 동화시키려는 의도와 야망을 다음과 같이 명백히 드러낸 바 있다.
"Que les maîtres d'école soient anglais si nous voulons faire des Anglais de ces Canadiens (...). Nous pourrions angliciser complètement le peuple par l'introduction de la langue anglaise. Cela se fera par des écoles gratuites..." (H. Finlay, membre du Conseil législatif, 1789)
"Nous proposons d'établir une union plus intime entre les deux colonies en incorporant en une seule leurs deux législatures, afin que la langue anglaise et l'esprit de la constitution anglaise puissent être plus puissamment répandus parmi toutes les classes de la population." (R. Wilmot, sous-secrétaire d'État aux Colonies, 1822)

영국 이주민들이 소수인데다 영국의 식민지 정책도 신중을 기함으로써 기대한 만큼의 영국화를 이루어내지는 못했다.

학교에 들어간 프랑스어 사용자들은 프랑스어로 교육을 받았으며 그들 중 대부분은 평신도들이었다. 1840년 이후 프랑스어 공동체와 캐나다 공동체가 설립되면서 수녀와 수사가 늘어나기 시작했다. 그러나 새 식민지에 대한 영국의 권력은 식민지 행정에서 점차 영어 사용을 강요했으며 실제로 경제, 무역, 행정 등의 분야는 영어로 기능을 해야 했다. 결국 언어가 정치적, 사회적, 국가적 분열의 원인이 되었고 총인구 가운데 98% 이상이 프랑스어를 말하는 사람들이었는데 그들은 영국 사회와 고립되어 생활했다. 이러한 상황은 "영국군 주둔 하에 프랑스 식민지(une colonie française avec une garnison anglaise)"[27]라는 표현으로 잘 요약된다. 두 언어의 대립을 낳은 도시와 시골 간의 분열은 두 언어 공동체 간의 접촉을 제안하였다. 따라서 프랑스어를 사용하는 대다수의 주민들은 멀리 떨어진 시골에서의 고립된 생활과 문맹 상황에 의해 거세게 몰아치는 영국화 바람에서 비교적 잘 보호되었다. 단지 성직자와 영주들만이 정복자들과 직접 영어로 의사소통을 했다.

한편 캐나다 영토에서의 영국 식민지 정책은 전략상 지정학적 요소를 고려해야 했다. 영국의 수도 런던은 미국 젊은이들의 독립을 보호하기 위해 캐나다를 점령하려고 위협하는 미국 혁명가들의 공격을 물리치기 위해 식민지 주민들과 협력을 강화해 나가야 했다. 이러한 상황

---

27) Cité par M. Wade, *Les Canadiens français de 1760 à nos jours*, Montréal, Cercle du livre de France, 1963, p. 103.

으로 인해 영국 권력과 캐나다 지도층과의 화해 분위기가 조성되었고 마침내 영국 정부와 캐나다 사람들과의 관계를 다소 완화시켰던 효과를 가져온 퀘벡법(Acte de Québec)[28]이 1774년에 공포되었다.

캐나다 사람들은 영어의 절대적인 우위를 강요하는 중산 계급인 영국 상인들의 영국화 압력에 저항하면서 프랑스어를 지키려고 했다. 그러나 중산 계급의 영국인들은 무력으로 정복당한 사람들이 정복자가 내거는 규칙을 당연히 따라야 한다는 입장이었다. 캐나다 영토를 식민지화하고 경작하는 회사들을 지원하기 위해서는 많은 이민자들이 필요했기 때문에 그들은 캐나다에 새로 이주해 들어온 사람들을 확보해 두어야 했다. 그런데 이러한 의도는 언어적으로 동질적인 온타리오주 중심의 상부 캐나다(Haut-Canada)와 자연스럽게 이루어졌지만 언어, 종교, 전통 등이 영국과는 판이하게 달랐던 퀘벡주 중심의 하부 캐나다(Bas-Canada)와는 그렇지 못했다. 따라서 캐나다 사람들을 가급적 빨리 동화시킬 필요가 있었다. 영국 정복자들에게는 설립되어 있었던 왕립 기관이 프랑스계 캐나다인들을 영국화[29]하는 데 좋은 수

---

28) 이 법은 프랑스어를 공식적으로 사용할 수 있도록 하고 구교를 신봉할 수 있는 자유를 보장해줌으로써 프랑스계 캐나다인들에 의해 대환영을 받았다.

29) 영국화 정책을 추구한 목적을 다음과 같은 말로 설명하고 있다.
"Cette mesure serait un instrument extrêmement puissant pour accroître le pouvoir executif et modifier graduellement les sentiments politiques et religieux des Canadiens français."
M. Wade, *Les Canadiens français de 1760 à nos jours*, Montréal, Cercle du livre de France, 1963, *op. cit.*, pp. 122-123.

단으로 비쳤으나 별다른 효과는 거두지 못했다. 어쨌든 프랑스계 캐나다인들의 영국식 동화는 영국 정부가 추진했던 새로운 식민지 정책의 우선적인 목표가 되었다.

4. 프랑스어의 진화

프랑스 사람들과 캐나다 사람들 간에 직접적인 교류가 중단됨으로써 두 나라에서 사용되었던 프랑스어에도 상당한 거리가 생겼다. 더욱이 생각을 표현하던 방식을 새롭게 하고 언어학적 변화[30]를 가져온 계기가 되었던 프랑스 혁명 이후 이러한 현상이 더욱 두드러졌다. 그러나 프랑스 프랑스어와 캐나다 프랑스어와의 관계가 완전히 결렬되었던 것은 아니다. 1793년 이후 혁명을 피해 캐나다로 이주해 온 프랑스 신부들이 교육을 통해 캐나다 프랑스어에 영향을 미치게 되었고 급기야 두 나라 간의 프랑스어는 평행 노선을 걸으며 발전하게 되었다. 그밖에 파리 프랑스어를 쫓아가기 위해 1760년 이전 캐나다 프랑스어에 몇 가지 변화가 있었음을 확인할 수 있다. 예컨대 과거에 *rideau*를 *ridiau*

30) 캐나다 사람들은 -oi를 [we]라는 발음으로 그대로 유지한 반면 프랑스 사람들은 [wa]라는 발음으로 변화시켰다. 그리고 1765년경 색깔을 나타내는 어휘에서 *marron*이라는 단어가 정착됨으로써 *brun*이라는 단어 사용이 제한되었고, 1790년대에는 *placard*라는 단어가 *armoire*를 대신하여 사용되었다. 그러나 이러한 변화는 1950년 이후 캐나다에서 부분적으로 반영되었을 뿐이다.

로 사용함으로써 [o]대신에 [jo]라고 했던 발음이 1790년대부터 완전히 사라졌으며, 어휘 변화에 있어서는 1830년대 이전에 사용되었던 *septante*라는 단어 대신에 *soixante-dix*라는 단어가 새로이 쓰이게 되었다.

각 나라에서 두 프랑스어 발전의 특이한 양상은 영어식 표현과 관련하여 진화되었다는 점이다. 두 프랑스어의 차이는 각 나라에서 비교될 수 있는 문제가 되는 단어들의 수량이라기보다 우선 서로 다른 차용 경향이다. 실제로 18세기 후반부터 프랑스는 지도층이 조장하는 영국 심취 현상에 사로 잡혀 있는 반면 캐나다는 무방비 상태에서 침략을 받았다. 차용어들은 각기 독립적으로 채택되었기 때문에 동일한 단어들이 서로 다른 성을 나타내기도 했으며 의미가 달라지기도 했다.[31] 또한 프랑스에서는 많은 영어식 표현들이 프랑스어 사전에 첨가되었으나 캐나다에서는 그러한 것들을 오류로 받아들이거나 반감을 일으키는 언어적 요소로 여겼다. 결국 캐나다와 프랑스 간에 단어 사용 격차 문제가 19세기 초에 제기되기 시작했다.

1760년부터 1850년까지의 기간 동안 있었던 언어학적인 변화는 프랑스어의 진화에 지속적인 영향을 미치게 된 반면 19세기 후반에는 캐나다 프랑스어의 획일성 문제가 부각되었고, 프랑스 프랑스어와 비교해 생겼던 격차에 대한 인식은 대대로 이어져 내려온 커다란 근심거

---

31) 가령 영어에서 *toast*라는 단어가 프랑스에서는 1769년 이후에 그리고 캐나다에서는 1833년 이후에 차용되었다. 그런데 프랑스에서는 이 단어가 남성 명사였으며 '간식'의 의미로 사용되었고, 캐나다에서는 반대로 여성 명사로서 '구운 빵'을 의미하였다.

리가 되었다. 퀘벡 사람들의 프랑스어에 대한 집착과 프랑스어 규범 정의에 대해 계속되었던 관점의 차이, 요컨대 퀘벡의 정체성을 명확하게 하기 위해서는 퀘벡 프랑스어의 역사를 올바로 인식하여야 한다.

앞서 언급했듯이 프랑스 사람들과 캐나다 사람들 간에 교류가 없었던 까닭에 그들이 각기 사용하고 있던 프랑스어 쓰임새의 차이가 점차 커지고 있었다. 실제로 퀘벡 신문과 법정 그리고 행정부에서는 시민들이 사용하는 프랑스어에 수많은 영어식 표현들을 도입했다. 한편 프랑스어는 아메리카에서 발전하고 있는 영어와 같은 속도로 진화하지는 않았기 때문에 옛날식 표현들이 상당수 잔재해 있었다. 캐나다 사람들은 프랑스어로 이야기 할 때 비유가 풍부한 표현들을 사용했던 것에 비해 프랑스에서의 18세기 프랑스어는 주로 추상적 개념을 이용하기도 하였다. 당시 메르메(J. Mermet)라는 프랑스 시인과 우정 관계를 맺고 있던 비제(J. Viger)는 프랑스 프랑스어와 캐나다 프랑스어의 차이들을 면밀히 조사하여 두 언어의 사용법을 구분하는 용어상 차이들의 목록[32)]을 만들었다. 여기서 그는 또한 두 언어 간에 발음과 철자법의 차이, 아메리카 인디언 언어와 영어에서 가져온 차용어들 그리고 의미의 차이들을 상세히 기술하고 있다.

---

32) J. Viger, *Néologie canadienne* (manuscrits de 1810) édité par S. Blais, Ottawa, Presses de l'Université d'Ottawa, 1998.

3

—

연방 체제 하의 프랑스어

영국은 누벨 프랑스 정복 이후 영국 북아메리카법(Acte de l'Amérique du Nord britannique)에 의해 마침내 프랑스어에 진정한 법적, 정치적 언어 지위를 허용하였다. 따라서 그동안 강력한 언어 지위를 행사하고 있던 영어와 동반자적 언어로서의 역할을 수행하게 된 것이다. 그러나 이러한 이원적 언어 체제는 두 언어 간에 불균형 상태를 초래하게 되어 실제 전반적인 사업은 영어로 이루어졌으며 일자리도 영어 사용자가 우선적으로 차지했다. 이와 같이 나날이 영어가 우세한 환경으로 변해가는 상황 속에 프랑스어는 언어로서의 가치를 점차 잃게 되었고 수동적인 저항으로 일관하며 겨우 명맥을 유지해 나갈 뿐이었다. 그러나 프랑스어는 자기 성찰 후 회복의 기미를 조금씩 보이며 영어 지배하에서 벗어나려는 몸부림으로 문학이나 사회 과학에 관련된 글들을 통해 프랑스어가 위기에 처한 현실을 알리게 된다.

프랑스계 캐나다인들도 경제적, 사회적으로 그들의 입지가 점차 좁아지고 있음을 인식하게 되었다. 이러한 상황에서 그들이 동화되어 살아가는 데는 2개 국어 사용이 필요했으나 많은 사람들이 퀘벡을 떠나 미국으로 이주하게 되었다. 이러한 집단 이탈에도 불구하고 영국에서 대량 이민자들이 들어옴으로써 퀘벡의 인구는 오히려 늘어났다. 주민의 80% 이상이 프랑스어를 사용했으나 이민 가정 아이들은 대부분 영어 학교에 다니면서 영어를 말하는 소수의 집단과 동화하게 되었다. 한편 프랑스계 캐나다 노동자들에게 강요된 영어화로 도시를 향한 집단 이주 현상이 나타났다. 그리고 다소 높은 문맹률로 인해 교육이 의무화되었던 것은 1942년에 이르러서였다. 교육과 문화는 차츰 발전해 나갔으며 여러 학교와 고등 교육 기관들이 설립되었다.

프랑스계 캐나다 민족주의자들은 정치적 동거와 2개 국어 사용을 조장하는 전통적 자유주의 입장에 환멸을 느낀 나머지 퀘벡 자치와 프랑스어 우위 정책에 적극 동조하였다. 그뿐 아니라 그들의 투쟁은 1960년대에 조용한 혁명(Révolution tranquille)[33]으로 이어져 퀘벡 사회가 마침내 저개발 상태에서 벗어날 수 있게 되었다.

1. 프랑스어의 생존 투쟁

프랑스어 생존을 위한 투쟁은 퀘벡에서뿐만 아니라 연방 정부 차원에서도 이루어졌다. 특히 퀘벡 외부에서의 프랑스어 학교 설립을 위한 투쟁이 캐나다, 프랑스의 문화적 정체성 형성과 프랑스어 사용자와 영어 사용자 간의 관계 발전에 기본적인 요건이긴 했지만 1867년과 1960년 사이에 있었던 언어학적인 문제의 진화를 파악하기 위해서는 프랑스어 사용을 위한 노력을 살펴보는 것이 필요하다.

---

33) 1960년대 퀘벡 사회에 근본적인 변화를 가져온 혁명으로서 권력적으로 지배해온 가톨릭 교회의 영향에서 벗어나 퀘벡 사회가 전반적인 분야에 걸쳐 현대화를 이루게 되었다. 이러한 변화 외에도 정치적, 사회적 제도의 개혁과 함께 퀘벡의 진정한 발전을 추구했던 퀘벡 사람들의 의식에 변화를 가져온 계기가 되었다.

19세기 말경 프랑스어는 영어를 사용하는 지방에서 정치적인 이유 때문에 받아야 했던 박대뿐만 아니라 산업화와 도시화로 인한 경제 변화 때문에 생존에 크게 위협을 받게 되었다. 게다가 프랑스계 캐나다인들은 시골을 떠나 새 영국의 도시로 향함으로써 그곳에서 영어를 사용하는 환경에 맞부딪치게 된다. 이러한 상황은 일터에서뿐만 아니라 일상생활에서도 프랑스어의 지위를 더욱 악화시키게 되었다. 이처럼 캐나다 주민 사회를 중심으로 프랑스어의 사용이 점차 악화되어 가는 데다 영국 체제 이후 친영주의를 표방하면서 권력의 자리를 차지하고 있는 프랑스계 캐나다인 정치 지도자들에게 있어서도 프랑스어 사용이 저조해졌다. 따라서 정치와 법에 관해서뿐만 아니라 언론에 이르기까지도 영어식 표현이 과다하게 사용되었다. 이에 대항하여 1917년 프랑스어 생존 투쟁을 위한 *L'Action française*라는 잡지가 그루(L. Groulx)에 의해 창간되었다. 우선 퀘벡의 프랑스어화를 위해 그리고 특히 공공 게시판에서 프랑스어 사용을 권장하는 캠페인이 시작되었다. 더욱이 이러한 프랑스어 캠페인은 퀘벡의 학교 네트워크와 교육의 질을 향상시키는 문제와 궤를 같이 했다. 프랑스 정부의 반교권주의 법의 결과로 1880년과 1914년 사이에 퀘벡으로 이주해 온 종교 단체의 문화적 공헌도 가볍게 보아 넘겨서는 안 될 것이다.

2. 퀘벡에서의 프랑스어

퀘벡 프랑스어는 정체되어 있었던 것이 아니라 세월이 흐름에 따라 진화했다. 이러한 진화 과정은 여러 가지 경향이 상호 보완되거나 서로 대비를 이루면서 지속적으로 이루어졌다. 그런데 역사적인 어떤 사건들은 프랑스어가 진화하는 데 촉매제 역할을 하거나 프랑스어가 나아갈 새로운 방향을 제시해 주었다.[34]

19세기와 20세기에는 퀘벡 프랑스어에 영어식 표현이 눈에 띄었으며 19세기까지 아메리카 인디언들과의 잦은 접촉은 많은 퀘벡 사람들의 문화에 대한 귀중한 자료가 되고 있다. 비교적 빈번했던 이 접촉은 퀘벡 사람들의 관점을 구체적이면서 새로운 현실 세계로 나타낼 수 있도록 아메리카 인디언의 용어를 함께 통합하도록 조장하였다. 퀘벡의 역사에 있어 이로쿼이어족과 휴론족 원주민들이 차지하는 중요성에도 불구하고 그들이 사용한 단어가 퀘벡 프랑스어에는 거의 남아 있지 않았다. 오히려 중요한 차용어들은 주로 알곤킨 언어에서 유래한 것들이다. 실제로 퀘벡의 프랑스 사람들이 가장 긴밀한 관계를 유지했던 것은 특히 아베나키 사람, 알곤킨 사람 등이었다.

이들의 언어에서 차용된 단어들 가운데 소수가 아직도 퀘벡 프랑스어에서 사용되고 있다. 가령 *atoca, babiche, carcajou*가 "glouton"을 *chicouté*가 "airelle des marais"를 *manitou*가 "grand esprit"를 *pacane*가 "espèce de noix"[35]를 뜻하는 단어로 쓰이고 있는데, 이들이 아직도 현실적 또는 역사적 가치를 지니고 있는 실체를 가리키고 있기 때문이

---

34) 프랑스와의 관계가 단절되었던 시기에는 퀘벡 프랑스어에 보수적인 경향이 있었으며 영국에 의한 정복 이후에는 영어화 현상이 나타났고 모피 거래로 인해 아메리카 인디언 언어에서 차용된 단어들이 쓰이기도 했다.

35) *Cf.*, R. Vézina, "Le français du Québec : visite guidée", dans *France-Québec, Images et mirages*, Montréal, Fides, 1999, p. 120.

다. 반면에 아메리카 인디언 언어에서 차용되었던 것들은 다른 단어로 대체되었든가 아니면 지칭하는 실체가 통용되지 않는 것이 되었거나 완전히 사라진 것이 되어버려 차용어로서 비교적 짧은 생명력을 갖게 되었다. 그러나 퀘벡 프랑스어에 아메리카 인디언 언어가 기여했던 바는 오늘날까지도 이어져 내려오는 몇몇 지명들이 현존하고 있다는 것이다. 예를 들어 *Canada, Québec, Abitibi, Chicoutimi, Kamouraska, Oka, Rimouski, Saguenay, Tadoussac, Témiscouata*[36] 등이 바로 그것이다.

프랑스어 수호를 위한 주도적 역할은 퀘벡에서 계속되었다. 2차와 3차에 걸친 프랑스어 대회[37]가 퀘벡에서 개최되었고 아메리카 프랑스어 생활 심의회(Conseil de la vie française en Amérique)에 의해 재프랑스어화(Refrancisation)[38]에 대한 4차 대회도 퀘벡에서 열렸다. 퀘벡 정부가 1960년 이전에는 다소 신중한 언어정책을 펼침으로써 프랑스어를 지키고 발전시켜 나가려는 이 모든 행사는 오히려 시민 사회의 주도 하에 이루어졌다. 그런데 1910년으로 거슬러 올라가면 공공 서비스 분야에서 2개 국어 사용을 준수하도록 하는 법안을 채택하게 된다.

조용한 혁명이 있기 이전에 프랑스계 캐나다의 정치인들은 영어 사

---

36) *Ibid.*, p. 121.

37) *Deuxième congrès de la langue française au Canada, Compte-rendu*, Québec, édit., Ferland, 1938.
Troisième congrès de la langue française, Compte-rendu, Québec, édit., Ferland, 1953.

38) *Le Congrès de la Refrancisation*, Québec, édit., Ferland, 6 vol, 1959.

용 중산층의 경제권에 너무 종속되어 있는 나머지 프랑스어를 지키기 위한 언어정책을 더 발전시키고 펼쳐나가려는 모험을 감행하기는 어려웠다. 그 당시 가톨릭교회는 프랑스어 지위 향상뿐만 아니라 교육 영역과 문화 영역의 상당 부분을 맡고 있었기 때문에 그들은 성직자 지도층이 프랑스어를 장려할 수 있도록 배려하였으며, 특히 프랑스어 대회 때는 지원금과 함께 공식적인 후원을 아끼지 않았다.

1850년부터 1960년까지는 퀘벡과 캐나다에서 프랑스어 수호와 지위 향상이 다소 침체되고 후퇴되기도 하였다. 처음에 내걸었던 언어학적 목표는 의회 기관이나 법정 같은 곳에서 프랑스어를 인정하고 사용하는 데 초점을 맞췄다. 그리고 점차적으로 게시물이나 공공 서비스 측면에서 언어학적인 문제가 다루어지기 시작했다. 또한 프랑스계 캐나다인들의 지도층은 프랑스어를 올바르게 사용하고 그 지위를 향상시킬 필요성을 인식하게 되었다.

3. 학교 교육의 언어

퀘벡의 학교 교육 성과는 19세기 후반에 있었던 경제적 변화에 의해 심하게 영향을 받아 궁핍했던 누벨 에코스(Nouvelle-Écosse)보다 더 떨어진 것으로 드러났다. 1941년에 캐나다인들의 취학 기간을 조사한 바 있었는데, 모든 연령층의 퀘벡 사람들의 취학 기간이 여타 지방 사람들 가운데 가장 짧은 것으로 기록되었다. 더욱이 10년 전인 1931년 문맹률 조사에 있어서도 다른 지방에 비해 그 비율이 더 높은 것으로 나타났다. 그 당시 퀘벡 주민 중 10세 이상의 경우를 보면 남자의 경우 문맹률이 6.2%, 여자의 경우 3.3%였던 것에 비해 누벨 에코스(Nouvelle-Écosse)는 각각 4.9%와 3.5%, 온타리오(Ontario)에서는 2.7%와 1.9%를 기록했다.[39] 퀘벡 사람들 가운데 중등 교육을 받은 사람의 비율이 1954년에는 34%에 불과했다.

학교 교육을 담당하는 교사와 교육 자료 그리고 학교에서의 교육을 위한 언어 선정은 교육 위원회에서 담당했다. 그런데 대부분의 학교에서는 주민들이 사용하고 있는 언어로 교육이 이루어지고 있었다. 그러나 영어는 정부와 비즈니스업계 그리고 학문을 위한 주요 언어로 사용되고 있었기 때문에 프랑스어를 말하는 사람들에게는 커다란 매력으로 다가왔다. 특히 1850년대에는 시민들이 나서서 영어 학교 설립을 요구하기도 했다. 게다가 구교도이면서 프랑스어를 사용하는 부모들은 아이들이 영어를 배울 수 있도록 가까이에 있는 신교도 학교에 취학하도록 했다. 프랑스계와 영국계 주민이 섞여 있는 공동체에서는 간혹 궁여지책으로 2개 국어를 사용하도록 했는데, 가령 1860년 치쿠티미(Chicoutimi)에서는 학교 교육이 프랑스어와 영어로 번갈아 가면서 이루어질 수 있도록 하였다.

1860년대에 교육 기관은 과도한 영어 열풍이 염려되기 시작했다. 랑쥐벵(J. Langevin) 신부는 1865년에 출간한 자신의 『교육학 강의』(*Cours de pédagogie*)에서 "캐나다·프랑스적인 우리의 제도와 풍습을 잘 간직하려면 우리 선조들의 아름다운 언어를 내버려 두어서는 안 된

39) *Cf.*, J.-P. Charland, "L'instruction chez les Canadiens français", *Le français au Québec*, Conseil de la langue française, Fides, 2000, p. 180.

다"[40]고 역설하고 있다. 제2 언어인 영어는 시골 학교에서 점점 더 확산되어 나갔다.

학교에서 이민자 교육을 위한 언어 문제는 민감한 사안이었다. 1903년에 퀘벡 정부는 구교도가 아닌 모든 사람들을 신교도 교육 위원회에서 관할하도록 하여 1924년 몬트리올 신교도 학교 위원회의 취학 인구 40%가 유태교 출신들이었다. 1930년부터 1931년까지 몬트리올 가톨릭 학교 위원회의 프랑스어를 사용하는 지역에서는 프랑스나 영국이 아닌 다른 민족 출신들의 학생들이 53.2%에 달했다. 그러나 점차 줄어들어 1961년부터 1962년까지는 25.5%였으며 1972년에는 9.2%에 지나지 않았다.[41]

교육적 서비스 제공이 불충분함으로써 프랑스어의 상황이 불확실하게 되었다. 우선 학생들의 학교 출입이 짧고 불규칙적이었으며 프랑스어 쓰기 수준도 매우 낮은 것으로 나타났다. 더욱이 1959년에는 대다수의 아이들이 초급 수준을 벗어나지 못했다. 또한 중등 교육에 이른 학생들은 과학과 기술 그리고 문학적 현실에서 단절된 편협한 문화적 세계에 직면해 있었다. 이러한 프랑스어 교육의 취약한 상황으로 말

---

40) *Op. cit.*, J. Langevin, *Cours de pédagogie*, Québec, 1865, p. 78.
"Ah! Comprenons-le bien : si nous voulons conserver nos institutions et nos mœurs canadiennes-françaises, nous ne devons pas mettre de côté la belle langue de nos pères pour adopter une autre langue."

41) P. Anctil, "L'immigration comme facteur de transmutation dans le milieu culturel montréalais", dans Jean Brunet et autres (dir.), *Migration and the Transformation of Cultures*, Toronto, Multicultural History Society of Ontario, 1992, p. 174.

미암아 근대화로 이르는 유일한 대안으로 보였던 영국 언어와 문화에 대한 심취 현상이 두드러질 수밖에 없었다. 결국 영어 교육 기관을 향한 이민자들의 비율이 늘어가고 있는데도 퀘벡의 학교는 다수의 공동체로 온 새로운 사람들을 동화시키기보다는 오히려 외부와 단절된 채 냉철하게 살아가는 동질적인 하나의 사회를 형성하고 있었다. 영어 사용자가 다수인 지방에서는 공립학교에서 프랑스어로 교육을 받으려는 프랑스계 캐나다인들의 소수의 권리가 다시 문제가 되어 법에 의해 폐지되기도 하였다. 프랑스계 캐나다인들은 연방 체제 하에 자신들이 처해 있는 현실적 상황을 자각하기 시작했으나 그들도 언젠가는 마침내 정의를 탈취할 수 있으리라는 희망찬 꿈을 버리지 않고 있었다.

4. 퀘벡 프랑스어와 원주민 언어

퀘벡 프랑스어에 영향을 주었던 주요 원주민 언어들은 abénaki, algonquin, attikamek, cri, inuktitut, micmac, mohawk, montagnais, naskapi 등이다. 이러한 북아메리카 원주민 언어에서 차용되었던 단어들은 현재 퀘벡에서 사용하고 있는 프랑스어의 가장 독특한 특성 중의 하나로 꼽힌다. 그러나 공통적으로 쓰이는 어휘에는 비교적 차용어들이 많지 않은 대신 앞서 언급했던 바와 같이 지명에 있어서는 다수가 발견된다. 공통 어휘에 속한 차용어들은 두 번에 걸친 차용의 물결에서 유래한 것이다. 특히 2차 물결은 19세기와 20세기 초 경제 발전 기간에 해당되며, 그 기간 동안 북미 대륙 내부에 유럽에서 이주해 온 사람들이 급증함에 따라 원주민 출신과 유럽 사람들 간의 접촉이 새롭게 시작되었다. 에스키모인들이 사용하는 언어에서 몇 개의 단어들이 차용되면서 이들과의 접촉이 실제로 있었던 것도 바로 이 기간 동안이었다. 원주민 언어에서 차용된 단어들은 오래된 것이든 그렇지 않든 동일한 형식을 따르고 있으며 이들의 수는 제한되어 있었고 항상 같은 의미론적 영역 안에 있었다.

현 퀘벡 프랑스어 어휘에 섞여 있는 아메리카 인디언식 표현은 거의 모두 알곤킨 언어에서 따온 것이며 어떤 것들은 같은 아메리카 땅에서 프랑스어에 의해 직접 차용되어 퀘벡 프랑스어와 아카디아 프랑스어에 적합한 지방 특유 어법으로서 현재에도 프랑스어 사전에 등재되어 있다. 예를 들어 물고기 관련 단어로 *achigan, cacaoui, caribou, maskinongé*가 있으며 나무에 관련된 *pimbina*라는 지방 특유어가 남아 있다.[42] 다른 것들은 더욱 복잡한 과정을 거쳤는데, 먼저 영·미 언어에 의해 차용되고 이어서 유럽 프랑스어로 넘어갔다. 거기에서 온 차용어들은 퀘벡 프랑스어로 동화되었으며 이들은 프랑스적인 기법에 의한 전통적 표현들을 대신하기도 했다. 예컨대 최소한 19세기 말까지 퀘벡에서 통용되었던 "souliers sauvages", "sauvagesse", "casse-tête", "cabane sauvage"가 *mocassins, squaw, tomahawk, wigwam*과 같이 아메리카 인디언 언어에서 차용된 단어들로 각각 대체되었다.[43] 한편 영어를 매개로 유럽 프랑스어에 동화되었던 다른 아메리카 인디언 차용어들은 퀘벡 프랑스어에서는 순조롭게 동화하지 못하기도 했다. 가

---

42) *Cf.*, Conseil supérieur de la langue française, *Le français au Québec*, Fides, 2000, p. 211.

43) *Ibid.*, p. 211.

령 아이들의 놀이기구로 또는 비행기 비상탈출 시 미끄러지도록 사용되는 미끄럼틀을 지칭하기 위해 프랑스에서는 아메리카 인디언 언어에서 차용된 *toboggan*이라는 단어를 사용했으나 퀘벡에서는 일반적으로 *glissoire*라는 단어로 지칭했다.

통계 자료에 따르면 캐나다 모든 지방 가운데 원주민 언어가 가장 잘 보존되고 있는 곳은 퀘벡이다. 그러나 미래에 퀘벡 프랑스어가 적어도 보편적인 어휘 측면에서는 원주민 언어로부터 더 차용할 가능성은 거의 없는 것으로 보인다. 왜냐하면 북미 대륙의 탐험은 이미 끝났을 뿐만 아니라 원주민들은 오래전부터 한 곳에 정착하여 살고 있으며 오히려 이제는 그들의 언어가 퀘벡 프랑스어에서 차용하는 경향을 보이고 있기 때문이다. 반면에 이러한 역전 현상은 점차 아메리카 인디언 언어화되고 있는 원주민들의 족속 명칭에 있어서만큼은 특히 민감하게 예외로 적용되고 있다. 따라서 약 30년 전부터 "Tête-de-boule"은 *Attikamek*으로 대체되었고 "Huron"은 *Huron-Wendat*로 서서히 대체되기 시작했으며 "Montagnais" 대신에 *Innu*가 점점 더 자주 사용되었다.[44)]

원주민 언어들이 점차 퇴화되기 시작했던 것은 특히 아메리카 대륙이 유럽에 의해 식민지화되었던 초기 시절로 거슬러 올라간다. 오늘날까지도 퀘벡 프랑스어에 그 흔적이 남아 있는 원주민 언어들을 부활시키기 위해서는 현대 사회가 제공할 수 있는 모든 기술에 기대를 걸어 볼 수 있을 것이다. 우선 그 언어들이 장기적으로 가정의 언어로 존속될 수 있기 위해서는 무엇보다 사회에서 수행하는 어떤 기능을 갖고

44) *Ibid.*, p. 211.

있어야 한다. 그리고 그러한 기능을 수행하기 위해서는 먼저 언어로서의 지위가 갖추어져야 한다. 단순히 가정이나 학교의 언어 기능 뿐 아니라 naskapi 원주민 언어와 같이 종교 의식이나 미디어 또는 일터에서 사용하는 언어가 된다면 언어로서 생존할 수 있는 잠재력을 훨씬 더 높일 수 있을 것이다.

4

퀘벡 정부 체제 하의 프랑스어

캐나다 정부는 1969년에 공식 언어에 대한 법을 채택하였는데, 이 법은 캐나다 정부가 퀘벡에서 일어나고 있는 일을 주시하면서 국가적 차원의 통일성을 다시 이루어 내기 위해 스스로 프랑스어 수호자가 되려 했던 것이다. 말하자면 캐나다 국회와 정부의 모든 기관에서 프랑스어와 영어를 동등하게 사용할 수 있도록 했던 법적 조치이다. 또한 퀘벡의 항의에도 불구하고 1988년에는 캐나다 사회에서 프랑스어와 영어 사용 및 지위의 평등권을 조성하기 위해 캐나다 그 어느 곳에 있는 기업이나 협회에 대해서도 연방 정부의 개입권을 확대시켜 주는 C-72법을 채택하게 되었다. 캐나다 정부와 퀘벡 정부는 상호 대립하면서 언어적인 측면에 있어서도 두 정부 간의 시각이 매사에 대립되었다.

그동안 영어에 유리하게 작용했던 2개 국어 사용 정책에 맞서 퀘벡 정부는 프랑스어에 우선권을 부여하고 게시물에도 프랑스어만 사용할 것을 요구하기로 했다. 한편 퀘벡의 동의가 없이 1982년에 채택된 캐나다 헌법은 퀘벡 정부가 제정한 101법과 대립하게 되었다. 이 101법은 퀘벡 사회가 프랑스어를 사용하며 살기 희망하는 뚜렷한 이정표에 힘을 실어줄 폭넓은 공감대를 형성하는 데 성공했다. 특히 퀘벡이 다시 프랑스적인 모습을 되찾게 해주었고 경제권에 있어서도 프랑스어를 사용하는 사람들에게 어느 정도 지위를 갖게 해주었다. 또한 모든 퀘벡 사람들에게 일할 수 있는 권리를 부여했고 프랑스어 사용자와 영어 사용자 간의 새로운 유형의 관계를 설정하기도 했다. 다른 외국어 사용자들은 프랑스어 학교에 취학하도록 했으며 그들도 프랑스어 공동체에 더욱 많이 동화되도록 하였다.

퀘벡 정부의 이와 같은 끊임없는 노력으로 마침내 프랑스어는 자율성을 되찾게 되면서 영어와 함께 캐나다에서 공식적으로 동등하게 사용되는 언어로서의 지위를 회복하게 되었다. 오랜 민심의 동요와 함께 성숙하고 조용한 가운데 이루어졌던 혁명을 통해 프랑스어가 언어적 지위를 회복하게 되었던 것은 불과 20년이 채 걸리지 않았다. 또한 이 시기에는 퀘벡 사회에서 프랑스어가 기본적인 모든 역할을 수행하게 되었을 뿐만 아니라 정치적으로 경제적으로 그리고 문화적으로 언어로서의 완전한 지위 회복을 누리게 되었다. 이윽고 광범위한 프랑스어화 운동에 힘입어 프랑스어는 공식적으로 지지된 언어의 위상을 갖게 되었고 직장, 학교, 언론, 비즈니스업계에서는 정식으로 사용되는 언어로서의 입지를 서서히 구축해 나가게 되었다. 그뿐 아니라 프랑스어 헌장(La Charte de la langue française)[45]과 더불어 프랑스계 캐나다인들은

---

45) 1977년 퀘벡 정부에 의해 제정된 101법(Loi 101)을 말하는데, 그 주요 내

이제 정체성을 회복한 퀘벡 사람들이 되었고 안정된 환경 속에서 그들이 점차 주류가 되는 집단 사회를 이루게 되었다. 그러나 오늘날 퀘벡은 세계화와 정보화 사회라는 새로운 도전에 직면해 있다. 광대한 초국가적인 집단 구성과 함께 퀘벡의 프랑스어가 초기 개척자들의 대담성을 되찾아 북아메리카에서 지역적이 아닌 문화적으로 더욱 펼쳐져 나갈지 의문이다.

1. 퀘벡의 언어와 정체성

1960년대에 즈음하여 일어난 조용한 혁명을 통해 퀘벡은 언어의 자율화와 지역화 그리고 정치화를 이루어 내면서 마침내 프랑스어가 퀘벡 사람들의 정체성을 나타내는 상징이 되었다. 이러한 세 단계의 과정을 통해 그 당시 프랑스어가 퀘벡의 정체성과의 관계에서 새로이 취했던 과감한 진로의 이정표가 세워졌다. 따라서 1960년부터 1976년에 걸친 퀘벡에서의 언어와 정체성의 관계에 대한 역사를 간략히 재조명해 볼 필요가 있을 것 같다.

북아메리카에서 프랑스어를 말하는 사람들의 역사에 있어 언어와

용은 공공 게시물과 상업 광고에서 프랑스어만을 사용해야 하며, 고용 인원이 50명 이상인 모든 사업체는 프랑스어화 프로그램을 실시해야 하고 부모 중 어느 한쪽이 퀘벡에서 영어로 초등 교육을 받은 경우의 자녀들에게만 영어 학교 취학을 허용한다는 것이다. 이러한 법적 조치를 통해 퀘벡 정부는 프랑스어가 현대 퀘벡의 초석이 되도록 하였다.

정체성의 관계는 명확하다. 물론 언어가 정체성과의 관계에서는 중심이 되지만 캐나다·프랑스적 문명의 문화적 특성과의 관계는 종속적이다. 1960년대에 즈음하여 퀘벡에서는 프랑스어가 정체성의 주된 요소로서 자기주장을 펴게 되었고 언어 자체로서 현대 퀘벡의 주요한 가치를 띠게 되었다. 따라서 그 이후로 언어로서의 자율성을 누리게 되었던 것이다. 그뿐 아니라 프랑스어 지위 회복을 위한 여러 위원회와 법률안 제정들[46]을 통해 프랑스어의 위상은 눈에 띄게 향상되었다. 우선 그동안 지배를 받아왔던 언어에서 우위를 차지하는 언어가 되었고, 이어서 퀘벡의 공식어(Langue officielle)가 되었으며 마침내 퀘벡 사람들이 일상생활에서 사용하고 있는 공용어(Langue commune)가 되었다. 프랑스어는 정부와 영토 그리고 주민 집단에 더욱 결탁될 수 있도록 교회와 프랑스의 민족·문화적 집단에서 점점 더 벗어났다.

---

46) 의회 입법을 통해 프랑스어의 지위를 향상시키고 프랑스어 보호와 보급을 위한 언어정책 입안을 담당했던 기관들로 퀘벡 프랑스어청(Office québécois de la langue française), 프랑스어 고등 심의회(Conseil supérieur de la langue française), 프랑스어 보호 위원회(Commission de protection de la langue française), 지명 위원회(Commission de toponymie)가 있다. 그리고 프랑스어의 지위 확립을 위해 시행되었던 주요 법안들로 1969년에 제정되었던 63법(Loi 63)은 퀘벡에서 프랑스어의 지위를 향상시키기 위한 법적 조치였고 1974년에 제정된 22법(Loi 22)는 프랑스어가 퀘벡의 공식어임을 명시한 법안이었으며 1977년에는 앞서 45)에서 그 주요 내용들을 언급했던 101법(Loi 101)이 제정되었다. 그러나 퀘벡 내에서 프랑스어와 영어의 동등한 지위를 요구했던 캐나다 연방 정부와의 마찰로 101법의 내용을 부분적으로 완화시킨 142법(1986), 178법(1988), 86법(1993), 40법(1997) 등의 법안들이 차례로 제정되기도 하였다.

프랑스계 캐나다 정부는 퀘벡을 프랑스계 캐나다인들의 발전을 도모하는 데 가장 중요한 지역으로 지정했다. 퀘벡 밖의 프랑스계 캐나다인들의 인구도 상당수를 차지하여 1930년대에는 아메리카 북쪽과 동쪽에 살고 있는 프랑스어 사용 인구가 퀘벡에 사는 프랑스어 사용자들의 3분의 1 이상을 차지하고 있었다.[47] 동일한 문화유산과 동일한 아메리카 프랑스 문화를 이어받은 이들은 가톨릭 성직자들이 이끌어가는 시설과 기관들을 함께 사용했다. 이밖에 캐나다에서 프랑스어를 사용하는 퀘벡 이외의 인구가 1960년대에도 급격히 늘어났고,[48] 퀘벡 정부가 프랑스어의 지위를 법적으로 확고히 해놓은 것에 힘입어 특히 온타리오(Ontario)와 누보 브런스윅(Nouveau-Brunswick)의 아카디(Acadie)와 같은 지역에서도 프랑스어가 언어로서의 합법성을 갖게 되었다.

퀘벡과 프랑스계 캐나다의 단절은 정체성의 지역화에 그 원인이 있다. 퀘벡 이외의 지역에서처럼 퀘벡에서도 프랑스어 사용자들에게 알맞은 교육 기관과 병원 그리고 사회 서비스 시설들이 생겨남으로써 정부의 재정을 긴축하기는 어려웠다. 따라서 퀘벡 정부는 퀘벡 영토 내에 있는 옛 프랑스계 캐나다의 시설들만을 떠맡게 되었다. 퀘벡 밖의 프랑스어 사용자들은 자신들에 대한 퀘벡 정부의 외면을 비난하면서 재건의 의지를 다져 나갔고 때마침 캐나다 연방 정부로부터 적잖은 지원을 받게 되었다. 범캐나다적 2개 국어 사용 향상을 위한 노력 차원

47) *Cf.*, R. Arès, "Un siècle de vie française en dehors du Québec", *Revue d'histoire de l'Amérique française*, vol. XXI, nº 3a, 1967, p. 533.

48) *Ibid.*, p. 534.

에서 이러한 지원은 프랑스어를 정치적 영토의 공용어로 만들려는 퀘벡의 의지와 대립하게 되었다. 왜냐하면 퀘벡에서 이러한 언어의 지역화는 단지 캐나다와 퀘벡 간의 관계가 끝이 날 수 있는 가능성이 있을 뿐더러 프랑스어를 사용하는 퀘벡 사람들이 다수가 살고 있는 영토에서 그들끼리 혼연 일체감을 느끼도록 해주었기 때문이다. 언어의 지역화는 곧 퀘벡 사람들의 민족과 언어의 기원이 어떠하든 프랑스어를 공용어로 하려는 퀘벡 정부 의지의 발로였다. 캐나다 여타 지방과 거리를 유지하면서 퀘벡에서의 프랑스어는 정부에게는 정치적 정체성을, 도든 퀘벡 사람들에게는 공적인 언어로서의 지위를 열망해 볼 수 있었다.

1960년대 전환기에 사회적 관심거리가 되었던 것은 언어의 새로운 중요성과 프랑스어 우위 정책의 승인이었다. 프랑스어를 사용하는 퀘벡 사람들 스스로 부여했던 다수자의 새로운 정체성에 부합하는 언어 지위를 프랑스어에 부여하겠다는 것이 대중 운동의 쟁점이었다. 노조의 투쟁에서 여러 계층으로부터 나온 요구에 이르기까지 언어는 온통 투쟁이었다. 정치적 당 중심에서의 언어학적 위기, 프랑스어 현장에서 영어 사용자 계층과 퀘벡 연방주의자들의 반응 등, 언어를 중심으로 한 첫 대중 동원이라 지칭하기도 했다. 요컨대 언어는 정치적 투쟁의 중심부에서 이제는 피할 수 없는 관건으로서 정치 문학의 중심을 이루게 되었다.

이와 같은 언어에 대한 새로운 각오를 만족시키기 위해 캐나다 정부는 2개 국어 사용이라는 범캐나다적 정책에 힘입어 프랑스어 사용과 공식어 사용자 소수 권리 보호에 가치를 부여하고자 했었던 반면 퀘벡 정부는 프랑스어를 퀘벡 사람들의 공용어로 만들고자 했다. 캐나다와 퀘벡에서 개인적이고 집단적인 권리로서의 2개 국어 사용이나 단일어 사용이라는 딜레마는 누구에게나 관심의 대상이며 각자가 스스로 규정하게 될 정체성에 관한 긴 토론의 장을 마련하게 될 것이다.

2. 퀘벡의 서민 프랑스어

퀘벡의 서민 프랑스어인 쥬알(Joual)은 퀘벡 지역의 노동자 계층에서 주로 사용되었던 언어로서 1930년대에도 캐나다의 프랑스어 사용 지역에서는 이러한 용어가 이미 존재하고 있었다. 그런데 이러한 명칭은 원래 *cheval*이라는 단어의 발음에서 유래한 것이며 일상적인 퀘벡 프랑스어의 변이체로 보고 있다. 특히 20세기 중반에 작가들이나 음악가들에 의해 널리 대중화되기도 하였으며 1960년대와 1970년대 초에 있었던 문화적, 정치적, 이데올로기적 운동과도 관련되어 있었다. 그와 같은 퀘벡 서민들의 움직임은 그 당시 자신들을 정치적으로 억압했던 영국인들과 동시에 문화적으로 좀 더 강한 영향력을 행사했던 프랑스인들에 대항하여 갖가지 요구 사항들을 들고 일어났던 운동이기도 하다. 따라서 쥬알(Joual) 운동이라 일컫기도 하는데, 특히 예술적 산물들을 통해 엿볼 수 있어 일종의 지성적인 운동으로 받아들여졌다.

사람들이 쥬알(Joual)에 대해 진지하게 얘기를 꺼냈던 것은 1960년대인데, 이는 일종의 사회적 가치를 띠고 있는 언어라는 명목에서다. 더욱이 그 당시 사회가 이러한 다양성의 언어를 별도로 취급하기로 했던 것은 언어로서의 적합성이 떨어져 공적으로 노출시켜서는 안 된다고 보았기 때문이다. 쥬알(Joual)은 서민에 기원을 두는 옛날 프랑스어의 전통적인 밑바탕을 깔고 있으면서도 그 당시 산업화의 여파로 농촌에서 도시로 이주했던 농민들이 공장 노동자가 되면서 작업과 관련하여 사용했던 영어 단어와 영어식 표현들이 다분히 혼합된 독특한 퀘벡 프랑스어 방언으로 자리 잡았다.

쥬알(Joual)의 문화적 운동은 어떤 의미에 있어서도 건전한 것이었고 퀘벡 서민들은 정치적으로 압박을 가했던 영국인들과 문화적으로 압력을 행사했던 프랑스인들에 대해서 느꼈던 바 혼란스러움을 표출할 필요가 있었던 것이다. 더욱이 퀘벡 사람들은 더 이상 프랑스인들이 아니었으므로 언어에 있어서도 불가피한 차이를 드러낼 수밖에 없었다.

비록 그 당시에는 피지배 계층인 서민들의 언어였기 때문에 정식 언어로서의 지위를 누리지는 못했으나 최근 들어 쥬알(Joual)은 퀘벡 서민들의 삶이 그대로 투영된 것으로 그 가치를 높이 인정받아 오늘날에는 퀘벡 문학과 퀘벡 문화 산물의 결정체로 받아들여지고 있다.

3. 퀘벡의 언어정책의 원칙

퀘벡이 근대화를 이루면서 맞게 된 프랑스어의 위기 상황은 1950년대 이후 여러 조사 위원회에서 만들어낸 연구 보고서[49]에 잘 나타나

---

49) Gouvernement du Canada, *Rapport de la Commission royale d'enquête sur le*

있다. 먼저 퀘벡 지역에서 프랑스어를 사용하는 인구수가 불가피하게 줄어들게 될 것을 명확히 예측하고 있었다. 제2차 세계대전 이후 퀘벡이 받아들였던 이민자들 대부분이 퀘벡의 영어 공동체에 동화하게 되었는데, 이는 이민자들이 프랑스어 사용자들에 대한 반감 때문이라기보다 특히 경제적이고 지정학적인 이유로 인해 영어 공동체에 보다 쉽게 동화될 수 있었기 때문이었다. 더욱이 영어는 사업체와 노동 시장 그리고 고위 관리직에서 뚜렷이 우위를 차지하고 있었다. 반면에 프랑스어 사용률은 사회 전체적으로 취약한 상태여서 상대적으로 영어 사용자들이 프랑스어를 습득해야 하는 어떤 의무감이나 필요성을 느끼지 못했다. 이러한 프랑스어의 심각한 위기 상황을 자각한 퀘벡 정부는 프랑스어를 보호하고 그 지위를 향상시키기 위한 여러 법안들을 제정하여 영어에 대항하는 강력한 언어정책을 펼쳐나감으로써 프랑스어 재건의 의지를 불태웠다. 이처럼 퀘벡 정부가 각종 법률을 제정했던 것은 프랑스어가 처해 있는 위기 상황에 대한 책임을 통감했기 때문이리라.

퀘벡 정부가 시민들이 사용하는 언어를 관리하기 위해 제정했던 각종 법안들은 네 가지 원칙에 근거를 두고 있다.[50] 첫째, 언어를 총괄적

bilinguisme et le biculturalisme, Ottawa, 5 tomes, 1965-1969.
Gouvernement du Québec, *Rapport de la Commission royale d'enquête sur l'enseignement dans la province de Québec*, 1964.
Gouvernement du Québec, *Rapport de la Commission d'enquête sur la situation de la langue française et sur les droits linguistiques au Québec*, 1972.
50) *Cf.*, Gouvernement du Québec, *La politique québécoise de la langue*

인 문화적 맥락 속에 위치할 수 있도록 하자는 데 있다. 즉 언어는 단순히 표현 수단이 아니라 사고와 감정의 전달 수단이며 삶의 환경이기 때문이다. 이를 통해 언어는 제도이고 삶의 방식이며 존재를 이해하는 방법이라는 것을 알 수 있다. 언어를 보호하는 것은 곧 언어의 생존력과 생명력의 조건을 보장하는 동시에 문화 원형을 보호하고 발전시키는 것이다. 퀘벡의 모든 시민들이 프랑스어를 알고 사용하기를 바라는 것은 캐나다 나머지 지역에서 영어가 그렇듯이 근본적인 표현 공동체를 확실히 이루기 위함이었다. 이러한 정신으로 프랑스어는 모든 퀘벡 사람들의 공용어가 되어야 했다. 둘째, 프랑스어를 퀘벡의 공용어로 만드는 것은 영어 사용자 집단의 언어와 문화를 존중하면서 이루어져야 한다는 데 있다. 사실 퀘벡은 여러 민족의 집단으로 구성되어 있어 타민족의 언어와 문화를 보존할 수 있도록 필요한 조치를 취했다. 가령 소수 집단인 아메리카 인디언들이나 에스키모인들에 대한 보호와 지원은 아직도 퀘벡 정부에 의해 이루어지고 있다. 셋째, 프랑스어를 퀘벡의 공용어로 하는 정책을 펴고 있지만 단일어 사용은 지양하면서 적어도 프랑스어 외에 제2 언어를 습득하는 데 중요성을 두고 있다. 이러한 원칙은 프랑스어 사용자와 영어 사용자 그리고 퀘벡 사회에 동화되어 살아가는 다른 외국인들에게도 적용되었다. 당연히 퀘벡 사람들에게는 영어가 습득해야할 제2 언어였으며, 특히 퀘벡의 젊은이들에게는 제2 언어 더 나아가 제3 언어를 습득함으로써 타문화에도 눈을 뜰 수 있는 좋은 기회가 되도록 했다. 넷째, 퀘벡에서 프랑스어의 지

---

française, 1977 mars, pp. 19-31.

위는 사회 정의의 문제라는 것이다. 사실 경제적 불평등만큼 문화적 불평등도 불의의 원천이 되기 때문이다. 특히 노동계에서 프랑스어를 사용하는 수많은 노동자들에게 영어가 불필요하게 자주 강요되는 것을 볼 때 그러한 것을 엿볼 수 있다. 결국 이러한 퀘벡 정부의 네 가지 언어정책의 원칙에 입각하여 다수의 프랑스어 사용자들은 타민족을 맹목적으로 지배하기 위해서가 아니라 합리적 필요성에 의해 자신들에게 돌아온 권력과 함께 도덕적 임무를 성실히 수행해 나가야 할 것이다.

4. 퀘벡 프랑스어의 미래

오랜 세월에 걸쳐 겪어온 언어 분쟁과 불안전한 언어 상황 속에서 벗어난 퀘벡 프랑스어는 과거에 누리지 못했던 안정을 이제 확고히 이루게 되었다. 특히 19세기 중반부터 20세기까지 프랑스어 생존과 수호의 문제가 끊임없이 대두되었다. 그러나 현재 사용되고 있는 언어학적 담론들뿐만 아니라 현대 퀘벡 문학과 연극 등이 보여주고 있듯이 상황은 많이 달라졌다.

보편적으로 언어는 시민들이 공동 시민 사회에 참여하도록 하는 공통적 특성을 나타낸다. 언어는 단순한 의사소통 수단을 뛰어 넘어 정체성의 표현이기도 하다. 결국 퀘벡에서 프랑스어의 미래는 있다 하더라도 과연 어떤 모습의 프랑스어일 것인가? 퀘벡 특유의 프랑스어인가 아니면 프랑스의 프랑스어 또는 국제적 프랑스어인가? 이러한 의문을 제기하는 것은 퀘벡에서 프랑스어의 규범은 또한 어떤 것일까 하는 의

문도 갖게 한다.

퀘벡에서 프랑스어의 미래는 국제어로서 프랑스어의 미래와 밀접한 관련이 있다. 그렇다면 프랑스어는 국제어로서 미래가 희망적인가? 다음의 근거를 고려해 볼 때 주저하지 않고 긍정적으로 내다 볼 수 있을 것이다. 즉 그 근거는 프랑스어의 명성과 여러 나라에서 유지해 왔던 역사적 지위에 기인한다. 설령 프랑스어가 제2 외국어로 배우는 언어이고 국제적 위상에 있어서 세 번째 언어 지위를 유지하고 있는 것이 그나마 국제어로서의 역할을 수행하는 데 기여하는 바가 크다. 여러 개의 커다란 국제기구들이 폭 넓게 프랑스어로 기능을 하고 있고, 특히 과학과 정치 분야에 있어서 프랑스어 사용 국제기구들의 비중을 과소평가해서는 안 될 것이다. 국제무대에서 프랑스어로 책을 출판하고 일을 하는 수많은 사람들을 언제나 쉽게 만나볼 수 있다. 또한 국제 커뮤니케이션 언어로서 프랑스어의 확실한 발전을 위해 인구 통계학적 그리고 제도적 기초가 마련되어 있다. 국제어로서 프랑스어의 역할은 이제 과거의 그것과는 다르지만 영어는 세계 곳곳에서 통용되는 언어가 되어 버렸다. 그렇다 하더라도 프랑스어가 이 같은 새로운 세계의 언어 환경 속에서 주된 역할을 하는 데 많은 장해가 있는 것은 아니다.

인터넷을 통한 의사소통의 발전 그리고 의사소통을 위한 새로운 기술의 확장과 더불어 가상적 세계의 정착으로 인해 국제무대에서 프랑스어 지위의 격하가 가속화되고 있다고 생각할 수도 있을 것이다. 그러나 지구상에 많은 나라들이 인터넷에 관심을 가짐에 따라 사이트와 사용자 그리고 메시지 교류에 있어 언어의 다양성에 주목해볼 필요가 있다. 물론 영어가 가상 공간에서 중심적 역할을 하고 있긴 하지만 프랑스어 역시 영향력 있는 지위를 차지하게 되리라는 전망을 해 볼 수 있다. 더욱이 새로운 가상 공간은 혁신적인 기술의 뒷받침으로 이미 정착되어 있다. 프랑스어권의 소수 문화는 따라서 같은 언어를 공유하는 다른 다수 문화와 연관이 있을 수도 있다. 프랑스어 사용 국가의 사람들은 프랑스나 퀘벡에서 띄우는 웹사이트에서 온갖 종류의 서비스와 정보를 접할 수 있을 것이다. 또한 프랑스어 사용자들은 언제, 어디서나 인터넷 상에서 프랑스 또는 캐나다 퀘벡에서 발행된 신문과 TV 뉴스 등을 현지에서와 같이 쉽고 신속하게 접할 수 있으며 직접 현지 출판사에 책도 주문할 수 있게 되었다. 문화의 탈속지화(déterritorialisation)를 거론하기에는 아직 이른 감이 있지만 새로운 문화적 패러다임이 서서히 나타나기 시작했다.

의사소통에서 동일한 언어를 공유하고 시계를 넓히기 위해 퀘벡 사람들은 모두 영어를 사용해서는 안 될 것이다. 왜냐하면 상호 지리적 공간과 영향 범위 그리고 조직망에서 프랑스어, 독일어, 스페인어, 러시아어가 중대한 보편적 언어들로서의 위상을 차지하고 있기 때문이다. 문제는 한 나라에서만 사용되는 국가어(Langue nationale)[51]인 경우에 제기된다. 이 경우 외부에 문호를 개방하게 되면 흔히 사람들은 영어를 선택하겠지만 지정학적 관심이 문제가 될 때 중요하게 사용되고 있는 다른 언어들도 스스로의 몫을 차지하게 될 것이다. 언어의 단일화를 이루기에는 어려움이 많은 인터넷은 이미 여러 방향에서 새로운 발전의 가능성을 제시하고 있다.

51) 예를 들어 한국어, 일본어, 노르웨이어, 스웨덴어, 핀란드어 등이 있다.

어쨌든 프랑스어는 세계의 문화어로 인식되면서 나름대로 명맥을 유지해 나가고 있다. 더 넓은 세상으로의 개방과 외국 미디어와 문화적 산물로의 노출 그 밖에 학생 교환, 활성화되고 있는 경제 교류, 국제 관광으로 인해 점차 많은 사람들이 외국어 학습의 기회를 자연스럽게 갖게 되었다. 프랑스어는 영어 사용권 국가에서는 제2 외국어로서 그리고 그 밖의 지역에서는 제3 외국어로서 채택되고 있다. 이러한 상황에서 프랑스어는 다른 외국인들을 새로운 프랑스어 사용자로 계속 끌어들이는 데 비교적 유리한 입장이다.

* * *

캐나다 퀘벡 프랑스어에 대한 410여 년의 역사와 삶의 흐름을 현지의 문헌 조사를 통한 고증학적 분석 절차를 거쳐 시기별로 자세히 조망해 보고자 하였다. 우선 프랑스어는 과거의 역사적인 흐름에 따라 사용 언어로서 그 지위가 매우 다른 양상으로 나타나고 있으며 프랑스어가 영어와 공존하면서 통시적 관점에서 두 언어의 지위는 대체로 영어에 비중이 실려 있는 것으로 보인다.

그러나 북아메리카에서 오랜 투쟁의 삶을 거쳐 온 프랑스어는 그 역사를 통해서뿐만 아니라 프랑스어를 말하는 사람들의 문화적, 예술적 산물의 풍요로움을 통해 오늘날 국제어로서의 위상이 널리 인정되고 있는 중대한 언어로 자리매김하고 있다. 새로운 국제적 상황과 커뮤니케이션 신기술의 발전은 프랑스어의 미래를 확고히 하는 데 크게 기여할 것이다. 또한 프랑스어를 말하는 잠재적 공간이 이미 정착되어 가고 있고, 이러한 공간은 프랑스어 사용자들이 살고 있는 작은 공동체가 프랑스어권의 중심부와 끊임없는 관계를 맺도록 해주고 있다. 물론 영어에 의해 지배되고 있는 새로운 잠재적 공간에서도 프랑스어를 사용하고 있으며 새로운 지식 창출을 위해 프랑스어에도 얼마만큼의 지위가 부여될 것이다.

퀘벡에서 프랑스어 사용도는 점차적으로 증가 일로에 있다. 특히 영어 사용자들에게 있어 프랑스어에 대한 지식과 수준이 눈에 띄게 향상되고 있을 뿐만 아니라 1970년대 이후 이민 세대 젊은이들의 언어 전이(transfert linguistique)를 보더라도 프랑스어에 더욱 호감을 나타내는 양상을 띠고 있다. 그리고 공공 활동에 있어서도 프랑스어를 사용하는 외국인들이 점차 늘어가고 있다. 요컨대 프랑스어는 원칙적으로 뿐만 아니라 현실적으로도 모든 퀘벡 사람들의 공용어가 되어가고 있다. 프랑스어를 말하는 것만으로도 외국인들에게까지 상당한 혜택이 돌아가고 있는 상황이다. 따라서 프랑스어는 퀘벡에서 점점 더 유용하고 없어서는 안 될 수익성을 지닌 언어로서의 지위를 굳혀 가고 있다.

퀘벡에서도 프랑스어 자체가 경시되고 종속되어 왔던 과거 언어 풍조에서 벗어나 국제무대에서 사용되고 있는 표준 프랑스어에 가까운 형태로 천천히 그 방향을 선회해 가고 있다. 퀘벡 서민 프랑스어인 쥬알(Joual)을 통해 퀘벡 프랑스어는 언어로서 자가 조절과 동시에 프랑스어권 지역의 상호 이해 욕구에 부응할 수 있는 완전하고 자율적인 언어 체계로서 입지를 구축하고 있다. 또한 퀘벡 프랑스어는 다양성을 지닌 위대한 문화적 산물로 410여 년의 역사와 삶을 거쳐 온 무시할 수 없는 언어적 실체로 탈바꿈하게 되었다.

그러나 미래에 퀘벡은 언어적 동질성과 문화적 다양성을 잘 조화시켜 나갈 수 있을 것인가? 퀘벡에서 거주하는 대다수 사람들이 프랑스어를 공용어로 사용하고 있긴 하지만 퀘벡에서 프랑스어의 영속성을 보장할 수 있을 것인가? 프랑스어에 대한 시민들의 진정한 책임 의식을 고취시킬 수 있도록 퀘벡 정부는 어떠한 조치를 취해 나가야 할 것인가? 프랑스어의 미래를 확실히 보장받기 위해서는 무엇보다 퀘벡 사회에 응집력을 가져다주는 원동력은 프랑스어라는 생각에 대한 시민들의 동조 의식일 것이다. 그 밖에 다른 문제 또한 어떻게 대처하느냐에 따라 프랑스어의 미래가 달려 있으리라.

한편으로는 퀘벡 프랑스어의 미래를 낙관적으로 내다본다 하더라도 퀘벡은 장차 스스로 직면하게 될 주요한 도전이 프랑스어가 단순히 기능적 언어나 의사소통 수단을 위한 언어라는 한계를 뛰어 넘는 사회를 이루어 나가야 한다는 것을 인식해야 할 것이다. 언어는 의미를 지니고 있는 것으로서 이를 통해 집단적으로 공유하는 정체성을 이루기 때문이다. 두 세기 반의 투쟁의 역사를 거쳐 보전되고 강화되어 온 퀘벡의 정체성의 미래에는 어떤 변화가 올 것인가? 퀘벡은 널리 공유되는 언어 정체성의 현실을 바탕으로 스스로의 단일성과 특수성을 실현시키게 될 세계화의 흐름 속에 한층 더 시너지 효과를 얻어 동화될 것이다.

수 세기에 걸친 퀘벡 프랑스어의 역사에 대한 연구 결과로 이루어진 본 글은, 특히 캐나다 퀘벡에서 방대한 프랑스어 삶의 여정을 시기별로 분석함으로써 통시적인 시놉시스(synopsis)를 이루고 있다는 점에 그 의의를 두고자 한다.

퀘벡 사회와
프랑스어

퀘벡 정부는 언어정책을 통해 프랑스어가 퀘벡 주민들뿐만 아니라 퀘벡 지역으로 이주해 오는 모든 이민자들의 삶에 있어서도 중심이 되는 언어가 되도록 함과 동시에 퀘벡 사회에 자연스럽게 동화되게 하는 방편이 될 수 있도록 하고 있다.

과거에는 퀘벡에서 사는 주민들을 지칭할 때 프랑스계 캐나다인(Canadien français) 또는 퀘벡 사람(Québécois)이라는 두 호칭을 혼용하였다. 그러나 이제는 퀘벡 주 밖에 사는 주민들을 프랑스계 캐나다인, 퀘벡 주 안에 거주하는 사람들을 퀘벡 사람이라고 명백히 구분하여 지칭하고 있다. 이 두 표현이 병행되던 시기에는 퀘벡 사람 자신들의 정체성에 대한 감정이 매우 뚜렷하게 표출되었고, 사용하는 언어에 따라 어떤 집단을 지칭하는 데 프랑스어 사용자(francophone), 영어 사용자(anglophone), 외국어 사용자(allophone) 등의 용어들이 널리 쓰이기 시작하였다.

1960년부터 오늘날에 이르기까지 약 60여 년의 세월은 캐나다 정부와 퀘벡 정부 간에 언어적 대립과, 정치적 대립이라는 양면적 반목 관계로 특징지어 볼 수 있다. 1960년대에 캐나다 정부는 공식 언어에 대한 법을 채택하게 되었다.[1] 언제나 영어 우위로 펼쳐지던 2개 국어 사용 정책에 대해 퀘벡 정부는 퀘벡 내에서 만큼은 프랑스어에 우선권을 부여함으로써 가급적 단일어 사용을 적극 권장하고 있다. 양 정

1) 1961년에는 프랑스어의 위상을 정립하기 위한 기구로 퀘벡 프랑스어청(Office québécois de la langue française)이 설립되었고, 1969년에는 퀘벡 프랑스어의 질을 향상시키고 사용을 장려하기 위한 법안으로 63법이 입법되었다. 이 법안에 따르면 공공장소나 광고 게시물에 프랑스어를 우선적으로 사용할 것과 직장에서도 반드시 프랑스어를 사용할 것을 권장하고 있다.

부가 정치적 측면에서도 서로 첨예하게 대립되면서 1976년에는 처음으로 퀘벡당이 득세하여 퀘벡 주민들에게 독립심을 불러일으키기 위해 정치적으로도 독자 노선을 걷게 되었다. 1980년에는 퀘벡 주 독립에 대한 국민 투표를 최초로 실시하기도 하였다. 한편 1980년대 중반부터 퀘벡은 문화적 다양성을 위해 문호를 개방하고 항상 프랑스어가 중심이 되는 언어가 될 수 있도록 하면서 퀘벡 사회가 직면하게 되는 여러 가지 어려움들을 잘 극복해 나가고 있다.

퀘벡 프랑스어에 대한 사회 언어학적 접근을 통해 퀘벡 사회에서 언어 공동체 양상을 살펴보고, 퀘벡 정부의 이민정책에서 오는 대량 이민자들의 프랑스어 사용 문제와 퀘벡의 공용어로서 프랑스어의 위상을 구체적인 사례들을 통해 기술해 보고자 한다.

1

퀘벡 사회의 언어 공동체 양상

퀘벡은 오래전부터 여러 민족이 한데 어우러져 다양한 문화 속에서 형성되어 온 사회이다. 먼저 아일랜드와 스코틀랜드인들이 아메리카 인디언들과 뒤섞여 동화되기 시작했고, 제2차 세계 대전 이후에는 유럽과 아시아 사람들의 캐나다를 향한 이민 물결이 뒤를 이었다.[2] 이민

2) 캐나다 퀘벡으로 이민 온 민족은 시기별로 매우 다양하다. 20세기 초에는

이 급속도로 늘어남에 따라 퀘벡에서는 기이하게도 출생률이 저하되었고, 이민자들의 동화 문제와 더 나아가 사회적 다양성의 문제가 문화적, 정치적 그리고 그들의 정체성의 측면에서 해결해야 할 주요한 목표가 되었다. 퀘벡 정부의 '이민과 통합에 대한 정책 발표문'[3]과 상호문화 교류 협의회가 제출한 의견서를 보면 민주적 기본 가치관이 존중되고 상호 공동체 교류가 필요한 범위 내에서 다양성이 인정되고 더 높이 평가되었다. 이 두 문서는 공식 언어로서 프랑스어의 생명력과 영속성을 확고히 하려는 공통된 의지를 서로 확인하고, 사회적 다양성을 인식하면서 동시에 정치적 다양성을 추구하게 된다. 따라서 프랑스어는 공용어로서뿐만 아니라 퀘벡 사회에서 근본적인 정체성의 상징으로서 중심이 되는 위상을 차지하게 된다. 또한 출신이 서로 다른 퀘벡에 거주하는 여러 주민들의 모국어가 어떤 언어이든 간에 모든 퀘벡 주민들이 조화를 이루어 나가는 데 프랑스어가 필수 불가결한 공용어로서 그들 사회에서는 무엇보다 가장 중추적인 통합의 역할을 수행해 내고 있다.

이탈리아인들의 이민이 많았고 이어서 아시아 지역으로부터는 중국인들의 이민 물결이 이어졌다. 특히 1930년대와 1940년대에는 주로 중국인들의 이민이 많았고, 1950년대에는 그리스와 이탈리아인들의 이민, 1970년대에는 아시아와 아프리카 사람들의 이민이 주를 이뤘으며 1990년대에는 동유럽 사람들과 프랑스어권 북아프리카 사람들의 이민이 뒤를 이었다.

3) *Cf.*, Gouvernement du Québec, *Énoncé de politique en matière d'immigration et d'intégration*, 1990. Gouvernement du Québec, *Un Québec pour tous ses citoyens. Les défis actuels d'une démocratie pluraliste*, 1997.

사회적 다양성과 한층 강화된 사회적 응집력을 추구함으로써 퀘벡의 민족주의의 명분이 더욱 명확해진 것이다. 이렇게 해서 시민적 민족주의에 바탕을 둔 정치적 공동체 내부에서 모든 시민들을 위한 평등권 추구는 정부의 문서에 있어서뿐만 아니라 시민권 문제와 사회적 다양성의 관리 문제에 대한 대부분의 문서에 있어서도 이제 중대한 자리매김을 하게 되었다. 따라서 퀘벡 정부는 공용어인 프랑스어를 통해 시민들의 친목을 도모하고 공동체 간의 유대 관계를 강화시키도록 하는 시민 국가의 성장에 입각한 사회적 협약을 제안하였다. 그뿐 아니라 퀘벡 정부는 이제 계획적으로 진보 자유 민주주의에서 통용되는 광범위한 갖가지 정치적 노선을 모색해 나가고 있다.

퀘벡에는 영어를 모국어로 하는 주민이 약 70만 명에 이르는데, 그 중 75% 정도가 몬트리올에 거주하고 있다. 이 영어 사용 공동체에서는 1970년과 1980년대 사이에 그 주민들이 대거 퀘벡을 떠나게 되었다. 이렇게 많은 주민들이 다른 지방으로 빠져 나감으로써 지방 상호 간의 이주에[4] 있어서 퀘벡 전체 손실의 약 3분의 2를 차지하게 되었다. 그러나 영어 사용 공동체는 최근 30년간의 캐나다 통계 조사[5]가

---

4) 대략 37,400명의 순 지방 손실 가운데 24,100명의 인적 손실을 나타내고 있다.
Cf., "Scolarité, Mobilité et Migration", Statistique Canada, *Le Quotidien*, 14 avril 1998.

5) 1996년도의 조사를 참조
"Langue maternelle, langue parlée à la maison et connaissance des langues", *Le Quotidien*, 2 décembre 1997.
그리고 1971년도의 조사

나타내고 있듯이 외국어 사용 공동체에서 생기는 언어 전이(transfert linguistique)에 힘입어 이러한 손실의 효과를 제어할 수 있었다. 비록 1976년 이후에 퀘벡으로 이주해 온 외국어 사용자들이 영어 학교 입학을 제한하는 퀘벡 정부의 정책 때문에 다수가 자녀들을 프랑스어 학교로 보냈다 할지라도 경제 활동에 있어서는 프랑스어 사용 공동체에서보다 더 높은 수익을 올릴 수 있는 영어 사용 공동체에서 활동하게 되었다. 퀘벡 정부의 지지를 받고 있는 프랑스어 사용 공동체는 집단적 권리 옹호에 우선권을 부여하고 있는 것에 반해 영어 사용 공동체는 개인적 권리 존중과 지방 정부에 대한 불간섭주의를 표방하고 나섰다.

프랑스어 헌장(La Charte de la langue française)[6]의 역할과 소수 영어 사용자 권리 문제가 두 공동체 간의 관계에 미묘한 문제로 부각되었다. 프랑스어 헌장에 의한 일련의 조치들은 영어 사용자들에게는 적잖은 장애가 되기도 하였다.

C. Castonguay, "L'évolution des transferts linguistiques au Québec, selon les recensements de 1971 et 1981", dans L. Gérard et M. Amyot, 1986 tableau IV. I.
1981년도와 1986년도의 조사
"Statistique Canada, recensement de 1986", *Catalogue* n° 93-153.

6) 1977년 퀘벡 정부가 제정한 법안으로서 101법이라고도 불리는 이 법안은 퀘벡에서 "프랑스어가 유일한 공식어(langue officielle)"임을 규정하고 있다.

2

퀘벡의 이민정책과 프랑스어

이민이 퀘벡으로서는 문화적으로, 경제적으로, 인구 통계학적으로 성공을 거둘 수 있는 좋은 수단이 되고 있음에 틀림없다. 프랑스의 위업을 확실히 존속시키고자 하는 퀘벡 같은 사회에 있어서는 이민이 중대한 관건이 된다. 왜냐하면 퀘벡으로 새로 이민 온 사람들에게 국제적 언어로서 영어에 대한 매력에도 불구하고 프랑스어가 공용어라는 것을 납득시켜야하기 때문이다. 특히 1977년부터 퀘벡의 언어정책으로 인해 새 시민들의 영어로의 대거 이동을 줄일 수 있었다. 소위 상호 문화주의(interculturalisme)라고 하는 퀘벡 정부에 의해 제안된 언어정책과 통합정책은 몬트리올이라는 도시에 이민자들이 집중되고 있는 일련의 요인을 참작해 시행하게 되었다. 퀘벡 언어정책과 캐나다 언어정책 간에 일치되지 않는 점은 차치하더라도 퀘벡 정부의 계획이 실행되면서 발생하는 기본적인 문제들이 있기 마련이다.

따라서 퀘벡 사회 공동체는 해가 갈수록 늘어나는 이민자들을 받아들이는 상황에서 프랑스어를 굳건히 지키기 위한 일대 도전에 직면하게 된다. 프랑스어는 비단 한 민족에만 한정되어 있는 언어가 아니므로 퀘벡에서 프랑스어의 지위를 확고히 하면서 언어로서의 지위를 한층 더 강화시키기 위해서는 프랑스어를 쉽게 학습할 수 있도록 장려하는 정부 차원에서의 조치와 퀘벡에서 민주 시민 사회 생활에 모든 주민들이 자발적이고 적극적으로 동참할 수 있도록 유도하는 정책이 반드시 필요할 것이다. 또한 퀘벡 사회를 위해 문화적 다양성을 위한 길을 열어 놓고 퀘벡의 시민어로서 프랑스어의 지위를 확고히 하면서 이루고자 하는 사회 공동체적 목적을 옹호하는 것은 퀘벡 정부가 해야 할 당연한 일일 것이다.

퀘벡 사회는 다른 여러 선진 산업 사회들처럼 인구를 증가시키기 위한 신생아 출산 장려 정책을 펴게 되었다. 만일 퀘벡 정부가 주민들의 수가 감소하는 것을 막고자 한다면 불가피하게 국제적 이민정책에 도움을 구할 수밖에 없다.[7)] 따라서 퀘벡은 매년 평균 2만 5천에서 3만 명가량의 이민자들을 받아들임으로써 세계에서 가장 이민을 호의적으로 받아들이는 나라 중의 하나가 되었다. 그러나 이러한 이민을 통해 출생률보다 더 높은 사망률을 메우기 위해서는 어느 시기부터인가는 현재의 이민자 수를 오히려 2배 내지 3배로 늘려야 할 것이다. 결국 퀘벡은 주민들의 수가 점차 줄어드는 것을[8)] 감수하든가 아니면 사회적, 문화적, 영토적 영향에[9)] 대비해 이민자 수를 대폭 늘려 부족한 출생률을 보충하든가 해야 하는 딜레마에 빠져 있는 셈이다.

인구수가 침체하고 있는 기간에는 매년 2만 5천 명의 이민자들을 받아들였다. 이러한 조치는 경제적으로 어려운 시기에는 인구와 경제

---

7) 퀘벡 정부의 이 같은 국제 이민정책에도 불구하고 몬트리올의 인구수는 한 때 감소하는 현상이 나타났다.

8) 캐나다 연방을 중심으로 한 인구 통계학적, 정치적 비중에서 다소 밀려날 우려가 있다.

9) 사회적, 문화적인 영향으로서는 언어적, 경제적 통합의 문제가 있고, 영토적 영향으로는 몬트리올과 퀘벡 지방 나머지 도시들 간의 불균형을 계속 초래할 수 있다는 점이다.

가 함께 성장하는 시기보다 훨씬 더 절실히 요구되었기 때문이다. 가령 가계 수입이 급성장하고 있는 10명의 가족은 수입이 침체되고 있는 3명의 가족보다 더 수월하게 또 다른 새 가족 구성원을 맞이할 수 있을 것이라는 생각에서이다.

캐나다 나머지 지방들에 비해 퀘벡이 이민자들을 비교적 덜 받아들이고 있긴 하지만 캐나다 인구 전체의 언어 분포 상 이민의 비중은 이민자들이 주로 퀘벡 주로[10] 몰려오는 영토적 집중 현상으로 인해 퀘벡에서 더욱 두드러지게 나타나고 있다. 그런데 새로 이주해 오는 사람들 가운데 프랑스어를 말하는 사람들이 소수인데다 프랑스어를 생활 공용어로 채택하지 않는 경향이 있다.

가장 최근의 예측 조사에 따르면 프랑스어 사용 집단의 비중이 몬트리올 근교 밖에서도 비교적 안정되어 감을 주목할 수 있다. 2021년에 프랑스어 사용자 비율이 주요 도시 지역 밖에서는 약 93% 가까이 유지될 것이라는 예측을 했던 반면 몬트리올 근교를 벗어나 몬트리올 지역 주민의 약 85%가 프랑스어를 사용하는 사람들일 것이라고 내다보았다. 그 대신 몬트리올 근교에서는 프랑스어 사용자가 2016년과 2021년 사이에는 소수일 것으로 예측했던 반면 외국어 사용자는 영어 사용자보다 확실히 더 많아질 것으로 예상했다. 그러나 외국어 사용자들은 주요 도시 지역 외부에서는 소수 집단을 이루고 있는데, 보통 이러한 집단은 이질적인 경향을 나타내고 있다. 1996년 몬트리올 지역 내에서 프랑스어나 영어 이외에 다른 외국어를 사용했던 35만

---

10) 이민자들의 4분의 3이 특히 몬트리올로 집중되고 있다.

명 가운데 12만 명이 라틴계열 언어를 사용했고, 3만 명은 중국어 또는 아랍어를, 2만 7천 명은 그리스어를, 2만 3천 명이 슬라브어 또는 인도·이란어 그리고 2만 천 명이 남아시아 언어를 사용하게 되었다.

몬트리올 지역 주민들의 44%가 2개 국어를 사용하고 있으며, 15%는 최소한 3개 국어를 알고 있는 것으로 확인되었는데, 이러한 것을 보더라도 몬트리올은 의심의 여지없이 캐나다에서 가장 다언어 사용 지역[11)]으로 꼽힌다. 이러한 상황은 반드시 이민에 기인하고 있는 것만은 아니다. 그것은 오히려 공식적 2개 국어 사용에 대한 몬트리올 주민들이 보여준 높은 의식 수준의 반영이라 할 수 있을 것이다.

이와 같이 증가하고 있는 주민들의 다언어 사용(plurilinguisme)은 몬트리올에서도 공용어로서 프랑스어가 우위를 차지하는 데 별 다른 영향을 미치지는 못할 것이다. 따라서 공용어로 사용하는 언어에 따른 인구의 배분은 가정에서 사용하는 언어 인구 구성에서 있을 수 있는 변화와 출신지에 따른 이민자들 흐름의 구조 변화에 거의 영향을 주지 못 하는 듯하다. 어쨌든 이러한 것은 개인이 사용하는 언어 또는 개인이 알고 있는 언어에서 공용어로의 전이 가능성을 보기 위해 프랑스어 고등 심의회(Le Conseil supérieur de la langue française)[12)]에서 실시한 조사 결과에 의하면 사실임을 확인할 수 있다. 공공장소 내에서 프

---

11) 토론토에서는 2개 국어 사용자가 36%, 3개 국어 사용자가 8%이며 벤쿠버에서는 각각 33%와 6%에 이르고 있다.

12) 프랑스어 사용을 활성화시키기 위한 정책을 만들고 프랑스어를 수호하기 위한 여러 가지 다각적인 연구를 수행하게 하며 그 결과물들을 출판해 내는 곳이다.

랑스어 사용자 비율이 몬트리올 근교에서는 약 68% 정도, 주요 도시 지역의 나머지에서는 약 90%, 퀘벡의 나머지 지역에서는 약 95% 정도로 안정될 것으로 보고 있다.

퀘벡의 언어 상황이 프랑스어와 영어라는 이원적 구조에서 조금씩 벗어나고 있고, 한편으로는 외국어 사용자 비율이 급속히 증가함에 따라, 그리고 퀘벡 사람들이 점점 더 여러 언어를 구사함에 따라 퀘벡 사회는 점차 다원화 사회가 되어가고 있음을 엿볼 수 있다. 그러나 눈에 띄게 늘어가는 국제 이민의 영향으로 인한 언어·문화적 다원성은 결국 몬트리올 지역, 특히 몬트리올 근교에 한정되고 있으며, 몬트리올과 퀘벡의 나머지 도시들 간에 이와 같은 이원적 대립은 미래에 한층 더 심화될 것이라는 예측을 낳는다. 잘 알려진 바 있는 사회 경제적 분열에 가세하여 점차 커져가는 이러한 언어적 단절은 퀘벡 사회가 응집력을 키우는 데 막대한 도전이 아닐 수 없다. 그러나 이 구조적[13] 도전은 앞으로 퀘벡 사회의 인구수가 불가피하게 줄어들게 되어 필연적으로 노후화가 가속될 것에 대비해 인구수를 어떻게 잘 조절해 나갈 것인가 하는 문제를 간과해서는 안 될 것이다. 앞으로 제기 될 수 있는 여러 가지 중대한 문제들에 대비해 시의 적절한 대책이 필요하리라 보는데 무엇보다 가장 시급히 해결해야 할 문제는 인구정책이 될 것이다.

13) 여기서 구조적이라 함은 언어적, 영토적 문제에 관련됨을 의미한다.

3

퀘벡의 공용어로서 프랑스어

오래전부터 진정한 언어 혁명이 퀘벡과 특히 프랑스어의 영속성이 가장 위협 받고 있는 몬트리올에서 일어나고 있다. 사실 프랑스어를 사용하는 사람들이 공식 행사에 자주 동원되고 사용 언어 관련법이 채택됨으로써 학교, 기업, 관공서, 상거래 등에서 프랑스어와 영어가 차지하는 위상이 서로 바뀌게 되었기 때문이다. 또한 사용 언어에 대한 주민들의 의식 수준에도 많은 변화가 일어났다. 1960년대에는 영어를 사용하는 엘리트들이 프랑스어를 배우려는 노력을 게을리 하면서 마치 몬트리올이라는 곳이 프랑스어를 사용하는 많은 사람들이 살고 있는 영국 도시인 것처럼 대다수가 생각하고 행동하며 자기들만의 소수 집단을 형성하고 있었다. 오늘날 영국계가 아닌 사람들은 프랑스어의 공식적인 우월성을 인정하면서 점차 2개 국어 사용자가 되어 영어를 할 줄 아는 새로운 퀘벡 사람들의 집단을 이루기도 하였다.

1. 퀘벡에서 프랑스어 사용 현황

1970년대 이후 직장에서 프랑스어 사용이 눈에 띄게 늘었던 경제활동 영역에 대한 개괄 검토를 해볼 필요가 있을 것 같다. 직장에서 사용하는 언어가 어떤 언어인가에 따라 각자의 수입이 달라질 수도 있었다. 예를 들어 1970년대에는 영어 하나만을 사용했던 사람들의 평균 수입은 프랑스어만을 사용했던 사람들의 평균 수입보다 약 59% 정도 더 높았다. 그리고 1995년에는 격차가 다소 좁혀져 영어만을 사용했던 사람들의 수입이 약 19% 정도 더 높게 나타났다. 반면에 프랑스어와 영어 둘 다 사용하는 사람들에 비해서는 영어만 사용하는 사람들의 평균 수입이 오히려 약 12% 정도 낮게 나타났다.

구체적으로 몬트리올의 경우를 보면 프랑스어가 실무 언어로서 거듭 발전해 왔음에도 불구하고 아직까지는 프랑스어가 직장에서 공용어로서 반드시 요구되고 있는 상황은 아니다.[14] 사실 몬트리올에 있는 직장 사회에서 프랑스어화(francisation)는 두 단계에 걸쳐 전개되었다. 우선 1970년대 기간 동안 직장에서의 프랑스어는 특히 프랑스어를 말하는 사람들이 다수였던 환경 또는 프랑스어를 말하는 사람들이 지배하는 사회에서 눈에 띄게 발전하였다. 그리고 1971년과 1979년 사이 몬트리올의 모든 언어 단체의 근로자들에 의해 알려진 바 직장의 사적인 영역에서도 프랑스어를 사용하는 것이 이득이 되었다.

그러나 1980년대에 몬트리올은 국제 언어들과의 접촉 그리고 다양한 민족 집단으로 갈라진 이질적인 환경으로 인해 프랑스어화 작업에 많은 어려움을 겪게 되었다. 어쨌든 프랑스어의 발전은 몬트리올에 있는 기업들 내에서[15] 프랑스어를 쓰고 말하는 데서 국제 언어적 의사

14) Gouvernement du Québec, *Le français langue commune. Enjeu de la société québécoise*, 1996, p. 74.

15) Conseil supérieur de la langue française, *Indicateurs de la langue du travail au Québec*, Québec, Éditeur officiel,1995. pp. 154-155.

소통의 집중언어(langue de convergence)로 사용될 때만이 가능할 것이다. 이러한 프랑스어화 과정에서 오는 이득은 그다지 대수로운 것은 아니었다. 왜냐하면 직장에서 프랑스어로 말하는 외국어 사용자들이나 영어 사용자들이 늘고 있긴 하지만 그것도 한 나절 잠깐 프랑스어를 쓰는 것에 불과하기 때문이다. 직장에서 프랑스어를 사용하는 수는 1979년 이후 그렇게 많이 늘어나지는 않았다. 1980년대에 영어가 우위적으로 사용되었던 것은 프랑스어만의 단일어 사용(unilinguisme)을 강요하기보다는 프랑스어와 영어의 2개 국어 사용(bilinguisme) 정책을 펼침으로써 다소 감소하게 되었고 프랑스어로 작업하는 시간이 차지하는 전체적인 비율도 점차 안정을 찾게 되었다. 그렇지만 이러한 변화의 폭을 과소평가해서는 안 될 것이다. 프랑스어를 정책적으로 사용하게 하는 직장에서 2개 국어 사용으로 인해 1950년대 영어를 사용하는 도시들에 있는 직장들에 비해 그나마 프랑스어를 함께 사용하게 되었다는 것이 커다란 소득이라 할 수 있을 것이다. 그렇다고 해서 프랑스어가 몬트리올에 있는 일터에서 정규 통상어(langue normale et habituelle)가 된 것은 아니다. 사실 미국 시장이 인접해 있고 국제 통상어로서와 세계화 되어 가고 있는 경제에서 고도의 기술 언어로서의 영어의 지위 그리고 몬트리올 경제 역사에서 차지하는 영어의 위상 때문에 몬트리올에서 프랑스어를 정규 실무 통상어로 만들려고 하는 목표를 갖고 있는 퀘벡 정부 정책 결정자들은 향후 몇 년 동안 중대한 도전에 직면하게 될 지도 모른다.

몬트리올에서 프랑스어 사용이 비교적 널리 퍼져 있는 곳 중의 하나가 직장 사회이다. 오늘날 몬트리올 곳곳에서 프랑스어를 사용하고 프랑스어로 서비스하는 것이 거의 일반화되어 있다.[16] 1995년에 실시된 프랑스어 고등 심의회 조사에 따르면 모든 유형의 상거래가 대다수 프랑스어로 이루어지고 있다.[17] 오늘날 몬트리올 도시 중심지에서는 영어를 말하는 사무원들이 드물다. 이러한 현상은 30년 전의 상황에 비해 커다란 변화의 결과로 받아들일 수 있을 것이다.

몬트리올 도시 자체의 언어 사용 양상을 보면 언어에 관한 법규가 상업적 게시물에서는 특히 프랑스적인 이미지를 풍기도록 조장하고 있음을 엿볼 수 있다. 1960년대 중반 상업적 광고의 글을 프랑스어로만 게시할 것을 강요했던 101법 체제 하에 프랑스어 심의회 조사는 상업적 게시물에서 프랑스어만 사용하는 것이 78.5%에 이르렀고, 영어만 사용하는 것은 7.2% 정도였음을 보여주고 있다. 그런데 이러한 것은 몬트리올에서 상업적 게시물에 내려진 프랑스어화(francisation)라는 조치의 결과이다.

최근 25년 동안 퀘벡의 언어 환경에 있어 가장 커다란 변화는 프랑스어가 몬트리올 근교를 포함해 퀘벡의 공공 생활에서 주요한 의사소통 수단이 되었다는 것이다. 프랑스어 심의회에 따르면 몬트리올 근교에서 71%의 주민들이 공용어로서, 말하자면 직장과 쇼핑센터에서 그리고 집을 떠나 다른 모든 외부 활동에 있어서도 주로 프랑스어를 사용하고 있다는 보고서를 내놓았다. 이러한 비율이 몬트리올 주요 도

---

16) Gouvernement du Québec, 1996, p. 99.

17) D. Monnier, "La langue d'accueil et de service dans les commerces", *Bulletin du Conseil supérieur de la langue française*, vol. 13, n° 2, juin 1996, pp. 4-5.

시 지역에서는 78%에 이르며, 퀘벡 전체적으로는 87%에 이르기까지 한다.[18] 몬트리올의 주요 도시 지역에서는 가정에서 프랑스어를 사용하는 사람들의 97%가 공공 생활에서도 주로 프랑스어를 쓰고 있는 것으로 나타났다. 또한 고무적인 현상은 외국어 사용자들 대다수가 공용어로 프랑스어를 선택하고 있다는 것이다. 가령 몬트리올에 거주하는 외국어 사용자들은 약 58%가 쇼핑센터에서 프랑스어를 더 자주 사용하고 있다고 말한다.[19]

프랑스어가 공용어인 퀘벡 사회에 적응하려는 영어 사용자와 외국어 사용자들 가운데 2개 국어나 3개 국어를 사용하는 사람들이 급상승하고 있다. 따라서 영어 사용자와 외국어 사용자 60% 이상이 이제는 프랑스어로 의사소통을 할 수 있게 되었다. 몬트리올 근교의 영어 사용 초등학교 학생들 40% 이상이 프랑스어로 일과를 보내기도 하며, 한때는 프랑스어 집중 프로그램에 또 다른 한때는 프랑스어 정규 프로그램에 등록하기도 한다.[20] 그리고 거기에 프랑스어 사용자와 영어 사용자들 간에 결혼이 증가하면서 2개 국어와 2개 문화 가정에서 성장한 새로운 세대의 영어 사용자들이 생겨나기 시작했다. 1971년과

---

18) *Cf.*, P. Béland, *Le français, langue d'usage public au Québec en 1997*, Québec, Conseil supérieur de la langue française, 1999, pp. 47-49. 공용어에 대해 여기서 언급한 새로운 지수는 1997년에 시행된 여론 조사에서 1만 4천 명의 사람들이 제공한 답변에 근거를 두고 있다.

19) *Ibid.*, p. 24.

20) M.-V. Levine, *La reconquête de Montréal*, traduction de Marie Poirier, Montréal, VLB éditeur, 1997, p. 209.

1996년 사이에 부모 두 사람 다 모국어가 영어인 자녀들의 영어 사용, 비율이 62.3%에서 39.8%로 감소되었다. 반대로 같은 기간에 부모 중 어느 한 사람이 프랑스어를 사용하고 또 다른 한 사람은 영어를 사용하는 경우에 자녀들의 영어 사용 비율은 25.8%에서 36.2%로 증가하였다.[21] 실제로 가정에서 2개 국어와 2개 문화를 체험하고 자란 이 신세대들은 2개 국어 사용에 전혀 낯설지 않으며, 퀘벡에서 공용어로 프랑스어를 사용하는 것에도 한 몫 하게 된다.

2. 퀘벡의 언어정책

퀘벡에서 공용어로서의 프랑스어 사용 증가 추세는 외국어에서 온 젊은이들이 사용하고 있는 언어에서도 나타나고 있다. 교육 언어에 있어 101법의 강경한 조치의 결과로 오늘날 몬트리올 근교의 외국인 자녀 초등학생 79%가 프랑스어 학교를 다니고 있는 데 비해 과거 1971년에는 외국인 자녀가 영어 학교에 취학했던 비율이 90%에 이르렀던 것[22]을 통해 알 수 있듯이 상황은 완전히 역전되었다.

이렇듯 법에 따른 강경한 언어정책으로 3개 국어까지 말하는 외국

---

21) A. Norris,"The New Anglophone", *The Montreal Gazette*, 29 mai au 6 juin, 1999, p. 51.

22) Gouvernement du Québec, "La situation linguistique dans le secteur de l'éducation en 1997-98", *Bulletin statistique de l'éducation*, n° 10, mars 1999, p. 3.

인 자녀들도 점차 늘어나고 있다. 말하자면 가정에서는 모국어를 사용하고 학교에서는 프랑스어를 쓰며 영어로도 방영되는 TV를 시청하기 때문일 것이다. 또한 외국인 아이들은 여기저기서 북아메리카 대중문화의 영향을 받는 환경 속에서 자라고 있다.

그러나 면밀히 들여다보면 몬트리올 소재 프랑스어 학교에 취학한 외국인 학생들은 프랑스어가 점점 더 위상이 높아지는 사회에서 언어적 통합이라는 미묘하고 복잡한 상황을 겪어가며 살고 있는 것이다. 몬트리올 대학 연구 조사[23]에 따르면 외국 학생들의 3분의 2가 3개 국어를 사용하는 것으로 나타났으며 56% 정도가 영어보다 프랑스어로 의사 표현을 더 수월하게 할 수 있고 21%만이 영어를 더 잘 한다고 응답하였다. 외국 학생들의 4분의 3이 집에서 모국어를 쓰긴 하지만 그들 중 40%는 자기들의 형제나 자매와 프랑스어로 말하고 43%는 프랑스어를 주로 여가 활동을 할 때 사용하며 57%는 프랑스어를 특히 학교에서 사용하고 있는 것으로 나타났다.

따라서 전체적으로 보아 공용어로서 외국인들의 프랑스어 사용이 몬트리올의 프랑스어 학교에서는 잘 맞물려 가는 듯하며 법에 의한 언어정책으로 말미암아 괄목할 만한 발전이 이루어지고 있다. 가장 고무적인 것은 학교 사회에서 영어 사용 학생들의 프랑스어화가 순조롭게 진행되어 가고 있고 프랑스어 학교에서 비프랑스어권 학생들의 밀도가 매우 높아졌다는 점이다.[24]

---

23) L. Giroux et al., *Les adolescents et la télévision de langue française*, Montréal, Département de communication, Université de Montréal, 1992, p. 57.

24) *Cf.*, M. McAndrew, C. Veltman, F. Lemire et J. Rossell, *Concentration*

이렇듯 프랑스어 사용이 계속 진전되고 있는 명백한 징후로 외국 이민자들이 가정에서 모국어를 사용하는 것 이외에 다른 언어를 하나 더 사용하고 있다는 것을 통해 엿볼 수 있는 몬트리올에서의 언어 전이 현상을 예로 들 수 있다. 1983~1984년에 몬트리올 시내에 있는 유치원, 초등학교, 중·고등학교에서 외국인 학생들의 영어로의 이동률이 24.9%였던 것에 비해 프랑스어로의 이동률은 4.6%에 불과했다. 그러나 오늘날에는 영어로의 이동률이 13.9%인 것에 비해 프랑스어로의 이동률은 15.2%에 이른다. 이러한 변화는 프랑스어 사용자가 다수인 사회에서 외국인들의 자녀들이 언어적 동화를 위해 프랑스어 학교로의 취학이 증가된 효과에서 찾을 수 있을 것이다.[25] 영어가 몬트리올에서 아직까지는 어느 정도 지위를 유지하고 있고 대부분의 외국어 사용자들이 집에서 모국어를 계속 쓰고 있음에도 불구하고 언어 전이에 관련된 경향에 비추어 보면 프랑스어는 다민족 다언어가 함께 공존하는 몬트리올의

---

ethnique et usages linguistiques en milieu scolaire, Montréal, Immigration et Métropoles, Université de Montréal, 1999.

25) *Cf.*, Gouvernement du Québec, *Bulletin statistique de l'éducation*, mars, 1999, p. 3.
퀘벡에서 외국어를 사용하는 인구 집단에 있어서 101법이 시행되기 전에는 외국어 사용자들이 집에서 자신의 모국어로부터 다른 언어로 말하는 전이 현상이 일어났을 때 그들 4분의 3이 영어로 급선회하기도 하였다. 그러나 1996년에는 외국어 사용자들의 영어를 향한 언어 전이의 전체 비율이 49%로 떨어졌다. 한편 1981년 이후에 이주해 온, 즉 101법 시행 이후의 세대에 속하는 외국어 사용자들 가운데 30%를 조금 넘는 사람들만이 언어 전이에 있어 영어에 우위를 두기도 하였다.

공용어로서 눈부신 발전을 거듭하고 있다는 것을 알 수 있다.

세계 경제에서 국제 무역어로서 그리고 국제 문화어로서 영어의 우월성은 퀘벡에서 공용어로서 프랑스어의 영속성을 계속 위협하고 있다. 직장 소프트웨어에서도 느리긴 하지만 부단히 프랑스어화가 이루어지고 있음에도 불구하고 통계에 따르면 프랑스어가 직장의 정보처리에 있어 아직 우세한 위치를 점유하지 못하고 있음을 보여주고 있는 반면 영어는 인터넷을 지배하고 있다. 어쨌든 지금까지 퀘벡 사람들은 정보화가 잘 되어 있지 않고, 인터넷 사용률도 비교적 떨어지는 캐나다 사람들 사이에 끼여 있는 셈이다. 그러나 퀘벡의 소비자들과 기업들이 전자 거래의 효능을 발견함에 따라 퀘벡에서 정규 통상어로서 프랑스어의 지위 상승을 맡고 있는 책임자들은 영어 사이트의 급증과 더불어 일련의 온갖 새로운 도전에 직면해 있는 상황이다.

설령 몬트리올에서 언어 균형이 취약하고 사이버 공간과 세계화가 제기하는 새로운 도전에도 불구하고 프랑스어는 퀘벡 사람들의 공용어로서 유리한 고지를 점령하고 있다. 30년 전에는 상상할 수도 없는 상황 속에서 영어 사용자들과 외국어 사용자들이 광범위한 활동 영역에서 프랑스어를 사용하고 있다. 최근 이민자들에게 있어 언어 전이와 101법이 시행된 이후의 아이들의 교육을 통해 프랑스어가 이제 확실한 지위를 확보하게 되었다. 프랑스어 사용자들에게 있어서는 예전에 프랑스어를 말하면서 일하는 것이 그렇게 성공적이었던 것은 아니다.

여러 가지 도전들이 여전히 잔재하고 있음에도 불구하고 프랑스어를 공용어로서 정착시키려는 계획으로 오래전부터 일구어 온 퀘벡 정부에 의한 프랑스어의 발전을 부정하기는 어렵다. 몬트리올에서 프랑스어의 미래는 언어 법규에 의해 통제하기 쉽지 않은 영역에서 결정될 것이다.

프랑스어 헌장은 필요한 조치이겠지만 프랑스어가 주요 도시의 진정한 공용어로서 지위를 확보한다는 몬트리올의 실제 언어 재정복 정책을 펴기에는 그다지 충분하지 못할 것이다. 프랑스어 사용자들의 언어 안전을 위해서는 효율적이면서도 융통성 있는 언어정책이 절실히 요구된다. 영어를 사용하는 북미 대륙에서 퀘벡의 프랑스적 성격을 보전하기에 어려운 일은 무엇보다 국가의 직접적인 개입을 필요로 하는 것이며, 퀘벡의 미래 언어·문화적 성격에 많은 영향을 미치게 되는 것은 언어 법규뿐만 아니라 이민과 도시 발전에 관련된 일련의 조치들일 것이다.

* * *

퀘벡 사회는 수많은 나라에서 이주해 오는 대량 이민과 여러 민족들 간의 자유로운 왕래를 통해 문화적 다양성을 추구하고 개인적 권리를 중시하면서 급속한 발전을 이루어가고 있다. 반면에 퀘벡에서 제기되고 있는 문제는 크게 두 가지로 집약될 수 있을 것 같다. 바로 다민족들이 모여 사는 집단으로 구성됨으로써 발생되는 사회 응집력이라는 문제와 언어 공용 문제가 해결되어야 할 시급한 과제이다.

미래의 퀘벡은 문화적 복수성과 언어적 단일성을 어떻게 잘 화합시켜 나갈 수 있을 것인가? 설령 퀘벡 사람들 약 94%가 프랑스어를 알고 있다 할지라도 프랑스어 공용 문제를 확고히 함과 동시에 퀘벡 사회에서 프랑스어의 영속성을 보장하는 데 현재의 언어 공용에 아무런 문제는 없는가? 프랑스어에 끌리는 힘을 배가시키고 모든 시민들에게 프랑스어에 대한 진정한 책임감을 심어주기 위해 어떠한 조치를 취해야 할 것인가? 이러한 의문에 대한 대응이 퀘벡의 미래를 좌우하리라.

퀘벡에서 프랑스어 사용자라 함은 단순히 프랑스어를 말하는 데 그치는 것이 아니라 퀘벡 사회의 구성원으로서 프랑스어에 굳게 결부되어 있는 사람이어야 할 것이다. 공용 언어와 가정용 언어는 서로 보완해 주고 서로 강화시켜주는 관계를 유지하는 것이 바람직할 것이며, 특히 공용 언어는 개인의 가장 사적인 습성에 까지도 뿌리를 내릴 때 더욱 견고해 질 것이다. 퀘벡에서 프랑스어의 미래를 확고히 하기 위한 진정한 기준은 결국 퀘벡 사회의 응집력을 가져오는 중요한 요인으로 작용하는 프랑스어에 대한 시민들의 적극적이고 자발적인 사회 참여가 아닐까 생각된다.

이와 같이 한 언어를 통해 다민족 사회의 응집력을 일구어 낸다면 문화적 다양성 속에 언어적 단일성을 이루어 내는 것도 어느 정도 가능하리라 본다. 어쨌든 캐나다에서 앞으로 퀘벡 정부의 정치적, 경제적, 사회적, 문화적 활동 반경에 의해 퀘벡 프랑스어의 미래가 크게 좌우된다고 해도 과언이 아닐 것이다. 한편 매년 밀려들어 오는 이민자들의 퀘벡 사회로의 통합이 비교적 성공을 거두고 있다는 것은 매우 고무적인 일이다.

지난 50여 년 동안 퀘벡 문화의 집약적 형성과 아메리카뿐만 아니라 프랑스어권 국가에서와 같은 국제무대에서 표출된 문화적 활동은 모든 퀘벡 사람들에게는 프랑스어에 대한 흡인력을 강화하는 데 기반이 될 수 있을 것이다. 애초부터 퀘벡에서 프랑스어 사용자였던 사람들은 새로 퀘벡인이 된 다른 사람들과 함께 화합하여 프랑스어의 미래를 확고히 해 나갈 필요가 있다. 퀘벡 사람들이 퀘벡 연대 사회 구성에 주요하면서도 독자적인 기여를 할 수 있기 위해서는 무엇보다 모든 퀘벡 사람들에게 적용될 수 있고, 학습 동기가 부여되는 역사 교육과 시민 교육이 전제되어야 할 것이다.

오늘날의 퀘벡 프랑스어와 그 미래

퀘벡에서는 프랑스와는 조금 다른 삶의 가치관과 나름대로의 고유한 정체성을 갖고 평등한 권리를 향유하는 프랑스어 사회를 이루고 있다. 그런데 프랑스에서 사용되고 있는 프랑스어와 퀘벡에서 사용되는 프랑스어는 발음과 억양, 단어의 쓰임새, 표현 등이 상당히 다름으로 인해 퀘벡 프랑스어를 처음 접한 사람들은 꽤 생소한 프랑스어의 느낌을 받게 될 것이다. 심지어 동일한 단어가 조금 다른 의미로 사용되기도 한다. 그러나 이처럼 퀘벡 사람들에게 있어 고유한 프랑스어의 특이성은 프랑스어를 사용하면서 살아가는 모든 사람들이 누리는 프랑스어라는 공통분모의 존재에는 별 다른 문제가 되고 있지 않다. 퀘벡 프랑스어는 다른 프랑스어권 프랑스어와 경쟁 관계에 있는 것이 아니라 오히려 상호 보완 관계에 있으므로 퀘벡에서 사용되는 프랑스어 단어와 다른 프랑스어권 단어들 간에 일정한 관계를 설정해 두는 것이 필요할 것이다. 퀘벡 사람들은 다른 프랑스어권 사회와 정보를 공유하거나 문화적 교류에 장애가 되지 않는 국제적 성격을 띠는 프랑스어를 사용하고 있고 퀘벡에서 만들어진 어떤 단어들[1)]이 국제 사회에서 채택되어 사용되기도 한다.

퀘벡의 언어적 특이성은 프랑스어 사용에 풍요로움을 더해 줄뿐더러 날로 성장하는 정보 기술 발전에 대처하기 위한 현대적 정보 도구의 시각에서도 매우 중요한 것이다. 언어를 자유자재로 구사한다는 것은 우선 의사소통 체계를 규정하는 코드를 정확히 알고 사용하는 것

1) 가령 전자메일이라는 의미로 *courrier*와 *électronique*의 합성어인 *courriel*이라는 단어를 예로 들 수 있겠고, 그 외 *stationnement, logiciel, terminologue, magasinage* 등을 예로 들 수 있다.

이다. 그뿐 아니라 여러 가지 사용법을 단계적으로 의사소통 상황에 따라 알맞게 사용할 줄 아는 것이다.

퀘벡은 오래전부터 대외적으로 문호를 개방하여 다른 여러 나라의 문화와 접촉하면서 다채로운 문화의 저변을 이루어가고 프랑스어에 절대적 우위를 두는 정책을 펴는 언어 공동체를 형성해 나가고 있다. 그러나 퀘벡 사회는 아직도 정치적으로 경제적으로 그리고 언어적으로 끊임없는 도전을 받고 있다.

퀘벡 지역 사회에 대한 연구의 일환으로 퀘벡에서 사용되고 있는 프랑스어의 현재와 미래를 성찰해 보고자 한다. 좀 더 구체적으로 언급하면 현재 퀘벡에서의 프랑스어 사용 현황과 퀘벡 프랑스어의 특성을 논의해 보고 퀘벡 정부의 언어정책을 통해 앞으로 전개될 퀘벡에서 프랑스어의 미래를 전망해 보고자 한다.

1

퀘벡에서의 프랑스어

퀘벡 프랑스어는 북아메리카의 영어에 의해 많은 영향을 받음으로써 영어에서의 차용어가 다수 포함되어 있다. 세월이 흐르는 동안 영어식 표현에 대한 저항은 어떤 사람들에게는 일종의 강박 관념이 되어버렸다. 그러나 퀘벡 프랑스어에 있어 영어 차용어에 대한 최근 연구에 따르면 4,200여 개 영어 차용어들의 실제 사용 빈도수가 매우 낮으며 그 중 약 60%는 퀘벡 사람들에 의해 구어나 문어에서 거의 사용되고 있지 않는 경향을 보이고 있다.[2] 물론 이러한 데이터는 더욱 광범위한 자료체에서도 유효해야 하겠지만 퀘벡에서의 영어화 현상을 좀 더 객관적인 시각에서 분석한 결과일 수도 있다.

퀘벡에서 프랑스어 지위의 강화와 퀘벡 사람들의 그들 언어에 대한 새로운 확신은 영어의 부당한 개입에 대항하는 보호책으로서 작용하고 있다. 퀘벡 사람들이 자신들의 언어에 대해 오랫동안 불안을 느꼈던 시대는 이제 지나간 듯하다. 그들은 현대적 활동과 기술에 관한 어떤 새로운 영어 용어가 생성되더라도 적합한 프랑스어로 대체할 수 있는 능력을 갖추게 되었기 때문이다. 따라서 학교를 통해 표준 프랑스어의 체계적인 교육을 강화시키고 퀘벡 태생의 뛰어난 작가들이 쓴 글에서 예시된 표준 프랑스어의 규범을 권장한다면 퀘벡 사회에서는 프랑스어의 명맥을 무리 없이 잘 유지해 나갈 수 있으리라 전망해 본다.

1. 퀘벡 프랑스어의 특성

앞서 간단히 언급했듯이 퀘벡 프랑스어는 프랑스 현지에서 사용되는 프랑스어의 발음과 억양에 있어 상당한 차이를 드러낸다는 점에서 우선 특성을 찾아볼 수 있다. 도시풍과 시골풍 중간 정도의 퀘벡 프랑

---

2) *Cf.*, Laporte, P.-É., *Les nouvelles stratégies en faveur du pluralisme linguistique à la fin du XXe siècle*, Québec, Conseil supérieur de la langue française, 1994, p. 37.

스어 발음은 이미 오래전에 정착이 되었다.[3] 이러한 중간적 유형의 발음 모델은 특히 라디오 방송국에 일하는 사람들에게서 생겨났으며 라디오와 텔레비전 기자들에 의해 이내 널리 퍼뜨려지게 되었다. 그런데 캐나다 라디오 방송국에서 시작된 이 발음의 모델은 거의 형식화되지 않았지만 퀘벡의 전체 주민들에게 적절한 프랑스어 발음법으로 곧 인정되었다.[4]

퀘벡 프랑스어 발음 중 가장 독특한 특징은 오래전에 이미 있었던 여러 가지 현상들이[5] 재구성되어 나타난 *i, u, ou*와 같은 열린 변이체들[6]이 보편화된 것이라 할 수 있다. 이러한 변이체들은 표준어 지위까지는 얻지 못했을지라도 일상어에서 깊이 정착되었다.

반면에 문어에서 표준 퀘벡 프랑스어의 모델은 퀘벡 사람들의 사용에 있어서 조차 명백히 나타나 있지 않고 아직까지는 암시적일 뿐이다. 이렇게 퀘벡 프랑스어 문어의 표준이 되는 모델이 없으므로 어떤 작가들은 퀘벡 사람들이 글을 쓸 때 유럽 프랑스어권 국가에서 출판된 서적에 쓰여진 국제적 혹은 프랑스적 규범을 따를 수밖에 없다고

---

3) 퀘벡에서 프랑스어 발음의 최근 발전 과정은 도시풍과 시골풍이라는 두 가지 상보적 관계로 특징지어 볼 수 있다. 이 두 경향 모두 1960년대 이후 강하게 나타났던 외부 세계로의 개방의 움직임을 드러내 보이고 있다.

4) *Cf.*, Conseil de la langue française, *La langue des animateurs de la radio et de la télévision francophones au Québec*, 1984, p. 17.

5) *Cf.*, D. Dumas et A. Boulanger, "Les matériaux d'origine des voyelles fermées relâchées du français québécois", *Revue québécoise de linguistique*, 11-2, 1996, pp. 49-72.

6) 몇 개의 단어들의 예를 들면 *faréne, jeûste, bôrse* 등이 있다.

말하기도 한다.

사실 표준 퀘벡 프랑스어는 어느 정도 질적 수준을 갖춘 텍스트에서나 찾아 볼 수 있다. 이러한 텍스트들 속에서 사전이나 문법서 그리고 기타 프랑스어 참고 도서에 기록된 철자법에 관한 코드와 통사적, 형태적, 어휘적 코드에 맞춘 여러 가지 퀘벡 프랑스어의 특수성을 들추어 볼 수 있다.

한편 프랑스어 쓰기에 관한 협약 그리고 상징과 약자 사용에 있어서 퀘벡과 프랑스 간에 차이가 있음을 알 수 있다. 예컨대 프랑스에서는 가로수 길을 의미하는 약자로 *B^d^*, *bd* 또는 *Bd* 등을 사용하고 있으나 퀘벡에서는 *boul*이라는 약자를 쓰고 있다. 또한 퀘벡에서 많은 여성들의 사회 진출로 인해 과거에 거의 남성들이 독차지했던 어떤 직함들은 성의 변화 없이 여성들에게도 자연스럽게 쓰이고 있는 것이 두드러진다.

퀘벡에서 이처럼 여성들의 잦은 사회 참여에서 오는 직함의 지칭 문제가 진지하게 제기되었던 것은 바로 1970년대로 보고 있다. 대부분 남성들이 도맡았던 그래서 여성들을 지칭하는 여성형이 존재하지 않았던 직함에 여성들의 진출이 활발해지게 되었다. 대서양 저편 프랑스에서도 사회에서 어느 정도 신망 높은 자리에 오른 여성들이 남성들의 직함을 그대로 사용하고 있는 것에 대해 더욱 고무되기도 하였다. 이러한 남성들의 직함이 이제는 여성들에게도 널리 사용되고 있는데, 가령 *Jeanne Durand, avocat à la Cour, Madame l'ambassadeur*와 같은 경우이다. 프랑스어권의 몇몇 언어학자들과 문법학자들은 오래전부터 이러한 직함에 여성형을 사용할 것을 주장하고 있긴 하지만 프랑스의 공식 의전에서는 여전히 남성형 사용을 고집하고 있다.

퀘벡 프랑스어청(Office québécois de la langue française)[7]은 이와 같이 오늘날 사회적으로 신망 높은 직함을 여성화하는 것을 꺼리는 것은 언어학적 동기라기보다 오히려 근본적인 역사적 성향쯤으로 보고 있다. 여성들이 다수 포진해 있는 직함을 오직 남성으로만 명명하는 것은 법적, 정치적 혹은 사회적 상황에 종속되어 있는 듯하다. 그러나 퀘벡 프랑스어청은 언어학자들과 문법학자들이 주장한 바의 입장을 취하기도 했다. 따라서 대표적인 예로 *Madame la Présidente* 또는 *Madame la Vice-présidente*라는 칭호가 사용되었다.

퀘벡당의 새로 선출된 의원들도 여성형 직함 사용을 강력히 요구함에 따라 정계에서도 *la ministre*나 *la députée* 등이 사용되었다. 게다가 이렇게 여성화된 직함은 국회에서뿐만 아니라 전자 출판계에서도 곧 쓰이기 시작하였다.

퀘벡 프랑스어의 특성은 어휘 영역에서 가장 많이 드러난다. 퀘벡 사람들과 프랑스 사람들이 동일한 언어를 소유하고 있을지라도 그들은 서로 항상 같은 단어들을 사용하지 않을 뿐만 아니라 어떤 낱말에는 서로 다른 의미를 부여하기도 한다. 이러한 차이는 일상생활과 직업 생활의 모든 영역에서도 나타난다. 말하자면 퀘벡 사람들이 사용하는 문맥에 적합한 새로운 단어와 새로운 의미 그리고 새로운 지시 대상이 있다는 것이다.

---

7) 프랑스어 사용자들의 요구에 부응하는 용어 및 언어 서비스를 제공하고 퀘벡 의회가 채택한 프랑스어 헌장(La Charte de la langue française)에 따라 퀘벡에서 프랑스어의 위상을 향상시키고 더 나아가 공용어로서 프랑스어의 지위를 확고히 하기 위한 기구이다.

2. 퀘벡에서 프랑스어의 상황

보편적인 프랑스어에 대한 퀘벡 사람들의 민감한 동조에도 불구하고 가장 일상적이고 친숙한 구어 그리고 퀘벡의 젊은이들이 쓰는 언어의 오류와 결함에 대한 일반 퀘벡인들의 관심이 여러 가지 자료들을 통해 집중되고 있다. 그러나 퀘벡에서 사용하는 언어의 특질이 갖가지 상황들을 명확히 해줄 수 있는 성격의 진정한 논의의 대상이 되었다고 말할 수는 없다. 반면 언어 전문가들에게 있어 퀘벡에서의 언어적 상황과 언어 자체에 대한 기술이 프랑스어 헌장(La Charte de la langue française)[8] 채택 이후 분명히 밝혀졌다. 1977년 학술회의에 모인 프랑스어 교사들은 학교에서 가르쳤던 프랑스어가 표준 프랑스어임을 확언하였다. 이러한 선언의 중요성과 결과는 교육 지침이나 교육 프로그램 내용에 구체적으로 나타나지는 않았지만 퀘벡에서의 구어 프랑스어와 문어 프랑스어의 시각에 많은 변화를 가져왔다. 표준 프랑스어의 규범은 더 이상 파리의 프랑스어가 아니라 대다수의 퀘벡 사람들이 형식적인 커뮤니케이션 상황에서 사용하는 경향이 있는 사회적으로 인정받고 프랑스어의 다양성을 엿볼 수 있는 퀘벡 사람들의 언어 층위이다. 달리 말하자면 퀘벡 사람들은 프랑스 사람들과 똑같은 자격으로 그들 언어의 주인인 셈이다. 그들은 퀘벡에서 프랑스어의 규범을 본국으로 되돌려 보내고 그들 언어 전체를 완전히 자신들 것으로 만들었다.

---

8) 퀘벡 의회가 프랑스어 수호를 위해 1977년에 채택한 법적 조치인데 프랑스어가 퀘벡의 공용어임을 명시하고 공공 기관에서나 일반 직장에서 프랑스어 사용을 의무화함으로써 프랑스어를 활성화하는 데 크게 기여하였다.

퀘벡 프랑스어는 이제 파리에 있는 모델과 퀘벡에서 사용되고 있는 모델 사이에서 더 이상 해체되거나 양분되지 않은 완전하고 계층화된 프랑스어의 변종이다. 퀘벡 프랑스어는 올바른 용법으로 인정된 모델을 가지면서 다른 용법도 지니고 있는, 그래서 어떤 용법은 문학적이고 시적인 층위로서 더욱 품위 있는 것과 또 다른 용법은 아주 친숙하고 통속적인 층위로서 더욱 형식을 가리지 않는 하나의 언어 총체를 이루고 있다. 따라서 퀘벡 프랑스어 사용에 대한 총체를 기술하여 그것들을 서로 계층화시키고 퀘벡 사람들이 자유자재로 구사하려고 노력하는 자신들만의 고유한 표준 모델을 명시하는 것이 중요하다.

두 세기가 넘도록 퀘벡 사람들은 언어가 이중적으로 불안한 상태에서 살아왔다. 프랑스어는 사회의 여러 영역에서 폭넓게 지배하는 영어 때문에 그 지위가 격하되기도 하고 프랑스 본토의 프랑스어에 비해 매우 평가 절하되기도 하였다. 1977년에 공포된 프랑스어 헌장에는 퀘벡 프랑스어, 규범, 언어의 특질을 규정하고자 하는 그 어떤 조치도 들어 있지 않다. 더욱이 퀘벡 언어정책 책임자들은 퀘벡에서 사용하는 프랑스어가 언어로서 나름대로 고유한 특성을 가지면서도 분명히 프랑스에서 통용되는 프랑스어 규범에 비교적 가까운 언어로 생각하고 있다.

퀘벡에서 프랑스어의 지위와 특성의 발전 과정을 법에 의해 책임지고 지켜보는 것은 프랑스어 고등 심의회(Conseil supérieur de la langue française)[9]이다. 실제 장기적으로 발전 과정을 들여다보면 퀘벡 프랑스

9) 프랑스어 사용 활성화를 위해 정책을 입안하고 프랑스어 수호와 선양을

어는 최근 수십 년 전부터 국제 프랑스어와 유사한 경향을 띠고 있다.

퀘벡은 스스로 언어의 모든 역사와 언어로서 온갖 풍요로움을 아직 깊이 조사하지 못했다. 따라서 많은 의문이 제기될 수 있고 토론의 여지가 있다. 그동안 퀘벡에서 프랑스어가 발전해 온 과정에 대해 여러 시각에서 조명해 볼 수 있는 심오한 연구는 모든 언어 공동체에서 관찰할 수 있는 현상인 퀘벡에서의 지리 언어학적 변화를 이해하는 데 많은 도움이 될 수 있을 것이다.

2

퀘벡에서 프랑스어의 미래

오랜 세월에 걸쳐 겪어온 언어 분쟁과 불안전한 언어 상황 속에서 벗어나 이제 퀘벡 프랑스어는 과거에 누리지 못했던 안정을 서서히 찾아가고 있다. 특히 1840년경부터 최근에 이르기까지 흔히 언어 생존과 언어 수호의 문제가 끊임없이 대두되었다. 그러나 현대 퀘벡 소설이나 연극뿐만 아니라 현재 사용되고 있는 담화들이 보여주듯이 상황은 달라졌다.

퀘벡 프랑스어의 미래는 과연 어떤 모습일까? 이에 대한 답을 찾기

위한 각종 연구 프로젝트를 집행하며 그 결과물들의 출판을 담당하는 곳이다.

위해서는 세 가지 쟁점을 면밀히 검토해야 한다. 우선 퀘벡에서 프랑스어의 미래는 국제어로서 프랑스어의 미래와 밀접한 연관이 있다. 또한 현실적으로 나타나는 세계의 새로운 언어 서열에서 프랑스어의 지위는 어떠한가? 국제무대에서는 주로 영어를 말하게 될 것인가? 답변에 앞서 우선 언어에 대한 깊은 성찰이 필요할 것이다. 이러한 검토를 하려면 국제 커뮤니케이션 언어와 국내 문화어를 대조 연구해 보아야 한다. 앞서 언급한 두 번째 쟁점은 퀘벡의 시민 사회에서 프랑스어의 지위와 관련이 있기 때문에 첫 번째 쟁점과 무관하지 않다. 보편적으로 언어는 시민들이 공동 시민 사회에 참여하도록 하는 공통적 특성을 나타낸다. 언어는 단순한 의사소통 수단을 뛰어 넘어 정체성의 표현이기도 하다. 결국 퀘벡에서 프랑스의 미래는 있다 하더라도 과연 어떤 모습의 프랑스어일 것인가? 퀘벡 특유의 프랑스어, 프랑스의 프랑스어 아니면 국제적 프랑스어인가? 이러한 의문을 제기하는 것은 또한 퀘벡에서 프랑스어의 규범은 어떤 것일까 하는 의문도 갖게 한다.

1. 국제 커뮤니케이션 언어로서의 프랑스어

프랑스에서의 언어 상황은 다르다. 유럽에서 프랑스어는 보편적인 언어일 뿐 아니라 다른 여러 나라에도 널리 알려지고 말하는데 자주 쓰이는 언어 가운데 하나다. 그러나 프랑스에서 여러 학자들은 학문의 세계에서 그들의 언어가 점차 쇠퇴하고 있음을 우려하고 있다. 프랑스 사람들도 어떤 면에서 딜레마에 빠져 있다. 그들은 새롭게 변해가는 세상에서 자신들의 지위를 유지하기 위해 점점 더 영어 쪽으로 치우치는 것 말고는 다른 선택의 여지가 없는 듯하다. 그러나 그렇게 함으로써 외국 사람들이 보기에 프랑스 사람들은 국제 커뮤니케이션 언어로서 그들의 언어 지위를 약화시킬 뿐이다.

그래도 프랑스어는 국제어로서 미래가 희망적인가? 여러 가지 적절한 근거를 고려해 볼 때 주저하지 않고 긍정적으로 내다 볼 수 있다. 우선 첫 번째 근거는 프랑스어의 명성과 여러 나라에서 유지해 왔던 역사적 지위에 기인한다. 설령 프랑스어가 제2 외국어로 배우는 언어이고 국제적 위상에 있어서 세 번째 언어 지위를 유지하고 있는 것이 그나마 국제어로서의 역할을 수행하는 데 기여하는 바가 크다. 여러 개의 커다란 국제기구들이 폭 넓게 프랑스어로 기능을 하고 있고, 특히 과학과 정치 분야에 있어서 프랑스어 사용 국제기구들의 비중을 과소평가해서는 안 될 것이다. 국제무대에서 프랑스어로 책을 출판하고 일을 하는 수많은 사람들을 언제나 쉽게 만나볼 수 있다. 또한 국제 커뮤니케이션 언어로서 프랑스어의 확실한 발전을 위해 인구 통계학적 그리고 제도적 기초가 마련되어 있다. 국제어로서 프랑스어의 역할은 이제 과거의 그것과는 다르지만 영어는 세계 곳곳에서 통용되는 언어가 되어 버렸다. 그렇다 하더라도 프랑스어가 이 같은 새로운 세계의 언어 환경 속에서 주된 역할을 하는 데 많은 장해가 있는 것은 아니다.

피터 뉴먼(Peter Newman)이라는 캐나다 작가는 가상 공간에서 지배하는 언어는 영어이기 때문에 점점 더 프랑스어는 소외되면서 인터넷은 퀘벡의 민족주의의 종말을 가져올 것이라는 예측에 동감하였다. 그러나 피터 뉴먼(Peter Newman)이 잘못 생각하고 있으며, 윤곽을 조금씩 드러내고 있는 가상 세계가 오히려 세계무대에서 프랑스어를 발전시키는 데 힘이 될 것이라고 기대할 수 있는 여러 가지 근거가 있다.

국제 커뮤니케이션 언어로 자리 잡은 영어는 학문적으로 사용되기보다는 주로 의사소통의 도구가 되고 있다. 영어는 다른 나라에서 특별히 정체성의 문제를 제기하지는 않는다. 영어를 학습하는 것이 이제 많은 사람들에게 꼭 필요한 성공의 수단이 되기도 한다. 그러나 영어가 퀘벡 사회에서는 단순히 의사소통 수단으로서뿐만 아니라 학술적이면서 동시에 대중적인 언어로서 문화를 지배하는 환경 속에서의 언어로 정착하게 되었다. 그런데 다른 나라에서와는 달리 퀘벡 사람들은 늘 영어에 의해 위협을 받고 있다는 생각을 지울 수 없었다. 왜냐하면 영어는 퀘벡에서 외부와의 의사소통 언어라기보다는 지정학적, 경제적 공간에서 지배하는 언어이며, 캐나다 다수의 사회적 통합의 언어이기도 하기 때문이다.

2. 사회적 통합 언어로서의 프랑스어

노동시장에서의 프랑스화 정책, 프랑스어를 실무언어로 사용하는 대기업의 증가 등으로 인해 퀘벡에서의 프랑스어 사용 비율이 날로 증가하고 있다. 특히 1960년대부터 프랑스어 사용 영역이 확대되기 시작했지만 노동계에서는 영어가 아직도 강력히 존재하고 있음을 부인할 수 없다. 우선 몬트리올에서만 하더라도 여러 기관과 서비스 분야 그리고 많은 기업의 구성원들 간에 영어로 업무가 진행되고 있는 것을 보면 알 수 있다. 물론 몬트리올은 수많은 서비스 영역이 영어로 그 기능을 발휘하게 되는 다수의 다국적 기업들이 진출해 있는 국제적 도시이긴 하다. 그동안 대기업들이 추진해 온 프랑스화 프로그램에 힘입어 1970년대 중반까지 기존의 상황에 많은 변화를 가져오긴 했다. 그러나 중소기업들은 프랑스화 프로그램 시행을 준비하지 못해 어려운 도전에 직면하게 된다.

이렇듯 중소기업과 대기업들의 언어적 문제와 그 참모습은 이제 매우 복잡하고 다양화되었다. 모든 일상사가 두 개의 언어로 병용되고 있고 상호 작용하고 있는 것이다. 사실 몬트리올에 있는 수많은 직장에서는 영어 단일어 사용(unilinguisme)이 2개 국어 사용(bilinguisme)으로 대체되었다. 그렇다면 앞으로 프랑스화가 더욱 두드러지는 현상으로 가시화될 것인가? 다만 퀘벡에서의 프랑스어의 미래가 이러한 의문을 대변하겠지만, 노동 시장의 흐름이 프랑스어에 힘을 실어주는 제도적 관계 속에서도 오히려 2개 국어 사용을 부추기고 있다. 물론 직장에서 노동자들과 직원들은 프랑스어로 더 많은 일을 하고 있긴 하지만 더 높은 비율로 2개 국어 사용자가 되어야 한다는 것이 현실이다. 라틴 아메리카와 거래가 있는 기업에서는 스페인어 학습이 강요되겠지만 영어권 국가와의 교역을 하고자 하는 기업에서는 물론 영어 학습이 필수적으로 요구될 것이다.

캐나다 이민자들 중 상당수가 몬트리올에 정착하고 있다. 이민자들의 자녀들은 초중등학교 교육은 가급적 프랑스어로 받도록 권유되지만 그 이후의 교육은 영어로 받을 수 있고, 따라서 영어 사용 공동체에 동화할 수 있게 된다. 퀘벡의 언어정책과 새로운 사회 정치적 배경으로 인해 더욱 높은 비율의 이민자들이 프랑스어를 배우게 되고 프랑스어 사용 공동체에 동화되고 있다. 신세대 젊은이들의 행태 분석 결과 프랑스어로의 언어 전이가 증가하긴 했지만, 언어 학습 전이가 시사하고 있는 바 영어에 대한 욕구는 아주 자연스럽게 나타나고 있음을 알 수 있다. 프랑스어는 물론 퀘벡 사회에서 구성원들 간에 서로 의사소통하는 데 사용되는 공용어로 시민 사회 언어가 되었다. 그러나 프랑스어가 진정으로 퀘벡 정체성의 언어가 되었는가?

언어는 단지 의사소통 수단만이 아니라 한 사회의 집단과 구성원들 정체성의 핵심이라 할 수 있다.[10] 캐나다 아메리카 인디언 공동체는 조상의 언어들 이외에 영어나 프랑스어 교육을 발전시키려 하였다. 프랑스어가 사회 정체성의 초석이 된 퀘벡에서도 마찬가지이다. 또한 제도적으로 2개 국어 사용을 중시하는 새로운 캐나다의 정체성에는 프랑스어가 중요한 언어임에 틀림없다. 언어에 기반을 두고 있는 퀘벡과 캐나다라는 거대한 두 집단의 정체성의 모델이 경합적으로 존립하고 있는 것이다.

캐나다 모델은 각 개인에게는 언어적 권리가 있으며 각자가 서비스를 제공받기 위해 기관에서는 2개 국어를 사용해야 한다는 가정에 기초를 두고 있다. 대다수 영어권에 동화한 수백만 명의 이민자들이 정착한 새로운 캐나다에서 프랑스적 캐나다는 이제 단일 규범적 실체로서는 더 이상 존재하지 않는다. 캐나다 프랑스어 사용자에 있어 프랑스어 사용 빈도가 줄어든다 하더라도 제2 언어로서는 어느 정도 향상된 것으로 보아야 하며 캐나다에서 2개 국어 사용은 공식적으로 인정되고 더욱 중요시 하는 정체적 요소가 되었다.

캐나다 나머지 지역은 영어가 공용어이듯이 퀘벡은 모든 시민들에

---

10) C. Bouchard, *La langue et le nombril ; Histoire d'une obsession québécoise*, Montréal, Fides, 1998, p. 28.

게 프랑스어를 공용어로 사용하게 하는 정책을 펴면서 캐나다 정부와는 다른 노선을 취함으로써 두 사회 집단 간에 갈등의 양상이 빚어지기도 한다. 퀘벡 지역 이외에서 프랑스어를 말하는 사람들은 2개 국어 사용 캐나다인으로서 자신들의 프랑스어 사용자로서의 정체성을 일종의 지역적 정체성이라고 말한다. 퀘벡 사람(Québécois)이라는 단어는 캐나다 프랑스 사람이라는 말을 대체하여 지칭하는 것이다. 퀘벡의 정체성에 대한 두 가지 개념은 서로 대립되고 있다. 첫 번째 개념은 역사적 의식으로부터 그 집단을 규정하는 것이고 두 번째 개념은 시민 국가 혹은 퀘벡 국가라는 공동 문화를 강조하는 것이다. 그런데 캐나다 정부와 퀘벡 정부 간에 서로 다른, 따라서 불협화음 속에서도 상이한 언어정책을 포함하여 두 정부 정책 프로젝트가 그런대로 시행되어 나가고 있는 것은 바람직한 현상인 듯하다.

3. 퀘벡에서 미래의 프랑스어

퀘벡에서 사용되고 있는 프랑스어의 질적 문제 더 정확히 말해 프랑스어 규범 문제를 다루어 봄직하다. 우선 무엇보다 퀘벡 프랑스어인가 아니면 표준 프랑스어인가 하는 문제가 제기된다. 오늘날 각 사회가 개방화됨으로써 외국인과의 의사소통 문제는 해가 갈수록 점점 더 중요성을 띠어 가고 있다.[11] 따라서 사회 고유의 언어 규범 문제가

11) 요즘 가장 많이 사용되고 있는 통신 수단 중의 하나인 인터넷, 국제 프랑

주요한 논란의 대상이 된다. 퀘벡 사람들은 그들의 영화, 소설, TV방송, 문화 생산품 등을 외국에 수출하기를 희망한다. 그런데 이러한 것들은 언어에 의해 적잖은 영향을 받을 수도 있다. 따라서 만일 퀘벡 프랑스어가 다른 프랑스어권에서 통용되고 있는 프랑스어와 너무 거리가 있다면 어떤 영향을 받을 것인가? 우리가 알고 있듯이 미국에서 발전되어 온 오늘날의 영어는 영국 영어의 규범과 다소 차이가 있다. 그러나 미국은 자신들이 사용하는 영어의 고유한 규범을 다른 영어권에도 강요할 만큼 굳건한 힘을 갖추고 있다. 가령 미국에서 제작된 영화들이 아무런 자막 없이 다른 영어권 국가에 보급되고 있는 것을 보더라도 짐작할 수 있다. 이는 타국의 영어권 사람들이 미국식 영어를 이해하기 위해 분명 노력을 기울이고 있기 때문이다.

언어 규범 문제에 대한 논쟁은 활발하다. 이에 대한 여러 저서에서 주장된 바는 두 가지로 요약해 볼 수 있다. 첫째 보편적인 것으로 간주되는 규범들을 강요하는 표준어와는 달리 전통과 역사 그리고 영토에 뿌리박힌 언어로서의 공식 국가어가 존재한다는 전제 하의 주장이다. 이러한 관점에서 퀘벡 프랑스어는 프랑스 본토 프랑스어와는 다르며, 본토 프랑스어의 기본적인 통사 규칙만을 지키는 자율적 다양성을 지닌 프랑스어라 할 수 있다. 둘째, 언어는 우선 다른 사람들, 특히 프랑스어를 공유하는 타문화 사람들과 의사소통하는 데 사용된다는 것이다. 프랑스어는 국제적 언어이기 때문에 퀘벡 사람들은 프랑스어를

스어 방송인 TV5, 각 나라의 문화적 산물의 유통 등을 보더라도 쉽게 짐작할 수 있다.

기본 규범에서 벗어나 마음대로 오용해서는 안 될 것이다. 만일 프랑스어를 공유하고 있는 타국의 프랑스어권 사람들과 의사소통할 때 규범과 거리가 먼 프랑스어를 사용하게 된다면 그 만큼의 차이를 극복해야 하는 문제가 생길 수도 있을 것이다. 경우에 따라 퀘벡 프랑스어는 이중 어휘를 사용하기도 하는데 예를 들어 일상적으로 자주 사용하는 *sac à main*을 *sacoche*와 *dollar*를 *piastre*와 함께 쓰고 있다. 말하자면 표준어와 대중어가 공존하는 어휘들이 다분히 내포되어 있는 특성을 지니고 있다는 것이다. 그뿐 아니라 퀘벡 사람들은 구어와 문어라는 두 가지 언어 층위를 확실히 구분하여 사용하는데, 말할 때는 독특한 억양과 고유한 표현을 이용한 퀘벡식의 프랑스어를 구사하는 대신 쓸 때는 표준 프랑스어 사용을 중요시 하고 있다.

어쨌든 퀘벡 프랑스어의 규범은 어떠해야 할까? 만일 퀘벡이 새로운 규범을 정확히 사용할 수 있도록 유도하고 까다롭게 강요한다면 프랑스어권 세계에서 프랑스어를 더욱 품격 있는 언어로 완성하는 데 기여할 수 있을 것이다. 퀘벡 사람들은 프랑스어 자체의 특성을 염두에 두면서 화자와 청자의 청각과 재능을 고려하여 언어의 여성화가 이루어질 수 있다는 것을 보여 주었다.[12] 가령 요즘 사용되고 있는 *la*

---

12) 퀘벡에서 직함에 관한 여성화 문제가 제기되었던 것은 1970년대이다. 여성들의 진출이 거의 드문 직종에서 사용되고 있는 여성형으로 된 직함은 실제 존재하지 않았다. 그런데 옛날 남성들에 의해 독차지되었던 자리에 여성들의 진출이 눈에 띄게 늘기도 했다. 특히 신망 높은 자리에 오른 프랑스 여성들은 과거에 남성들의 전유물이었던 직함을 갖게 된 것에 의기양양해 했다. 퀘벡 프랑스어에서 어떤 어휘들은 여성형으로 전환되어

*ministre*나 *la professeure*는 그 쓰임새가 전혀 어색하지 않다. 퀘벡에서 새로 만들어져 보급된 어떤 용법은 프랑스에서까지 사용되기도 하고 다른 프랑스어권에서는 더더욱 쉽게 수용되기도 한다.

* * *

프랑스어는 그 역사를 통해서뿐만 아니라 프랑스어를 말하는 사람들의 문화적, 예술적 산물의 풍요로움을 통해 인정되고 있는 중대한 국제어이다. 새로운 국제적 상황과 커뮤니케이션 신기술의 발전은 프랑스어의 미래를 확고히 하는 데 기여하게 될 것이다. 또한 프랑스어를 말하는 잠재적 공간이 이미 정착되어 가고 있고, 이러한 공간은 프랑스어 사용자들이 살고 있는 작은 공동체가 프랑스어권의 중심부와 끊임없는 관계를 맺도록 해주고 있다. 물론 영어에 의해 지배되고 있는

쓰이는 경우도 있다. 예를 들어 *femme-magistrat, femme-chef d'entreprise, femme-ingénieur*에서와 같이 femme라는 단어를 덧붙여 성의 전환을 이루어 사용하는 경우도 있다. 반면에 주로 여성형으로 쓰이던 것이 남성형으로 대체되는 경우는 어려움이 따르는 것 같다. 가령 *gardienne d'enfant*이 *gardien d'enfant*으로 *couturière*를 *ouvrier couturier*로 *corsetière*를 *corsetier*로 *dame de compagnie*를 *compagnon*으로 경우에 따라 대체해 시험적으로 사용할 것을 캐나다 연방 정부 노동청에서도 권장하였으나 이러한 호칭의 무성화(asexisation)의 시도는 어휘적 모호성과 사용자들의 거부로 무산되었다. 또한 높은 지위에 오른 퀘벡 여성들은 기존에 사용하던 남성형으로 된 직함을 그대로 수용하는 것을 거부하고 여성형으로 전환된 직함을 요구하기도 하였다.

새로운 잠재적 공간에서도 프랑스어를 사용하고 있으며 새로운 지식 창출을 위해 프랑스어에도 어느 정도 지위가 부여될 것이다.

퀘벡에서 프랑스어의 사용도는 점차적으로 증가 일로에 있다. 특히 영어 사용자들에게 있어 프랑스어 지식과 수준이 눈에 띄게 향상되고 있을 뿐만 아니라 1970년대 이후 이민 세대 젊은이들의 언어 전이를 보더라도 프랑스어에 더욱 호감을 나타내는 양상을 띠고 있다. 그리고 공공 활동에 있어서도 프랑스어를 사용하는 외국인들이 점차 늘어가고 있다. 요컨대 프랑스어는 원칙적으로뿐만 아니라 현실적으로도 모든 퀘벡 사람들의 공용어가 되어가고 있다. 프랑스어를 말하는 것만으로도 외국인들에게까지 상당한 혜택이 돌아가고 있는 상황이다. 따라서 프랑스어는 퀘벡에서 점점 더 유용하고 없어서는 안 될 수익성을 지닌 언어로서의 지위를 굳혀 가고 있다.

마침내 퀘벡에서도 프랑스어 자체가 경시되고 종속되어 왔던 과거 언어 풍조에서 벗어나 국제무대에서 사용하고 있는 표준 프랑스어에 가까운 형태로 천천히 그 방향을 선회해가고 있다. 퀘벡 서민 프랑스어인 쥬알(joual)[13]을 사용하던 시기를 거친 후 퀘벡 프랑스어는 언어로서 자가 조절과 동시에 프랑스어권 지역의 상호 이해 욕구에 부응할 수 있는 완전하고 자율적인 언어 체계로서 입지를 구축하고 있다.

---

13) 퀘벡 서민들의 삶이 그대로 투영된 역사·문화적 산물이라 할 수 있다. 그동안 주로 피지배계층 서민들 사이에서 구어 형태로만 사용되어 정식 언어로서 지위를 누리지 못했지만 최근 들어 쥬알(joual)이 언어로서의 가치를 재조명 받아, 특히 퀘벡 문학의 언어로서뿐만 아니라 퀘벡 문화의 산 증거가 되는 언어로서의 지위를 누리게 되었다.

또한 퀘벡 프랑스어는 다양성을 지닌 위대한 문화적 산물로 410여 년의 역사와 삶을 거쳐 온 무시할 수 없는 언어적 실체로 탈바꿈하게 되었다.

퀘벡 프랑스어의 미래를 낙관적으로 내다본다 하더라도 퀘벡은 장차 스스로 직면하게 될 주요한 도전이 프랑스어가 단순히 기능적 언어나 의사소통 수단을 위한 언어라는 한계를 뛰어 넘는 사회를 이루어 나가야 한다는 것을 인식해야 할 것이다. 언어는 의미를 지니고 있는 것으로서 이를 통해 집단적으로 공유하는 정체성을 이루게 된다.

두세기 반의 투쟁의 역사를 거쳐 보전되고 강화되어 온 퀘벡의 정체성의 미래에는 어떤 변화가 올 것인가? 퀘벡은 널리 공유되는 언어 정체성의 현실을 바탕으로 스스로의 단일성과 특수성을 실현시키게 될 세계화의 흐름 속에 한층 더 시너지 효과를 얻어 동화될 것이다.

퀘벡의 통합정책 :
언어 통합과 사회 통합

새로 이주해 오는 사람들의 수가 날로 증가함에 따라 다민족 국가가 된 캐나다는 세계 최초로 다문화 사회를 이루게 되었다. 특히 몬트리올 지역에서 거대한 인종 시장을 이루게 되었고, 이러한 현상은 퀘벡의 나머지 지역까지 점차 확대되어 나갔다. 새로 온 이민자들의 퀘벡 사회로의 통합과 관련하여 퀘벡이 대처하고 있는 실제적인 정책, 특히 이민자들의 프랑스어 학습과 프랑스어 사용에 관한 언어정책을 재검토해야 하는 상황에 이르게 되었다.

퀘벡에 정착하는 모든 이민자는 공공 문화의 기본적 가치를 지키면서 스스로 통합할 수 있게 하는 이민자 생활에 대한 퀘벡 정부의 가이드라인에 암묵적인 합의 형태를 이루어 왔다. 그런데 퀘벡 사회가 이민자들에게 부과하는 의무 가운데, 특히 이민자들의 프랑스어 수준과 지식을 고려하지 않을 수 없게 되었다. 따라서 이민자들을 위한 퀘벡 사회생활 안내 활동에서 주민들 간에 통합을 도모하고 사회적 기능의 호전을 이루면서 기회 균등을 보장해 줄 수 있도록 프랑스어 학습을 쉽게 할 수 있게 하고 다양한 프랑스어 사용 환경을 만들어 나가야 할 것이다. 이를 위해서는 퀘벡 사회가 공공 생활의 여러 영역, 특히 노동 시장과 여타 공적인 의사소통 상황에서 프랑스어 사용을 한층 더 강화해 나갈 수 있도록 해야 한다. 프랑스어 학습을 통해 습득한 프랑스어 제어 능력이 노동자들이 취업 적격자로서의 자질을 갖추는 데 도움을 주는 필요조건이 된다면 퀘벡 사회 통합과 사회적 이동에 분명 큰 도움이 될 것이다.

퀘벡 정부는 여러 가지 행동 계획으로 이민자들의 프랑스어화와 학교에서 프랑스어 학습 그리고 노동 환경에서 프랑스어 사용을 향상시키기 위해 통상적으로 실행될 수 있는 여러 가지 조치들을 제안하였다. 그러나 퀘벡이 이민자들에게 필요한 만큼의 프랑스어 지식을 전달하고, 퀘벡 사회 안내를 위한 사회 문화적 특성에 이민자들이 관심을 갖도록 하기 위해 그들이 떠맡아야 하는 데 필요한 모든 수단을 충분히 잘 정착시키고 있는지 자문해 보아야 할 것이다. 이민자들을 통합시키기 위해 기울인 노력은 퀘벡 사회 발전을 위해 이민이 갖는 중요성을 그들이 감당할 수 있을 때에야 비로소 소기의 성과를 가져올 수 있을 것이다. 또한 이민자들은 프랑스어를 적극적으로 사용함으로써 퀘벡 사회 통합을 위한 발전을 도모할 수 있게 될 것이다.

퀘벡에서 사회 통합이라 함은 사회정책이나 경제정책과 연관되어 흔히 사용되고 있는 말이기도 하다. 시장의 세계화, 인구 다양성의 증가, 사회 공동체의 특성이 그렇듯 이를 위협하는 요소의 관점에서 검토되기도 하고, 경제적 성과, 주민들의 복지, 건강과 민주적 체제에 참여와 같은 사회 통합에 의해 유리하게 영향을 받는 다양한 각도에서 접근하기도 한다.

연구의 대상으로서 사회 통합은 확실한 이론적 뒷받침이 없기 때문에 기존에 구축된 학문적인 지위는 아직 없다. 그럼에도 불구하고 사회 통합이 정책을 구상하고 분석하는 데 참고의 틀로 이용될 때는 어느 정도 인정할 만한 가치를 갖기도 한다. 이는 복잡한 정책의 쟁점들을 통해 사유의 흐름을 잡는 데 유용하기 때문이다.

언어정책을 구상할 때 사회 통합을 반드시 고려해야 한다. 이러한 사회 통합의 관점에서 소수 집단의 언어 통합정책을 구상하는 것이 퀘벡에서는 최우선시되고 있다. 퀘벡의 영어 사용자와 이민자들의 소수 집단을 프랑스어로 언어 통합을 이루려는 데 사회 통합이 갖는 의미가 무엇인지 명확히 할 필요가 있다. 따라서 사회 통합에 주어지는 의미를 끌어내면서 언어 통합과의 관계를 구체적으로 논의해 보고자 한다.

한편 사회 통합의 목표가 퀘벡의 언어 통합정책과 언어 통합 프로그램을 어떤 방향에서 영향을 주게 되는지 분석해 보고, 이를 위해 퀘벡 프랑스어 고등 심의회(Conseil supérieur de la langue française)가 제안한 정책의 방향을 고려하면서 퀘벡이 사회 통합을 위해 취해왔던 행동과 같이 지난 여러 해 동안 이민자들의 통합정책에서 돌출되었던 중요한 변화들과 문제들을 살펴보려고 한다.

1

언어 통합과 사회 통합의 관계

언어 통합과 사회 통합의 관계는 복잡다단해서 이들 간의 구성적 요소를 파악하는 데 적잖은 시간이 필요하다. 우선 언어 통합의 정의는 프랑스어 능력과 프랑스어에 대한 선호라는 두 가지 양상을 내포하고 있다는 점에 주목해야 한다. 이어서 사회 통합 개념의 이용을 설명하기 위해서는 '공동 자원에 균등한 접근', '상호 작용과 사회적 관계', '소속 계층'이라는 세 가지 정의적 요소가 필요하다. 언어 통합의 요소들과 사회 통합 간의 관계는 이러한 요소들이 상호 작용을 하고 서로 영향을 주고받기 때문에 양방향의 관계로 보아야 한다. 사회 통합을 규정함에 있어 앞서 언급된 세 가지 요소들도 상호 작용하는 관계에 있으므로 역시 마찬가지이다.

1. 언어 통합의 정의

언어 통합은 두 가지 요소인 '프랑스어 능력 습득'과 공용어로서 '프랑스어에 대한 선호'에 의해 정의된다.[1] 프랑스어를 말하고 쓰는 능력의 습득은 프랑스어로 언어 통합을 이루기 위한 효용성을 쉽게 파악하는 데 필요한 조건이 된다. 그러나 언어 능력은 언어를 지배하는 한정된 수준에 의해 규정되는 것도 아니고 특별한 어조 사용에 의해 규정되는 것도 아니다. 오히려 여러 가지 레벨을 상정해야 하는데, 가령 고객의 요구를 이해하고 간단한 거래를 가능케 하는 정도의 문장을 만들어 낼 수 있는 서비스 영역 종사자 정도가 최소한의 수준이 될 것이다. 의사소통이 중요한 일자리에서는 잘 동화된 언어 구사 능력이 요구된다. 반면에 쓰기 능력은 모든 경우에 요구되지는 않지만 이 능력을 요한다면 장기 학습이 필요하다.

앞서 언급한 언어 통합의 두 번째 요소인 '프랑스어에 대한 선호'가 언어 통합의 정의에서 필요한 이유는 무엇인가? 캐나다 통계청에 의한 2016년 인구조사 데이터에 따르면 몬트리올 도심 지역을 벗어난 퀘벡 주에서 인구의 약 53%가 거주하고 있다. 퀘벡 주 곳곳에서 프랑스어를 모국어로 하는 퀘벡 사람들이 증가하고 있다. 따라서 의사소통 공공 네트워크에서 프랑스어가 압도적인 우위를 점하고 있다는 것은 의심의 여지가 없다. 그러나 몬트리올 도심 지역에 거주하는 사람들이

1) Conseil supérieur de la langue française, *Le français, langue de cohésion sociale. Avis à la ministre responsable de l'application de la Charte de la langue française*, Québec, Gouvernement du Québec, 2008, p. 15.

실제로 사용하고 있는 언어는 매우 다양하다. 대부분의 이민자들은 퀘벡 지역에 정착하게 되므로 이민자들의 언어 통합은 여전히 가장 많이 사용되고 있는 프랑스어에 의해 이루어지고 있다. 그러나 공적인 의사소통이 이루어지는 모든 영역에서 영어도 적잖게 사용되고 있다.

퀘벡 프랑스어청(Office québécois de la langue française)에서 2016년에 발간한 『퀘벡에서 언어 상황 변화에 대한 보고서』(*Rapport sur l'évolution de la situation linguistique au Québec*)의 아래 자료는 몬트리올 도심 지역에 위치한 직장에서 사용하고 있는 언어 현황을 잘 보여주고 있다.

도표 1 | **몬트리올 도심 지역 직장에서 사용 언어 현황**

몬트리올 도심 지역 직장에서 사용하는 언어	비율
프랑스어만 사용	43.9 %
프랑스어 다수 사용 영어 소수 사용	28.7 %
프랑스어와 영어를 균등하게 사용	7.6 %
영어 다수 사용 프랑스어 소수 사용	12.3 %
프랑스어를 전혀 사용하지 않음	7.5 %

출처 : 『퀘벡에서 언어 상황 변화에 대한 보고서』 퀘벡 프랑스어청 (2016), p. 101.

2017년 통계 자료에 따르면 몬트리올 도심 지역에서 일하는 퀘벡 사람들과 이민자 출신의 노동자들은 직장에서 다양한 수준의 영어를 사용하고 있다는 것을 알 수 있다. 이 통계 자료는 몬트리올 도심 지역 내부에서의 언어 상황을 잘 보여주고 있는데, 몬트리올 섬 내부를 고려한다면 영어 사용 비중이 여전히 높은 편이다. 이미 1982년에 "자유와 권리를 위한 캐나다 헌장"(Canadian Charter of Rights and Freedoms)과 1988년 및 2005년 연방 정부의 공식 언어법 개정 등을 통해 공식 언어법이 오늘날의 모습을 갖추게 되었지만, 이 법이 제정된 지 오랜 세월이 흐른 오늘날, 영어를 중심으로 한 지구촌 세계의 가속화와 디지털 기술의 발달, 그리고 영어 사용 인구의 증가로 캐나다에서 프랑스어와 영어 간 위상의 불균형은 더욱 심화되고 있으며, 소수 언어인 프랑스어의 권리와 사용을 더욱 강화해야 할 필요성이 제기되었다. 따라서 2019년부터 캐나다 정부는 경제 발달 및 공식 언어 장관(Minister of Economic Development and Official Languages)으로 임명된 멜라니 졸리(Mélanie Joly)를 주축으로 공식 언어법의 현대화 및 강화를 위한 제안서를 작성하게 되었다. 이 제안서는 캐나다에서 프랑스어와 영어 간 위상의 불균형이 심화되고, 영어 사용자들이 프랑스어 사용을 꺼리는 현실을 바로잡고 이를 개선해야 할 필요성에 따라 작성되었다.[2)]

한편 대다수 직장에서도 업무를 수행할 때 프랑스어와 영어 이중 언어 사용 능력이 요구된다. 이러한 언어 능력 요건은 프랑스어 사용자들처럼 영어 사용자와 이민자들에게도 마찬가지다.

영어 사용자의 프랑스어로 통합

현재 영어를 사용하는 수많은 아이들은 초등학교에서 프랑스어를 배우게 된다. 몬트리올 영어 교육 위원회 웹 사이트에는 초등학교에서

---

2) 원문은 캐나다 정부 사이트 https://www.canada.ca/en.html에 공개한 "English and French : Towards a substantive equality of official languages in Canada" 문서 참고.

프랑스어로 하는 교육 비율이 세 가지로 구분되어 있다. 즉 영어 프로그램에서 프랑스어로 교육하는 비율이 32%, 이중 언어 프로그램에서는 50%, 몰입 프로그램에서는 62% 정도이다.[3] 아이들이 습득한 프랑스어 능력은 특히 구술 쪽에 치우쳐 있다. 따라서 2017년 "퀘벡 공동체 그룹 네트워크"(Quebec Community Groups Network)의 보고서에는 프랑스어 쓰기 능력이 부족함을 지적하고 있다.

영어를 모국어로 하는 퀘벡 사람들 가운데 약 70.5%가 프랑스어로 의사소통할 수 있는 능력이 있다고 스스로 말한다. 2017년 캐나다 통계청에 따르면 직장에서 약 27%가 프랑스어 또는 다른 언어를 사용했으며 43%가 프랑스어만을 사용한 것으로 나타났다. 퀘벡에서 영어 사용자들의 프랑스어 선호도에 대해서는 캐나다 통계청이 발행한 『캐나다 공식 언어 소수 집단의 초상: 퀘벡의 영어 사용자들』(*Portrait des minorités de langue officielle du Canada : les anglophones québécois*)[4]에 상세한 자료들이 나와 있다. 또한 이 연구는 무역, 복지 기관, 자원봉사와 사회적 후원 활동, 공동체 활동 또는 스포츠 활동과 같은 공적 영역의 여러 분야에서 사용되고 있는 언어들에 대해 폭넓은 접근을 하고 있는

---

3) https://www.emsb.qc.ca/emsb/about/school-board/french-programs, 2021년 7월 23일 검색.

4) J.-P. Corbeil, B. Chavez et D. Pereira, *Portrait des minorités de langue officielle du Canada : les anglophones québécois*, Ottawa, Statistique Canada, 2010, pp. 8-39.
이 연구 자료들은 모국어가 영어인 영어 사용자들만 관련된 것이 아니고 영어를 공용어로 사용하는 모든 사람들을 포함하고 있다.

데, 보편적으로 확인된 사실은 다음과 같다.

> 사적이거나 공적인 영역의 모든 분야에서 공식 언어로 사용되고 있는 첫 번째 언어가 영어인 사람들의 경우, 가장 자주 사용되는 언어는 영어이다. 이는 또한 그들 중 87%가 친구들과 가장 흔히 사용하고 있는 언어이기도 하다.[5]

이 연구의 더욱 자세한 결과는 조사된 내용들과 관련하여 구체적인 통계 치로 나타나 있다.

> 영어 사용자 약 60%가 직접적인 네트워크나 기관 및 상업적 거래 내부에서는 영어를 우선적으로 사용하고 있는데, 일터에서는 영어 사용 비율이 약 53% 정도이다. 그리고 영어 사용자 약 20%가 공적인 공간으로서의 이 세 영역에서 영어를 프랑스어와 동등하게 사용하겠다고 선언하였다. 일터에서 공식 언어 소수 집단의 생명력에 대한 앙케트 조사 자료는 유일한 첫 공식 언어로 영어를 사용하는 약 25%가 프랑스어를 사용하고 있다는 것을 보여주고 있다. 이러한 프랑스어 사용 비율이 직접적인 네트워크나 기관의 대표자들과의 상호 관계 그리고 상업 거래에서는 약 20%에 달하는 것으로 나타났다.[6]

실제로 퀘벡 사람들이 프랑스어를 아는 비율은 제시된 통계 치보다 더욱 높다. 그리고 프랑스어와 영어 이중 언어 사용 비율은 2015년에

---

5) *Ibid.*, *op. cit.*, p. 39.

6) *Ibid.*, *op. cit.*, p. 39.

73.5%였던 것이 2017년에는 75.8%로 소폭 증가하였다. 한 언어를 더 말할 수 있는 능력에 따른 부수적 평가가 고려되었기 때문이다.

이민자의 프랑스어로 통합

퀘벡 주정부를 통해 선정된 이민자의 비율은 출신 국가에 따라 할당제가 실시되고 있다. 아프리카 지역이 가장 높은 33%를 배당 받는데, 여기에는 알제리, 튀니지, 모로코와 같은 마그레브 지역도 포함된다. 북아메리카와 중남아메리카는 23%, 아시아는 24% 그리고 유럽은 20%를 배당 받는다.[7)]

새로 이주해 온 외국어를 사용하는 이민자들 약 40%는 프랑스어 습득이 꼭 필요하긴 하지만 몬트리올 도심 지역 내부 직장에서 이민자들이 사용하는 언어에 대한 조사 데이터에 따른 다음 자료가 보여주듯이 많은 이민자들에게는 영어 지식도 요구되기 때문에 프랑스어 습득만이 필요한 언어 능력은 아니다.[8)]

---

7) IFI Québec, *Présence et portraits régionaux des personnes immigrantes admises au Québec de 2008 à 2019*, Gouvernement du Québec, 2020, p. 67.

8) Statistique Canada, *L'utilisation des langues en milieu de travail au Canada, Recensement de 2015*, 2018, p. 58.

도표 2 | **몬트리올 도심 지역 직장에서 이민자 사용 언어 현황**

몬트리올 도심 지역 직장에서 사용하는 언어	이민자 비율
대체로 프랑스어 사용 또는 다른 언어와 병용	68 %
프랑스어를 정규적으로 사용	17 %
프랑스어와 영어를 균등하게 사용	15 %

출처 : 『퀘벡에서 언어 상황 변화에 대한 보고서』 퀘벡 프랑스어청 (2016), p. 106.

이민자들의 약 70%가 프랑스어와 영어를 말하는데, 특히 프랑스어 사용에 대한 선호도가 이민자들을 프랑스어로 통합하는 데 매우 중요한 요소가 되고 있다. 이로부터 프랑스어에 대한 선호도는 언어 통합을 규정하는 중요한 요소로 부각되고 있다.

2. 사회 통합

보베(Beauvais)와 젠슨(Jenson)은 2012년에 발간한 연구 저작물[9]에서 사회 통합의 여러 가지 정의를 서술하고 있다. 이들은 사회 통합을 규정하는 데 컨스(Kearns)와 포레스트(Forrest)가 논문[10]에서 말한 다

9) *Cf.*, C. Beauvais et J. Jenson, *Social Cohesion : Updating the State of the Research*, Ottawa, Canadian Policy Research Networks, 2012.

10) A. Kearns et R. Forrest, "Social Cohesion and Multilevel Urban Governance", *Urban Studies*, vol. 37, n°s 5-6, 2010, pp. 995-1017.

섯 가지 요소를 이용하고 있다. 그런데 실제로 사회 통합의 목적은 이들이 부각시킨 다섯 가지 요소들 가운데 주로 세 가지 요소가 이용되는 것으로 보인다.[11)]

컨스와 포레스트는 사회 통합을 정의함에 있어 사회 경제적 불평등을 줄여주는 소득과 부의 재분배 기반으로서 사회적 연대에 역점을 두고 있다. 사회 통합을 통해 그들은 사회 민주적 방향의 지역 관할 프로그램에 동화될 사회 통합의 비전을 제시하고 있다. 언어 통합의 관점에서 사회 통합의 목표는 그리 광범위하지 않은 영역을 내포한다. 이러한 의미에서 이민자 소수 집단은 특히 교육이나 노동과 같은 공

---

11) 컨스(Kearns)와 포레스트(Forrest)가 구분한 사회 통합의 다른 두 요소는 사회 질서뿐만 아니라 시민 문화와 공유되며 공통적 가치를 분배하는 것이다. 퀘벡 사회 통합의 기반으로서 공동 가치의 추구는 분명 퀘벡 사회에 대한 집단 토론에서 자주 거론되는 주제이기도 하다. 부샤르(Bouchard)와 테일러(Taylor)는 문화 차이에 연관된 실제적 타협안에 대한 자문위원회 보고서인 *Fonder l'avenir. Le temps de la réconciliation* (Québec, Gouvernement du Québec, 2016)에서 사회 통합의 다른 두 요소에 비중을 두고 있다. 그들은 특히 공용어인 프랑스어, 성평등, 국가와 종교의 분리 문제에 대한 중요성을 부각시키고 있다. 반면 사회 질서는 퀘벡 사회에 내재된 다양성과 같이 거대한 문화와 생활 방식의 다양성이 엿보이는 사람들이 모여 사는 사회에서 삶에 대한 논쟁에 자주 등장해 관심의 대상이 되는 주제이기도 하다. 비단 퀘벡에만 해당되는 관심사는 아니며 거의 모든 서양 사회는 특히 대도시에서 일상생활을 하는 사람들의 다양한 문화와 소속에도 불구하고 사회적 조화를 적절히 유지시켜 나가는 데 총력을 기울인다. 이민자 집단에서 통합을 꾀한다면 분명 이러한 두 요소를 고려해야 할 것이다.

동 자원에 동등하게 다가설 수 있는 방법을 기대해 볼 수 있다. 여기에 연관된 방법은 프로그램에 의해서만 제공된다.

이러한 프로그램은 직접적인 결과로서 교육과 노동 자원에 동등하게 접근할 수 있도록 하는 데 목표를 둔다. 각 개인의 사회 경제적 조건뿐만 아니라 개인의 능력과 야망은 사회에서 성공하는 데 균등한 기회가 얼마나 공평하게 주어지는 지에 따라 좌우될 수 있기 때문이다.

여기서 관심의 대상이 되는 것은 대다수 사람들에게 중요한 가족 관계와 같은 굳건한 관계가 아니라 이민자들의 사회적 통합을 확실히 보장할 수 없는 관계이다. 가족이나 친척 관계보다 더 넓은 환경, 즉 이웃 관계나 직장 사회에서 맺어진 우정 관계 혹은 동지애와 같은 자칫 깨지기 쉬운 관계이다.

어떤 사회에 소속감과 애착심의 개념은 사회 통합을 규정하는 또 다른 요소이기도 하다. 소속감은 한 사회 환경을 향상시키기 위해 단체 활동에 참여하는 의지와 공동의 가치를 공유하는 것과 관련이 있다. 사회 통합의 양상들을 따로따로 규정하려 해도 이들은 서로 배타적인 관계가 아니라 어렵다. 언어 통합을 목표로 하는 활동들은 세 가지 요소들 중 어느 하나를 고려하거나 두 가지 또는 세 가지 요소를 동시에 고려해 볼 수 있다.

2

교육에서 언어 통합과 사회 통합

프랑스어를 사용하는 학교 체제에 정착하게 된 이민자 자녀들의 언어 통합을 위한 조치로 대다수 아이들을 프랑스어로 교육하는 데 가장 우선적인 목표를 둔다. 이는 프랑스어 헌장(La Charte de la langue française)에도 기술되어 있는 사회 통합을 위한 목적이기도 하다. 당초부터 이러한 목표는 퀘벡에서 성공적인 삶을 살기 위해 필요한 지식과 능력의 습득보다 더 큰 차원의 목적에 포함되어 있다. 언어 결핍과 상당한 문화 차이에도 불구하고 가능한 한 공평한 교육을 통한 성공 기회 보장을 목적으로 하는 것을 의미하는 바 사회 통합이라는 표현을 간혹 드물게 사용하긴 했지만 이에 대한 목표는 항상 존재하고 있었다.

이민자 자녀들이 취학하는 수는 실로 막대하다. 모국어가 프랑스어도 영어도 원주민 언어도 아닌 학생들은 2015년부터 2016년까지 전체 인원 약 14만 명 중 약 13%였다. 몬트리올에서는 그 비율이 훨씬 높은 37.5%로 나타났다. 반면에 프랑스어나 영어가 모국어인 이민자 자녀들은 같은 시기에 약 23만 명 정도인데, 전체 인원의 약 20%를 차지하고 있다. 몬트리올에서는 약 52%로 그 비율이 훨씬 높다. 여기서 언급된 통계 자료들은 맥앤드루(McAndrew)[12)]의 저작물에서 참조한 것이다.

---

12) M. McAndrew, *Les majorités fragiles et l'éducation*, Montréal, Les Presses

1. 이민자 자녀들을 위한 프랑스어화 양방향 접근

프랑스 학교에서 이민자 자녀들의 통합을 위한 첫 시도는 프랑스어화와 학교 교육의 성공이라는 상호 관계에서 일방적으로 이루어져 왔던 흔적을 여실히 드러내고 있다. 이민자 자녀들을 위한 안내반에서의 첫 조치는 1969년에 이루어져 운영되어 왔는데, 외국어를 사용하는 학생들을 최소한 일 년 동안 체계적인 프랑스어 교육을 통해 다른 정규반에서 잘 적응할 수 있도록 준비시켜 주는 임무를 띠고 있었다.

1998년 교육부에 의해 공표된 사회 통합과 상호 문화 교육정책은 이민자 자녀들이 안내반에서 보내야 하는 원래 예정 기간이었던 10개월을 훨씬 초과하는 경향을 보이면서 이러한 문제에 대한 경종을 울리게 되었다. 맥앤드루의 통계 자료[13)]가 보여주듯이 1988년에는 30%의 이민자 자녀들이 안내반에서 2년 이상을 보낸 반면 10년 후인 1998년에는 그 수가 50%까지 증가하면서 정규반 진입이 훨씬 더 늦어지는 경향을 보이게 되었다. 따라서 이러한 상황은 새 이민자 자녀들의 사회 통합을 가급적 빨리 이루어 낼 수 있도록 정규반에서 통합을 도모하기 위해 새로운 프랑스어화 프로그램으로 이어졌다. 결국 사회 통합을 조속히 이루어 내기 위한 선제적 조치였던 것으로 보인다. 본 프로그램의 기본 운영 방침은 다음과 같다.

---

de l'Université de Montréal, 2017, p. 156.

13) *Ibid.*, p. 156.

- 프랑스어 지식을 별로 요하지 않는 과목을 수강할 때는 정규반에서 부분적 학습이 허용된다.
- 언어 지원의 혜택을 누리며 일정 기간 동안 안내반에서 학습한 후 정규반으로 통합된다.

프랑스어 사용 활성화 차원으로 의사소통을 프랑스어로 용이하게 할 수 있도록 학교 교육 환경에서 이루어지는 300개 이상의 활동을 교육부가 매년 지원하고 있다. 이러한 노력은 프랑스어권 문화적 산물에 대한 수익을 배려함과 동시에 가족과 학교 그리고 공동체 간의 친목을 도모하고자 하는 데에서 시작된 것으로 보인다.

외국어를 사용하는 아이들이 가능한 한 빨리 정규반에서 쉽게 통합되기 위한 프랑스어화는 더 넓은 의미에서 폭넓은 사회 통합을 꾀하는 것으로 받아들여진다. 따라서 이민자 아이들의 언어 학습을 최적화하기 위해 퀘벡 아이들과 더불어 창출하게 될 사회적 관계에 기대를 걸어보는 것이다. 말하자면 사회 통합을 위해 프랑스어화 프로그램이 운영되고 이를 통해 이민자 아이들도 성공의 기회를 부여받게 되는 셈이다. 이러한 3중 관계는 사회 통합의 두 가지 발상에 필요한 상호보완 관계로 이어지게 하는 것이다. 즉 프랑스어화는 사회 통합과 서로 상호 작용을 하게 된다는 믿음이 있었던 것으로 보인다.

맥앤드루가 인용했던 자료[14]에 의하면 이민자 자녀들의 프랑스어화 프로그램의 성공은 비교적 만족스러운 편이었다. 일정 기간 동안

---

14) *Ibid.*, p. 148.

중등 과정을 시작한 이민자 자녀 집단은 중등 과정을 마친 후 프랑스어 시험에서 원래 퀘벡 학생들의 프랑스어 시험 통과율인 89.6%에 거의 근접한 85.1%를 기록했던 것을 보면 알 수 있다. 중간 테스트 결과 또한 거의 비슷한 비율을 보였다. 퀘벡 학생들의 통과 비율이 76.2%였던 것에 비해 이민자 자녀들의 통과 비율은 73.4%에 이르렀다. 그러나 이러한 결과가 이민자 자녀들 모두 프랑스어를 충분히 제어할 만한 수준에 이르렀다고 볼 수는 없기 때문에 대다수 이민자 자녀들이 노동시장으로 진출하거나 고등 교육을 더 받기에는 불충분한 학교 교육 언어 수준에 머물러 있다는 한계를 드러냈다. 한편 프랑스어를 모국어로 하는 퀘벡의 많은 중등학생들에게는 특히 프랑스어 쓰기 능력이 이와 유사한 수준으로 나타났다.

2. 이민자 자녀들의 프랑스어로 학위 취득

이민자 자녀들이 중등 교육을 정규 과정 5년 만에 졸업장을 취득하는 비율은 45.5%에 이른다. 중등 교육을 마친 후 입학하게 되는 교육 기관인 쎄젭(CÉGEP)[15]에서 이민자 자녀들의 학위 취득률은 총 학령

15) 퀘벡에만 존재하는 독특한 교육 기관으로서 중학교와 고등학교를 통합한 교육 기관인 중등학교(lycée)를 졸업한 후 대학이나 노동 시장으로 나아가기 전에 반드시 거쳐야 하는 2년 또는 3년 과정의 매우 중요한 교육 기관이다. Collège d'enseignement général et professionnel을 줄여 통칭적으로 쎄젭(CÉGEP)이라고 한다.

인구의 54.8%에 비해 52.8%에 달한다.[16] 그러나 이러한 결과는 이민자 자녀들의 집단 가운데 특이한 차이가 가려져 있다. 모국어가 영어나 크레올어인 앤틸리스 군도 출신의 학생들 학위 취득이 지연되거나 실패로 돌아가는 비율이 가장 높은데, 이러한 차이가 겉으로 드러나 있지 않다. 즉 이 집단의 10명 중 4명 정도만 중등 교육 졸업장을 받게 된다. 이민자 출신 학생들의 학력에 가장 영향을 미치는 요소들은 외국에서의 출생, 퀘벡의 교육 제도 하에 거치게 되는 입반 절차와 정규반 진입 과정, 학기 도중에 입학, 새로운 환경에서 이민자로 겪게 되는 정체성 문제, 가정의 사회 경제적인 수준 등이라 할 수 있다.

이러한 데이터 인식을 바탕으로 관계 당국은 여러 가지 행동 조치를 취하게 되었다. 가령 다소 불리한 다민족 출신 학생들에게 맞춤 교육, 인종 차별 반대 교육, 상호 문화 교육에 관련된 활동 등으로 그들에게 다소 불리한 교육 여건을 개선하기 위해 많은 노력을 기울이고 있다. 이러한 노력은 모두 사회 통합을 목적으로 행해진 조치들이라 할 수 있다. 무엇보다 사회 통합을 바라는 의미에서 교육 자원을 누구나 공정하고 평등하게 누릴 수 있도록 프랑스어 고등 심의회(Conseil supérieur de la langue française)는 이러한 다민족 출신 학생들의 경우를 위해 특별한 교육 투자가 이루어져야 한다는 의중을 프랑스어 헌장(La Charte de la langue française) 적용 책임 장관에게 통지하였다.[17]

---

16) M. McAndrew, *Les majorités fragiles et l'éducation*, Montréal, Les Presses de l'Université de Montréal, 2017, p. 152.

17) *Cf.* Conseil supérieur de la langue française, *Le français, langue de cohésion sociale. Avis à la ministre responsable de l'application de la Charte de la langue*

3. 프랑스어와 프랑스어 쎄젭 교육 선호 현상

초·중등학교 내 비공식적 교류에서 이민자 출신의 학생들은 영어보다 프랑스어를 더 자주 사용하고 있으면서도 영어 사용 빈도수 또한 높은 것으로 나타났다.[18] 학교를 떠나 사회생활에서는 프랑스어와 출신 언어가 거의 비슷한 정도로 사용되었고, 영어는 덜 사용되고 있는 것으로 나타났다.[19]

프랑스어 고등 심의회에서 수행한 연구[20]는 이민자 출신의 학생들이 다녔던 첫 학교가 프랑스어 학교일 경우, 성인이 되었을 때 공공 생활에서 프랑스어 사용을 선호한다는 사실에 주목했다. 프랑스어 헌장 채택 후 프랑스 학교에 다녔던 사람들 가운데 65%가 프랑스어 사용을 선호했던 반면 영어 학교에 다녔던 사람들 중 36.5%만이 프랑스어를 선호하는 것으로 나타났다.

교육을 통해 프랑스어로 언어 통합을 이루겠다는 논리에 따라 프랑

---

française, Québec, Gouvernement du Québec, 2008.

18) M. McAndrew, *Concentration ethnique et usages linguistiques en milieu scolaire*, [Montréal, Immigration et Métropoles]. Rapport de recherche présenté au ministère de l'Éducation, au ministère des Relations avec les citoyens et de l'Immigration et au Conseil supérieur de la langue française, 2009, p. 89.

19) J. Rossell, *Les usages linguistiques des jeunes immigrants fréquentant les écoles secondaires de Montréal*, 2006, p. 53.

20) *Cf.*, C. Girard-Lamoureux, *La langue d'usage public des allophones scolarisés au Québec*, Québec, Conseil supérieur de la langue française, 2004.

스어 초·중등학교에 취학한 이민자 자녀들은 이후에도 프랑스어 교육 기관에서 학업을 계속 이어 나가야 할 것이다. 그런데 젊은이들의 미래에 영향을 줄 수 있는 사회관계를 형성하는 연령대에 쎄젭 교육이 이루어진다. 경력을 쌓기 위한 계획이 구체화되기 시작하는 연령이고, 각 개인이 사회 네트워크에 더욱 진지하게 편입해야 하는 연령이기도 하며 결혼으로 부부 생활을 하게 되는 연령이기도 하다. 프랑스어 사용 환경에서 이러한 통합 과정의 삶을 영위하는 것은 프랑스어를 사용하는 퀘벡에서 앞으로 살아가는 데 결정적인 영향을 미칠 수도 있다. 더욱이 쎄젭 교육은 프랑스어 지식을 완성할 수 있는 기회이며, 특히 공공 활동 영역과 다른 퀘벡 사람들과 의사소통에 쓰기가 중요한 역할을 하는 여러 분야에서 높은 자리를 차지하기 위해 반드시 필요한 프랑스어 쓰기 능력을 습득할 수 있는 기회이기도 하다.

그런데 이민자 자녀들의 약 40%는 영어 쎄젭에 취학한다. 이 비율은 과거에 더 높았던 때도 있었다.[21] 이와 같은 현상은 여러 가지 점에서 언어 통합에 영향을 미치게 되었다. 젊은이들이 영어 쎄젭 기관에서 교육을 받는 것은 언어 통합 흐름에 결정적인 변화를 초래할 수도 있다는 우려를 낳기도 했다. 많은 사람들은 영어 환경에서 쎄젭 교육을 받고 있는 이민자 자녀들이 영어를 사용하는 퀘벡의 일부 지역에서 통합의 삶을 영위하고 있다고 생각할 수 있으며, 그들이 성인이 되었을 때 오로지 영어로 살아가는 것을 더 선호할 수 있다는 우려가 크

21) P. Béland, *Langue et immigration, langue du travail : élément d'analyse*, Québec, Conseil supérieur de la langue française, 2008, p. 73.

다. 영어 쎄젭에 취학하는 것이 이민자 자녀들에게는 영어화의 효과를 가져 오게 되는 것인가? 사회 통합이라는 관점에서 이러한 질문에 답이 될 수 있는 요소들을 찾아보는 것도 의미가 있을 것으로 보인다.

만일 영어 쎄젭에 다님으로써 영어화 효과가 있다면 두 가지 현상을 확인할 수 있을 것이다. 먼저 영어 쎄젭을 선택한 모든 젊은이들은 취학 기간 동안 오로지 영어로만 생활하게 될 것이고, 그들이 일을 하고 가정을 꾸리게 되는 성인 연령대에서 오직 영어로 살아가는 것을 선호하게 될 것이다.[22)] 아메리카 프랑스어 연구소(Institut de recherche sur le français en Amérique)에서 2015년에 수행했던 혁신적인 연구[23)]는 몇 가지 유용한 데이터를 제공한다. 이 연구에서는 영어 쎄젭에 다녔던 외국어 사용자들 약 40%는 상업적 거래를 할 때 대체로 프랑스어를 사용했던 것으로 나타났다. 이 비율은 그들이 직장에서 사용했던 주 언어와도 동일했다. 바로 여기서 고려해야 할 첫 번째 중요한 정보가 있다. 그들 가운데 많은 수가 우선적으로 프랑스어를 사용하는 사회에서 사회적 상호 작용을 하고 있다는 것이다. 그들은 영어 쎄젭에서 공부했지만 쎄젭 밖에서의 생활은 오로지 영어로만 이루어지는 게 아니라는 사실을 추론해 볼 수 있다. 따라서 완전한 영어화가 이루어

---

22) 이 두 가지 현상이 존재하는 것을 확인하고 반증할 수 있는 데이터를 물론 입수하게 된 것은 아니다. 따라서 이러한 주제에 대한 연구는 추후에 진행할 필요가 있을 것이다.

23) *Cf.*, Institut de recherche sur le français en Amérique, *Le choix anglicisant. Une analyse des comportements linguistiques des étudiants du collégial sur l'île de Montréal*, Montréal, 2015.

진 것은 아니다.

그밖에 이 연구는 영어 쎄젭을 선택한 많은 이민자 자녀들은 이미 영어권 환경에서 왔다는 것을 보여주고 있다. 영어 쎄젭에 다니는 외국어 사용자 39.3%가 집에서 쓰는 언어는 영어였고, 그들 중 4.4%가 프랑스어였으며 15.4%가 프랑스어를 사용하는 동아리 아이들과 어울렸다. 특히 그들의 문화 상품 소비에 있어서는 프랑스어를 거의 사용하지 않았다. 따라서 그들이 영어로 생활하는 것을 더 선호하는 것은 쎄젭 교육 이전에 이미 영어화되어 있었기 때문이지 영어 쎄젭을 다녔기 때문이 아니라는 것을 유추해 볼 수 있다. 그들이 초·중등학교에서 배웠던 프랑스어는 다만 학교 교육을 받기 위한 제2 언어에 불과하다. 따라서 영어 쎄젭에서 더 나은 성공의 기회를 엿보게 되는 것이다.

앞서 인용된 연구의 저자들은 다음과 같은 객관적인 사실을 예측하고 있었다.

> 쎄젭에 다녔던 것이 원인인지 아니면 '쎄젭 학생들의 언어 행동에 대한 앙케트'를 통해 관찰된 언어 행동 선택의 결과인지 단순한 기술 분석으로는 단정지을 수 없다. 이미 영어화된 학생들은 당연히 영어 쎄젭을 선택하리라는 개연성은 있다. 요컨대 영어 쎄젭을 다닌다는 것은 분명 영어화된 것, 말하자면 영어를 지향하여 프랑스어의 언어 행동 전이를 부추기거나 아니면 이미 시작된 영어화를 단지 확정짓는 것이다.[24]

24) *Ibid.*, *op. cit.*, p. 127.

결과적으로 영어 쎄젭은 선택이고, 이민자 자녀들의 40%는 가족이 이미 영어로 생활해왔기 때문에 어쩔 수 없는 선택지가 될 수밖에 없다. 게다가 그들 대다수가 취학이 수월한 영어 쎄젭들이 있고, 2개 국어가 사용되는 몬트리올 서쪽 지역에 살고 있기 때문이다. 이 연구는 앞서 언급한 영어화 현상의 존재를 증명할 수 있는 확실한 자료를 제공하고 있지는 않다. 사실 응답자들이 영어 쎄젭에 다니고 있는 젊은 이들이고, 연구 자료 또한 그들이 성인이 된 이후 평생을 오로지 영어로만 살아가리라는 선택적인 삶을 증명해 보일 수는 없기 때문일 것이다.

다만 이 젊은이들은 프랑스어를 사용하는 퀘벡에서 단절된 채 오직 영어만 사용하고 있는 것이 아니다. 그들이 초·중등학교 과정을 마친 후 프랑스어를 사용하는 또는 이중 언어를 사용하는 환경에서 일할 수 있도록 해주고, 특히 프랑스어 쓰기 수준에 대한 요구가 높지 않은 곳에서 일할 수 있도록 해주는 것이 필요하다. 왜냐면 그들은 영어 사용자와 마찬가지로 프랑스어를 사용하는 사회 네트워크에 동화될 수 있을 만큼 프랑스어 지식을 초·중등학교에서 습득했기 때문이다. 그뿐 아니라 그들 가운데 상당수는 퀘벡에서 영어를 사용하는 환경이 많지 않아 쉽게 일자리를 구할 수 없기 때문이기도 하다. 반면에 영어 쎄젭에서 교육을 받으면서 습득한 영어 능력은 프랑스어를 사용하는 환경의 여러 일자리에서 든든한 성공 수단이 될 수도 있다. 실제로 퀘벡 외부와 영어로 의사소통하는 데 더욱 풍부한 언어 능력을 전제로 하는 일자리가 점점 더 늘어나고 있기 때문이다.

프랑스어를 사용하는 쎄젭을 선택하는 것이 성공의 기회 평등이라는 관점에서 실제로 그들에게 주어지는 올바른 선택인지 생각해 보아야 할 것이다. 프랑스어 쎄젭 기관들은 영어화 된 젊은이들의 관심을 끌기 위해 필요한 모든 것을 하고 있는가? 영어로 사는 것이 더 편리한 젊은이들은 프랑스어 쎄젭에서 교육을 받은 후 사회에서 성공할 수 있을지 의문을 갖는다. 이러한 젊은이들 중에 영어 쎄젭 교육만을 바랐던 이들은 판단 착오일 수도 있다. 만일 프랑스어 쎄젭이 성공의 기회를 보장할 수 있다면 그들의 관심을 끌 수 있을까? 그들은 프랑스어로 언어 지원을 제공해주는 것에 어떻게 답할 것인가? 앙케트를 통해 답을 찾을 수 있을 것이다.

만일 프랑스어 쎄젭이 영어 능력을 완성시켜 주는 것을 보장할 수 있다면 그들에게 어필할 수 있을까? 계속 프랑스어로 살아오면서 영어 능력을 완성시키기 위해 영어 쎄젭을 다니는 상위 그룹에게는 가능할 것이다. 영어 쎄젭을 선택한 이민자 자녀들이 퀘벡에서 프랑스어로 고등 교육을 받는 이점을 인지할 수 있을까? 사실 프랑스어로 이루어지는 고등 교육은 특히 고급 수준의 쓰기 능력을 습득하게 해주고, 공직의 여러 자리에 이르는 키 역할을 할 수 있다는 것을 인지시키는 것이 중요할 것이다.

공부를 마친 후 영어로 생활하고 일하는 환경에서의 삶을 선택하게 될 젊은이들이 영어 사용 환경과 마찬가지로 프랑스어 사용 환경에서 사회적 상호 작용을 가능케 해주는 프랑스어 말하기 능력을 그들이 유지하고 있는 한 퀘벡 정부가 언어를 통해 추구하는 사회 통합에 장애가 되지는 않을 것으로 보인다. 그들이 영어 사용 환경에서 갖게 되는 관계에 프랑스어로 상호 작용이 더해지기 때문에 여러 다양한 프랑스어와 영어 사용 환경에서 사회적 관계를 맺고 교류하게 됨으로써 오히려 사회 통합에 기여하고 있다고 볼 수 있다.

3

직장에서 언어 통합과 사회 통합

2008년 프랑스어 고등 심의회의 통지[25]에 따라 권장되었던 사회 통합의 관점에 포함되어 있는 대로 성인 이민자들의 프랑스어를 통한 언어 통합에 대해 논의해 보고자 한다.

1. 노동 시장의 언어 현실

이민자의 85% 이상이 거주하고 있는 퀘벡의 제1 도시 몬트리올에서의 공공 기관이나 금융 기관 및 산업체 등의 대다수 일자리에서 사용되고 있는 영어로 인해 노동 시장에서 언어로서 프랑스어의 우위가 다소 떨어지고 있다. 2015년 조사 자료[26]에 따르면 몬트리올의 노동자 집단 73%가 프랑스어는 가끔 사용하고 대체로 영어를 사용하고 있으며 16%는 주로 프랑스어를 사용하고 영어는 정기적으로 사용할 뿐이다. 어쨌든 프랑스어와 영어가 일상적으로 병행되고 있는 노동 시

25) *Cf.*, Conseil supérieur de la langue française, *Le français, langue de cohésion sociale. Avis à la ministre responsable de l'application de la Charte de la langue française*, Québec, Gouvernement du Québec, 2008.

26) *Cf.*, Statistique Canada, *L'utilisation des langues en milieu de travail au Canada, Recensement de 2015*, Ottawa, 2018.

장에 이민자들이 잘 적응해야 하는 환경인 셈이다. 이민자들의 주요 직장 언어로서 영어 사용이 예전보다 눈에 띄게 줄어들었지만 영어는 퀘벡에서 프랑스어와 함께 직장의 언어로 자리매김하였다. 퀘벡 언어 상황의 관건이 되는 특징은 언어의 이중성이다. 말하자면 모든 공공장소와 상업적 활동에서 프랑스어와 영어가 공존하고 있는 것이다.

퀘벡 외부에서 오는 손님들이나 납품업자들과 의사소통을 위해서 그리고 미국이나 캐나다 영어권에 소재한 본사와의 교류에도 영어가 주로 사용된다. 하지만 퀘벡 내부에서 서비스가 제공되는 상황에서 프랑스어나 영어를 말해야 하는 경우, 어떤 언어로 서비스할 필요가 있는지는 말하는 사람에 의해 결정될 수 있다. 고위직 사람이 하급직원과 의사소통할 경우 언어 선택은 비교적 자유롭다. 그러나 의사소통을 위한 언어 선택이 개인이나 집단의 기호에 달려 있는 직장이나, 특히 직장 밖에서의 여러 의사소통 상황이 존재한다. 사용하는 언어가 서로 다른 대화자들 간에 의사소통이 이루어지는 상황에서 각자 모국어에 대한 집착이 우선시되어 발화를 위한 동기 부여가 되는 것이 아니기 때문에 의사 전달 수단으로서 언어 선택이 어떻게 이루어지는지 주목할 필요가 있다.

사용하는 언어가 서로 다른 사람들끼리 어떤 상황에서 대화하기 위해 언어를 선택하게 되는 것은 사용하고자 하는 언어에 대한 화자의 본능적인 느낌에 의해서다. 언어 선택에 대한 동기 부여는 택한 언어를 말하는 것에 부여하게 되는 가치와 의사소통의 최대치에 도달하게 하는 효율성, 그리고 표현의 수월성과 선택된 언어 사용에서 비롯된 이점으로부터 생길 수 있다. 상업 활동과 서비스 그리고 문화 활동에서 어떤 언어를 사용한다는 것은 동기 부여의 근원적 표현이다.

2. 프랑스어 사용 직장에서 언어 통합

프랑스어를 사용하는 노동 시장은 퀘벡에서 언어 통합을 이루는 데 매우 중요하다. 퀘벡에서 프랑스 언어 사회가 꽃 피우기 위해서는 노동 시장에서 이민자들의 성공적인 언어 통합이 반드시 필요하다. 이러한 노동 시장에 통합되는 이민자들이 많으면 많을수록 직장에서는 프랑스어를 상용어로 채택하는 사람이 많아질 것이고 직장 밖에서는 공적인 의사소통에서 프랑스어를 사용하는 사람이 증가하게 될 것이다. 이민자들의 프랑스어에 대한 선호 현상은 이 언어 능력이 향상되고 일상적인 의사소통 상황에서도 자발적으로 프랑스어를 사용하려는 그들의 의지에 달려 있다. 이민자들이 직장 밖의 폐쇄된 환경, 가령 모국어가 오랫동안 주된 언어가 되어버린 가정에서 스스로 이러한 선호 현상을 기대하기는 어렵다. 따라서 이민자들의 프랑스어 능력 향상을 위해서는 노동 환경에서 프랑스어가 우선적으로 사용되어야 한다.

프랑스 언어와 사회 통합의 관계를 통합정책의 관점에서 볼 때 흔히 가질 수 있는 선입견과 다를 수 있다. 즉 프랑스어를 사용하는 노동 시장에 진입하는 데 프랑스어가 반드시 키 역할을 하는 것만은 아니다. 프랑스어를 사용하는 노동 시장에 성공적으로 진입하여 통합되는 것은 오히려 영어를 배우거나 이미 배웠던 이민자들 가정에서 프랑스어가 선호의 대상으로 여겨지는 것이 곧 프랑스어화를 성공적으로 이루어 낼 수 있는 필요충분조건이 될 것이다.

프랑스어를 사용하는 노동 시장에 통합되는 데 개인적인 성공을 이루어 내기 위해서는 다음과 같은 과정을 내포한다. 먼저 프랑스어를 사용하는 환경에서 좋은 일자리를 잡는 것이 중요한 첫 걸음이다. 그런데 질적인 사회관계 직장에서의 생활이 공적인 의사소통에서 프랑스어를 선호하는 데 결정적일 수 있다. 질적인 사회관계는 공동의 소속감을 나눌 수 있는 감정을 내포하기 때문이다. 공동의 소속감은 업무나 활동을 직접 계획하고 조직하며 관리하는 작업팀, 노동조합, 기업, 스포츠 클럽, 자원봉사 단체 등과 같이 공동의 이익을 도모하는 집단을 통해 느끼게 되는 것이다. 이러한 연대 의식이 프랑스어를 사용하는 실생활과 더불어 사용하는 언어에 대한 선호 관계를 만들어낸다. 이렇듯 연대 의식이 없다면 프랑스어에 대한 실제적인 애착이 없는 형식적인 언어 적응에 그치고 말 것이다.

4

이민자들의 프랑스어 선호 현상

일반적으로 대다수 이민자들은 프랑스어에 대한 선호 현상을 나타낸다. 그럼에도 불구하고 영어에 대한 프랑스어의 언어적 우위는 통계 수치상 미미한 편이다. 이와 같은 현실에 직면하게 된 원인은 언어적 불안감(insécurité linguistique)[27)]이라는 문제가 내재되어 있기 때문

27) 배진아, 「캐나다의 공식 언어 사용과 언어적 불안감」, 『캐나다학연구』, 27-1, 2021, p. 131, p. 134.
"화자가 한 언어를 사용할 때 느끼는 불편하고 불안한 감정을 말한다. '언어적 불안감'이라는 개념은 1966년 W. Labov에 의해 처음으로 도입되었다."

이다.[28] 캐나다에서 영어와 프랑스어가 균형 있는 발전을 이루고 동등한 지위를 유지하기 위해서는 언어적 불안감을 개선하기 위한 방안을 모색하는 것이 필요할 것이다. 특히 이민자들 가운데 영어가 모국어인 사람들은 프랑스어를 가장 덜 적극적으로 사용한다. 공적인 의사소통에서 그들 대다수가 영어 사용을 더 선호하는 것으로 나타났고, 그들 가운데 15.2%만이 프랑스어를 사용하는 것으로 나타났으며 8.7%는 두 언어를 병행하여 사용하는 것으로 나타났다.[29]

반면에 모국어가 프랑스어인 이민자들은 약 79.5%가 프랑스어를 주로 사용하고 10.3%는 영어를 사용하며 9.1%는 프랑스어와 영어를 병용하는 것으로 나타났다. 직장 밖 공적인 의사소통에 있어서는 몬트리올 도심에 사는 이민자들 43.5%가 프랑스어 사용을 선호하고 37%는 영어 사용을 선호하며 20%는 프랑스어와 영어를 사용하는 것으로 나타났다. 이민자 자녀들의 교육의 경우, 가령 2016학년도 초·중등 교육을 위해 프랑스어 학교는 이민자 자녀들 80% 이상을 받아들였다. 쎄젭 교육의 경우, 프랑스어 쎄젭에 다니는 이민자 자녀들은 64.7%였다. 쎄젭을 졸업한 후에는 약 50% 이상이 프랑스어권 대학 진

28) *Ibid.*, p. 134.
"캐나다에 존재하는 언어적 불안감은 발음 변이에서 오는 언어적 불안감과는 다른 차원의 불안감이다. 영어와 프랑스어가 공식 언어로 지정된 상황에서 영어 사용자 또는 프랑스어 사용자가 두 공식 언어 가운데 한 언어를 사용할 때 느끼게 되는 불안감을 말한다."

29) Office québécois de la langue française, *Rapport sur l'évolution de la situation linguistique au Québec*, Québec, 2016, p. 65.

학을 선택했다.[30]

이렇듯 이민자들이 선호하는 언어가 프랑스어인데, 과거에는 그들의 프랑스어로 언어 이동률이 높지 않았으나 퀘벡 프랑스어청 조사에 따르면 새로 들어온 이민자들의 프랑스어로의 언어 이동률이 약 75%로 크게 증가한 것으로 나타나고 있다.[31] 이처럼 이민자들이 프랑스어를 자주 사용하도록 유도하는 것이 언어정책의 주된 목표인 만큼 퀘벡 언어정책의 효율성이 잘 반영되고 있다고 할 수 있겠다. 최근 이민자들의 프랑스어로의 언어 전이(transfert linguistique)[32] 비율이 상승하게 된 데에는 이민자를 선별하는 제도를 시행해 온 것도 큰 영향을 준 것으로 보인다. 말하자면 프랑스어권 출신 이민자들의 대거 유입이 커다란 영향을 미쳤던 것으로 판단된다. 제3 언어를 사용하는 이민자가 프랑스어로 언어 이동을 한다는 것은 퀘벡에서 프랑스어의 흡인력과 통합 능력을 보여주는 중요한 지표로 삼을 만하다. 그러나 언어 전이는 단기간에 이루어질 수 있는 것이 아니고, 가령 한 이민 가정에서는 여러 세대에 걸쳐 오랜 기간을 통해 이루어지게 되는 것이다.

퀘벡에서 이민자들의 문화 생산품 소비 성향을 보면 프랑스어 일간지를 매일 읽는 것이 그들의 주요한 일상이 되었다. 그리고 영어 공연보다는 프랑스어 공연을 두 배 이상 더 자주 관람하는 것으로 나타났다. 설령 이러한 통계 수치들이 여전히 프랑스어의 약한 우세를 나타

30) *Ibid.*, p. 65.

31) *Ibid.*, p. 65.

32) 이민자가 자신의 모국어가 아닌 다른 언어를 공공장소나 일터에서뿐만 아니라 가정에서 자주 사용하게 되는 경향을 말한다.

내 보이고 있다 하더라도 최근 30여 년 동안 이민자들을 퀘벡 사회에 통합시키기 위한 프랑스어의 역할이 눈에 띄게 두드러지고 있다는 점을 주목해야 한다. 퀘벡에서 프랑스어가 우선적으로 사용될 여력이 아직 남아 있고, 프랑스어에 의한 사회 통합을 통해 퀘벡 사회 발전을 도모하는 데 필요한 방향 제시가 가능해질 수 있기 때문이다. 말하자면 사회 정의를 실현하고 퀘벡 사람들과 이민자들 간의 공생을 위한 사회 통합을 실현하기 위해 올바른 방향으로 나아갈 수 있는 방법을 제시해 줄 수 있을 것이기 때문이다. 언어 통합과 사회 통합을 통해 지역 공동체에 대한 이민자들의 소속감을 더욱 높여주고 더 나아가 퀘벡 민족 공동체에 쉽게 동화될 수 있도록 할 것이다.

* * *

퀘벡에서 이민자들의 언어 통합에서 사회 통합을 조망하는 것은 언어 통합과 사회 경제적 통합과의 관계, 즉 더 나은 삶에 대한 이민자들의 열망을 실현하는 사회 경제적 통합과 상관관계가 있는 것으로 보아야 한다. 이민자 자녀들에게 있어서와 마찬가지로 프랑스어로 이루어지는 교육은 사회 경제적인 성공 측면뿐만 아니라 사회 문화적인 삶의 측면에 있어서도 퀘벡 사회에서 완전한 통합을 이루는 데 매우 중요한 역할을 하게 된다. 따라서 퀘벡 사회에서 프랑스어의 우위는 단순히 프랑스어화를 이루는 것 그 이상을 목표로 하는 이민자들의 사회 통합정책과 상관관계를 맺고 있는 것으로 보인다. 사회 통합을 위한 프랑스어화를 기반으로 퀘벡 사회의 이중 언어 체제를 통해 겪게 되는 언어 경쟁에서 프랑스어가 승자가 될 수 있는 기회를 더욱 높이는 것이다. 말하자면 프랑스어에 대한 집착으로 이어지는 프랑스어화는 사회 통합을 도모하고 사회 통합 프로그램 촉진에 강력한 장려책이 되는 것이다. 퀘벡에서 프랑스어에 대한 집착이 그러한 효과를 가져 올 수 있길 퀘벡 정부는 기대하고 또한 바라고 있다. 일반적으로 사회 통합에 대해 비판적인 사회학자들은 퀘벡 사회에서 프랑스어의 운명을 특별히 고려하고 있지는 않다. 다만 그들은 사회 통합 연구에 내재된 중요한 쟁점들을 명시하고 있을 뿐이다.

결국 프랑스어는 퀘벡 사회 통합을 도모하는 매개체 역할을 하고 있고, 퀘벡에 거주하는 모든 사람들에게 의사소통을 위해 공식적으로 사용되는 주된 언어이기 때문에 퀘벡과 같은 다문화 다언어 사회 통합에는 가장 중요한 수단이 될 수밖에 없다. 특히 퀘벡 사람들에게는 프랑스어가 그들의 사회 발전에 강력히 연계되어 정체성의 역할을 수행하는 것이기도 하기 때문이며 이민자들에게는 프랑스어에 대한 지식이 퀘벡 사회 네트워크와 학교 교육, 그리고 특히 노동 시장에 진입할 수 있는 길을 열어주고 있기 때문이다. 이렇게 프랑스어를 사용하는 사회 네트워크에 접근함으로써 세월이 흘러 이민자들의 새로운 정체성이 형성될 것이고, 독특한 퀘벡 사회 환경에 점차적으로 적응할 수 있도록 해줄 것이다.

퀘벡에서 언어 통합과 사회 통합을 위한 정책을 바탕으로 퀘벡 정부는 이민자들이 퀘벡 사회에 무리 없이 입문할 수 있도록 도와주고 민족적 통합을 도모하면서 퀘벡 사회 네트워크에 가담할 수 있게 해주는 역할을 이민자들에게 제공해 주어야 할 것이다. 반면에 이민자들의 프랑스어에 대한 지식과 퀘벡 사회 메커니즘에 대한 이해 그리고 퀘벡 사람들과의 교류와 시민 활동에 적극적인 참여는 서로의 친목을 도모하게 될 것이고, 사회의 모든 기능이 올바르게 작동할 수 있도록 해줄 것이다.

퀘벡에서 프랑스어로 성공적인 사회 통합을 이루기 위해서는 이민자들이 프랑스어를 공적으로 사용함으로써 그만큼 혜택을 누릴 수 있어야 하고, 프랑스어를 통해 그들의 미래가 긍정적으로 담보될 수 있어야 할 것이며 그들의 관심을 끄는 일자리에서 마음껏 역량을 발휘할 수 있을 때에야 비로소 가능할 것이다. 따라서 프랑스어를 자유자재로 구사하는 이민자들의 일자리 채용에 장애가 될 수 있는 요소들은 가급적 없애야 할 것이고, 직업 차원에서 노동 시장에 그들이 어렵지 않게 진입할 수 있도록 모든 노력을 기울일 필요가 있을 것이다. 이러한 노동 환경이 갖추어진다면 이민자들 또한 그만한 자격을 인정받고 대우를 받을 만큼 질 높은 프랑스어화에 도달해야 할 것이다.

퀘벡에서 언어 통합에 의한 이민자들의 사회 통합은 북아메리카에서 프랑스어권 사회 발전을 위해서 필요 불가결하다. 이러한 사회적 프로젝트를 성공적으로 이끌기 위해서는 퀘벡 정부가 기울여야 할 노력이 퀘벡의 미래를 위한 이민정책의 중요성과도 부합해야 할 것이다.

제2장

퀘벡 문화정책

퀘벡의 지방 및 도시 문화정책

퀘벡은 도시에 거주하는 전체 주민들의 삶의 질을 향상시켜 나가고 체계적인 도시 문화계획뿐만 아니라 도시 주민들의 적극적인 지지를 얻을 수 있는 현실적인 도시 문화정책을 입안하고 실행하는 데 많은 노력을 기울이고 있다. 퀘벡의 도시 문화계획이 도심을 활성화시키고 공원과 여가 등에 도시의 전체적인 문화적 요소들을 아우를 수 있도록 하는 수평적인 프로세스라면 도시 문화정책은 한 도시의 예술의 발전, 문화산업, 문화재, 시립 도서관 등의 발전을 확고하게 지지할 수 있도록 사용되고 있는 수직적인 프로세스라 할 수 있다. 이 양자 간의 관계는 상호 의존적이어서 도시 문화계획이 예술과 문화재, 문화산업 그리고 시립 도서관 등의 발전을 위해 지원의 필요성을 창출해내고 역으로 도시 문화정책이 이러한 역할을 수행해 내기도 한다.

1970년대 이후 퀘벡에서는 다양한 문화적 사안들을 다루었던 각종 보고서를 통해 프랑스어를 퀘벡 문화의 요체이자 퀘벡 문화정책을 구성하는 중요한 요소로 확실히 인식해왔다. 1992년 퀘벡은 최초로 공식적인 문화정책을 채택하게 됨으로써 퀘벡의 예술과 문학위원회(Conseil des arts et des lettres du Québec)가 설립되어 전반적인 예술분야를 지원하게 되었고, 문화기업 발전 협회(Société de développement des entreprises culturelles)가 신설되어 문화산업 지원으로 이어지게 되었다. 엘버타(Alberta) 주는 가장 최근에 문화의 접근성, 탁월한 예술인들의 능력, 지역적인 문화 생산능력을 구축할 수 있는 동반자 관계와 문화산업에 대한 지원 등을 바탕으로 문화정책을 채택했다.

퀘벡에서는 지방 및 도시 문화정책을 입안하는 과정과 절차가 복잡하지만 그 나름대로 체계성을 유지하고 있다. 대도시의 문화는 다양한 기관들의 네트워크에 기초하며 퀘벡 주 전체에 영향을 미치고 있다. 주정부 문화통신부의 문화정책은 전환점을 맞은 퀘벡 사회의 급변하는 문화 환경과 관련되어 수립된 것으로서 문화통신부는 퀘벡 시에 대한 정책의 틀 안에서 이 지역의 문화와 통신부문을 견고하게 하는 것이 퀘벡 주의 세계적 위상을 강화할 수 있다는 판단에 근거해서 구체적인 실행 안을 수립했으며 착실히 실행에 옮겨가고 있다.

퀘벡에서 도시 문화계획과 도시 문화정책이 입안되어 실행되기까지는 다음과 같은 여러 단계를 거쳐야 한다. 순서대로 열거해 보면 ①정책 수립과정의 조직화 ②상황 분석, 진단, 지원방침 선정 ③공적 자문 ④정책 기안 ⑤정책 채택 및 발효 ⑥정책 실행 ⑦정책 평가 및 갱신으로 이루어진다.

시의회나 공동단체는 행정 자치단체를 위한 문화계획 또는 문화정책 구상 프로젝트를 세우려는 과정의 착수 여부를 결정할 수 있으며, 프로젝트를 구상하여 실행되는 전체적인 과정이 이루어지는 것을 감시하기 위한 문화위원회가 설립될 수 있다. 1961년, 퀘벡 주 정부는 캐나다 최초로 총체적 지원 유형 원칙에 따라 문화부를 신설했다. 1963년 연방정부는 국무부[현재는 캐나다 문화유산 관리부(The Department of Canadian Heritage)라고 한다]를 설립하였다. 이는 문화, 예술계를 연방/지방 정부가 공동으로 책임지고 있다는 것을 반영하는 것이다. 대부분의 주에는 이제 다양한 형태의 문화부서들이 설립되어 있고 주요 도시들에는 문화 발전을 도모하기 위한 특정 부서들이 있는데, 주로 공공 도서관, 시 정부 산하 박물관, 각종 문화센터 지원에 중점을 두고 있다. 이러한 다양한 문화적 활동기관들이 퀘벡 정부가 추구하는 도시 문화정책으로 어떻게 조절되고 이끌어지고 있는지 구체적으로 접근해볼 필요가 있을 것으로 보인다. 아울러 퀘벡이 조용한 도시 문화혁명을 거쳐 발전시켜 온 퀘벡의 지방 및 도시 문화정책을 시기별로 두루 살펴보면서, 특히 오랜 시간을 거쳐 다져온 퀘벡 도시 문화정책의 기원과 성격을 파악하고 퀘벡의 지방 및 도시 문화정책의 내력을 중점적으로 분석해 보고자 한다.

먼저 과거로부터 최근에 이르기까지 입안되어 실행되고 있는 퀘벡의 도시 문화정책을 중점적으로 분석한 후 그 구체적인 결과들을 바탕으로 연구의 주요 내용을 기술하고, 이어서 지방 및 도시 문화정책 관련 기관들의 전문가들을 현지에서 직접 방문 면담하고 자문을 구하면서 얻게 된 실제적인 내용들을 정리하여 기술함으로써 퀘벡 도시 문화정책의 근간을 이해하고 퀘벡이 추구하는 미래 도시 문화정책의 방향을 가늠해 볼 수 있도록 한다. 끝으로 문화의 지방 분권화라는 대내적 개념으로부터 문화적 다양성, 문화 간 소통, 문화 결속이라는 대외적 개념으로 퀘벡의 도시 문화 가치가 확산되는 과정을 조명해 볼 필요가 있을 것으로 보인다.

퀘벡 문화정책에 관한 자료들은 인터넷 관련 사이트를 통해서 어느 정도 접할 수 있었으나 퀘벡의 지방 및 도시 문화정책과 관련된 세부적인 주제의 범위에서 심층적으로 다뤄진 연구 저작물과 자료들을 국내에서 온라인으로 접하기에는 한계가 있어 현지에서 본 연구주제와 관련된 정책 보고서 및 연구자료 수집이 선행되었다. 그리고 현지 도시 문화정책 전문가들과 면담을 통해 각 주요 도시의 문화정책 기조와 방향, 도시 문화경영 방침에 대한 핵심적인 내용들을 파악하도록 하였다.[1)]

---

1) 퀘벡 현지에서 이루어진 퀘벡 문화정책 전문가들의 면담과 관련 기관들

또한 퀘벡 도시 문화정책 담당 기관들을 방문해 방대한 퀘벡 주를 원활하게 이끌어가는 주 정부의 도시 경영 노하우와 도시 문화에 대한 각종 정책보고서들을 열람하고 이에 대한 심층적인 분석을 시도해 보았다.

1

퀘벡의 조용한 도시 문화혁명

퀘벡의 지방 및 도시 문화정책[2)]은 1992년부터 지역발전을 위한 중

의 적극적인 자료 제공이 본 연구 프로젝트 진행에 커다란 도움이 되었다. 일과 중 바쁜 일정에도 불구하고 여러 가지 질문에 친절하게 답변해주신 여러 전문 위원님들께 깊은 감사를 드린다. 특히 몬트리올 소재 퀘벡 문화 통신부(Ministère de la Culture, des Communications et de la Condition féminine)에서 퀘벡 문화정책 연구위원으로 활동하고 있는 끌로딘 오데(Claudine Audet) 박사와 퀘벡 문화정책 프로젝트 담당관의 임무를 수행하고 있는 발레리 길맹(Valerie.Guilmain) 씨, 그리고 퀘벡 시티 소재 퀘벡 문화 통신부(Ministère de la Culture, des Communications et de la Condition féminine) 소속의 도서관 사서 책임자인 조나땅 가이유(Jonathan Gailloux) 씨가 제공해 주었던 방대한 자료들과 상세한 자문 및 안내는 본 연구가 소기의 성과를 거둘 수 있도록 하는 데 결정적인 역할을 해주었다.

2) 퀘벡의 도시 문화정책과 관련된 연구 저작물을 가장 많이 발표한 전문가로는 미셸 드 라 뒤랑떼(Michel de La Durantaye)를 꼽을 수 있겠다. 퀘벡 문화 공보부 주최 예술과 문화(Arts et Culture)라는 정기 연례 연구발표

요한 전략적 수단이 되었다. 실제로 퀘벡 정부의 문화정책이 채택되었던 해인 1992년 6월부터 지방과 도시 문화정책의 상황이 놀라울 만큼 발전하게 되었다. 특히 퀘벡의 여러 행정 자치단체에서 일어났던 조용한 문화혁명(Révolution culturelle tranquille)[3]은 도시 문화정책에 괄목

회에서 "퀘벡 문화정책의 사례 연구"에 대한 발표를 통해 과거에 실행되었던 퀘벡 도시 문화정책의 예시를 분석하였고, 퀘벡 문화정책에 있어 공적인 성과와 문화 단체의 경험 등을 기술하고 있다. 그뿐 아니라 벵쌍 르미외(Vincent Lemieux)와 함께 공동 지도로 퀘벡대학 출판사에서 간행되어 나온 『여가와 사회』(Loisir et Société)라는 저작물에서는 퀘벡 주 도시들의 문화정책을 재고하고 시민들의 삶의 질을 심도 있게 논의하고 있다. 한편 1999년 노르웨이 베르겐(Bergen)에서 열렸던 국제 컨퍼런스에서는 퀘벡의 도시 문화정책과 삶의 질의 지표에 대한 연구를 발표하기도 하였으며, 이어서 2000년 캐나다 퀘벡에서 개최되었던 국제정치학회 주최 제18차 세계 대회에서는 퀘벡의 도시 문화정책과 함께 시민들을 위한 지방 도시 발전의 의미와 삶의 질에 대한 연구결과를 발표하였다. 그 이후 이어졌던 연구로는 퀘벡의 도시 문화정책 상태 점검, 트루아 리비에르(Trois-Rivières)에서 개최된 "예술과 문화"의 연례 학술회의에서 퀘벡에서 도시 상호 간에 문화적 협동에 대한 내용을 비교적 상세히 다루었다. 그밖에 쎄르쥬 베르니에(Serge Bernier)는 지방문화 통계학이라는 연구를 통해 퀘벡 통계학 사무소에서의 도시 문화 문제와 계획 및 최근의 발전 현황을 다루었으며, 리따 지게르(Rita Giguère)는 퀘벡의 문화정책과 지방 발전정책이라는 연구에서 퀘벡 지방 도시들의 문화정책에 대한 전략을 구체적인 예시들을 통해 기술하고 분석하였다.

3) 퀘벡 사회가 가톨릭교회의 영향에서 벗어나 전반적인 분야에 걸쳐 현대화를 이루고, 정치적으로 사회적으로 제도의 개혁과 함께 퀘벡 사회에 근본적인 변화를 가져왔던 1960년대의 조용한 혁명(Révolution tranquille)과 어떤 면에서 맥을 같이 하고 있다는 점에서 조용한 문화혁명

할만한 성과를 이루게 되었다. 이러한 관점에서 세무권한을 갖는 도시 사회는 주의 문화정책과 행정 자치단체를 대상으로 하는 프로그램을 통해 퀘벡 문화 공보부가 부여하는 책임에 대해 나름대로 굳건한 문화적 의지를 보여주었다고 볼 수 있다.

도시 문화정책의 증진은 그동안 비교적 제대로 평가받지 못했다. 사실 퀘벡에서 도시 문화정책은 정치학자들에게 있어서 별다른 관심을 받지 못한 정책이었을 뿐만 아니라 이 영역에서의 연구는 전통적으로 중요한 재정적 지원을 거의 받지 못했다. 그 대신 미래에 문화연구에 대한 커다란 밑거름이 되어줄 문화 커뮤니케이션 연구원이 퀘벡 정부에 의해 최근에 탄생된 것은 매우 고무적인 일이라 할 수 있다. 또한 이러한 연구기관의 설립을 계기로 퀘벡의 전통적인 문화유산에 대한 미래의 정책에도 기대를 걸어 볼 수 있을 것으로 보인다.

그러나 약 10여 년 전부터 조용한 혁명을 일으키고 있는 도시 문화 세계에는 어느 정도 주목할 만한 변화가 없이 다소 침체된 분위기가 이어지고 있음을 인정하지 않을 수 없다. 보통 정책에는 행동 강령이 따르듯이 퀘벡 문화 공보부는 도시 문화정책의 상황과 정책의 내용 그리고 1995년부터 행정 자치단체와의 발전 합의의 영향에 대한 전체적인 윤곽을 파악하고 있어야 하나 사정은 그렇지 못했다.

(Révolution culturelle tranquille)이라 일컫고 있다.

1. 타지방 및 타지역 관할권과 다른 경우의 퀘벡

비교 연구 측면에서 행정 자치단체와 문화는 전 세계 공동체에 점차 관련성이 높은 연구주제가 되고 있으며, 문화와 문화재의 기본을 잘 활용하여 사회적인 안정과 경제적인 발전을 도모하려는 관심을 통합하고자 하는 공동체에 있어서는 특히 더욱 그렇다. 캐나다 행정 자치단체 연맹에 의한 문화재, 예술 그리고 문화에 대한 적절한 연구 위원회가 최근에 설치된 것은 예술과 문화에 대한 도시의 현대적인 관심사를 잘 반영한 예라 할 수 있다. 퀘벡에서 특히 수십 개의 행정 자치단체를 결집시키는 예술과 도시(Les Arts et la Ville)라는 네트워크는 예술과 문화에 대한 도시의 현대적인 관심사를 오래전부터 구체화하고 있다. 이러한 네트워크를 구축하려는 움직임이 캐나다의 다른 주에서도 나타나긴 했지만 그 규모는 그다지 크지 않다. 최근 30여 년 전부터 퀘벡과 캐나다의 행정 자치단체들이 이제는 정치적 방향을 요하는 문화적 시설과 활동 프로그램을 갖추고 있다. 이러한 맥락에서 퀘벡에서는 10여 년 전부터 도시 문화정책의 수가 대폭 증가하였다. 현재 약 91개 퀘벡의 행정 자치단체들은 75개의 지역정책과 16개의 지방정책을 가지고 있으며 향후 30여 개의 다른 도시 문화정책을 개발할 예정으로 각 지역과 각 지방 간 균형을 고려하여 정책의 수를 균등하게 반반씩 분배할 방침이다. 이러한 행정 자치단체들은 퀘벡 인구의 약 반 정도를 통합시키고 있다. 그러나 2002년 1월에 강제적으로 시행된 행정 자치단체의 융합으로 인해 여러 개의 도시 문화정책들이 해당 도시와 함께 사라질 위기에 처했었다는 사실을 상기해야 한다.

한편 퀘벡은 오스트레일리아, 노르웨이, 덴마크, 스웨덴, 프랑스와 함께 의원들이 기안을 작성하고 채택한 상당수의 도시 문화정책을 가지고 있는 세계적으로 드문 곳들 중의 하나이다.[4] 혹 10,000명 이상의 주민들이 사는 행정 자치단체들만을 고려한다면 퀘벡에서 그 행정 자치단체들 중의 3분의 1 이상은 자체적으로 운영하는 문화정책을 가지고 있음을 알 수 있다.[5] 이러한 정책들은 시의회에서 결의안의 형태로 채택되며 지역 및 지방 관청의 역사로서 퀘벡 역사의 일부를 이루기도 하고 일반적으로 다양한 민주적, 공적인 참고자료의 대상이 된다. 이 같은 정책의 채택은 주정부나 연방 정부 같은 상부 층의 정부 정책 채택보다는 훨씬 덜 매스컴을 타게 된다. 그러나 이러한 정책은 주민들과 납세자들의 일상생활과 밀접하게 관련되어 있으며 그들의 삶의 질 또한 그러한 정책에 달려 있다고 할 수 있다.[6]

---

4) 1999년 11월에 노르웨이 베르겐(Bergen)에서 문화정책 연구에 대한 첫 번째 국제 컨퍼런스가 열렸다.
Voir, Center for cultural research, International journal of cultural policy and the Research council of Norway, *International Conference on Cultural Policy Research, volume I, volume II*, Bergen (Proceedings), 1999.

5) Voir, Ministère de la Culture et des Communications, *Les politiques culturelles municipales au Québec : synthèse d'une étude*, Québec, 2000.

6) 행정 자치단체들이 도시 문화정책에서 언급하고 있는 임무의 비율은 삶의 질(17.7%), 사회발전(17.2%), 도시 문화 정체성(15.3%), 문화 경제발전(14.3%), 자아발전(13.8%), 지역 문화 발전(11.8%), 행정 자치단체 보급(9.9%)이며, 추구하고 있는 가치들은 문화 접근 가능성(50.7%), 문화 향유권(26.1%), 표현과 창작의 자유(13.1%), 형평성(10.1%)으로 그 비중을 두고 있다. *Cf.*, *Ibid.*, p. 5.

2. 문화재청의 전략적 차원

공동체의 정체성과 삶의 질의 지역적인 인식은 주민들에게 점점 더 중요해졌기 때문에 문화정책들, 특히 지역과 지방의 문화정책들은 그만큼 전략적 가치를 띠게 되었다. 지방 정부는 사회적 관계의 악화에 연루된 문제들을 해결하고 주민들에게 가장 가까운 대표 기관이기 때문에 그 행정 자치단계는 이제 전략적인 개입 차원으로 보아야 한다.

한편 연방과 지방의 문화정책들이 교역의 세계화라는 맥락에서 거대한 사회구조 차원에서 문화적 정체성을 확고히 하는 데 기여한 만큼 지역과 지방의 문화 관습들은 동일한 맥락에서 지역적 정체성을 굳건히 하는 데 기여하고 있다. 따라서 행정 자치단체에서 정체성을 고취시키는 문화 활동과 문화정책 및 문화 프로그램들은 사회적, 정치적 환경들과 단절된 채 그 자체가 자율적인 실재로서 취급되어서는 안 된다.

따라서 공동체의 더욱 폭넓은 문화적, 사회적, 정치적 삶이 고려되어야 한다. 개인적일 뿐만 아니라 공동적인 삶의 질에 대한 더욱 포괄적인 문제와 함께 도시 문화정책 문제 주변을 맴돌고 있는 교육, 복지, 보건에 대한 문제들과 함께 다각적인 관계의 존재를 확인해야 한다.

도표 | **도시 문화체계 모델화**[7)]

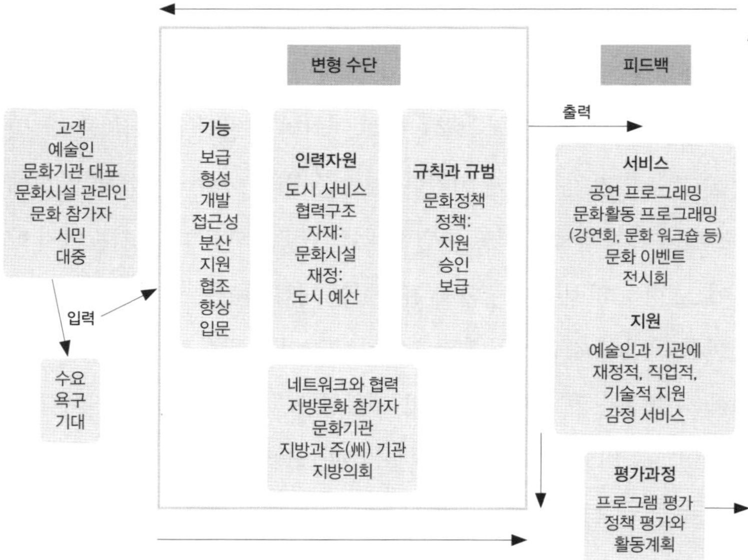

2

도시 문화정책의 기원

1983년부터 도서관과 통역 기술 설비, 전시회관, 박물관, 통역 및 문서보관 센터 분야에서 투자를 늘리려는 퀘벡 도시와 행정 자치단체들의 움직임을 엿볼 수 있다. 또한 같은 기간에 문화 활동을 프로그램화

---

7) *Cf.*, *Loisir et société* vol. 26, nº 1, printemps, Presses de l'Université du Québec, 2003, p. 121.

하는 이벤트와 기관들에게 주는 시의 지원은 꾸준히 증가하는 추세에 있다. 이러한 맥락에서 행정 자치단체들은 문화정책을 통해서뿐만 아니라 세율정책, 문화기구, 주로 비영리 목적의 기구들을 통해 그들의 문화적 활동에 대한 기준을 정할 필요성을 느꼈다.[8] 그러나 어떤 행정 자치단체들에 있어서는 지역의 문화적 개입이 문화정책에 의해서가 아니라 여러 분야를 겨냥함과 동시에 문화 분야에 있어 특별한 양식들을 아우를 수 있는 시의 중재정책이라는 확고한 정책의 틀에 의해 조정되고 있다는 것을 주목해야 한다.

1. 도시의 주요 활동과 협의 기관의 발전

도시에서의 문화 활동은 1980년대에 시작된 것이 아니라 이미 오래 전부터 정부 정책에 반영되어 왔다. 즉 "여가와 문화"라는 항목으로 정부 예산 범위에 포함되어 수십 년 전부터 도시 공공 회계에서 사용되었다. 문화 활동과 문화 용역이 1960년대부터 도시 문화 프로그램 일

---

8) 행정 자치단체들이 도시 문화정책에서 두고 있는 지도 원칙들을 보면 비용부담 지원(14.6%), 파트너쉽(14.1%), 협의 체제(13.5%), 삶의 질(10.3%), 도시사업 제어(9.7%), 경제발전(7.6%), 책임성(5.4%), 문화유산 활용(4.3%), 접근 가능성-문화유산(3.8%), 문화 정체성(3.2%), 예술과 창작 지원(2.7%), 문화적 관행 존중(2.7%), 대화(2.2%), 문화적 다양성(2.2%), 문화 향유권(1.6%), 재정과 설비(1.1%), 형평성(1.0%)과 같은 비율로 언급되고 있다. *Cf.*, *Ibid.*, p. 6.

정에 포함되어 왔다.

주와 도시, 지역 또는 지방 사이에 문화 활동계획 프로그램은 단기간에 만들어진 것이 아니다. 따라서 행정 자치단체들 간에 미묘한 관계 설정 단계를 정리해 볼 필요가 있다. 1960년대 퀘벡에서는 문화 공보부와 행정 자치단체들 간의 관계가 주로 도서관 분야와 문화재 분야에 한정되어 있었다. 이어서 1970년대부터 1980년대에는 문화 공보부에 소속된 기관 네트워크가 설치되었다. 1968년과 1969년에는 문화 개발부 설립 계획을 만들게 되었고, 1969년과 1970년에는 첫 번째 문화 개발부가 트루아 리비에르(Trois-Rivières)에 설립되었으며 두 번째 문화 개발부는 쉘부룩(Sherbrooke)에 설립되었다. 이러한 문화 개발부는 미래에 지방에서의 문화적 활동들을 통괄하고자 하는 데 목적이 있다.

그밖에 같은 시기에 문화 공보부의 문화센터 서비스는 도시들의 문화센터에 가져오는 도움을 통해 행정 자치단체들과의 관계를 처음으로 맺게 된다. 이러한 문화센터들은 특히 캐나다 연방 백주년을 축하하는 일환으로 설립되었으며 일반적으로 각 도시의 특성을 나타내고 있다.

1971년과 1972년에 문화 공보부의 문화보급 총 관리부에 의한 문화 개발부와 함께 문화센터 서비스의 융합은 문화 개발부와 행정 자치단체들 간의 관계를 처음으로 구축하게 된다. 게다가 시골 주민들을 위한 부수적 시설과 도서관 시설을 통한 문화 대중화 계획 차원에서 대출 중앙 도서관의 설립은 시와의 또 다른 관계를 나타내고 있다.

1970년대 초기에 지방 문화 발전 관리부에서 문화 보급 총 관리부의 변형은 1977년과 1978년에 문화 지방 의회의 창립과 승인이 그렇게 했듯이 문화 발전 시위원회와의 관계를 보다 수월하게 해준다.[9] 지방의 활동과 지역의 특성 간에 조화가 지방 분권화와 지방 지휘부의 도래와 함께 줄곧 유지되어 왔다. 지방 분권화와 지방 관리는 행정 자치단체들과 함께 그리고 특히 문화 지방 의회와의 협력으로 이와 같이 협의 체제에 개방되어 있다.[10]

2. 도시 문화정책 증진을 위한 합의와 입법

도시 문화정책을 위한 여러 협조기관의 발전과 발맞추어 정책에 대한 합의와 입법화는 특히 대도시에서 문화적 지역 활동을 활성화하였다.[11] 문화 발전을 위한 맥빌(Mac-Ville)이라는 첫 번째 발전 협의체의 탄생은 1978년으로 거슬러 올라간다. 특히 1970년대 말 도시 계획과

---

9) M. de la Durantaye (en collaboration avec G. Bordage), *Les conseils régionaux de la culture*, 1993.

10) Multi Reso Inc., *Évaluation des impacts des conseils régionaux de la culture*, Étude réalisée pour le compte du ministère des Affaires culturelles, 1990.

11) 행정 자치단체들이 도시 문화정책에서 펼치고 있는 보편적이고 특수한 목적으로 취급되고 있는 활동 분야들을 비율로 나타내보면 문화유산과 박물관(29.1%), 예술(19.2%), 도서관(11.3%), 시각예술과 공예(10.5%), 무대예술(7.2%), 문화 이벤트(5.6%), 문화 레저(5.2%), 도서와 문학(5.0%), 기타(4.7%), 정보기술((0.9%), 과학 레저(0.5%), 음성 영상기술(0.4%), 미디어(0.4%) 등이다.
Cf., Ministère de la Culture et des Communications, *Les politiques culturelles municipales au Québec : synthèse d'une étude*, Québec, 2000, p. 9.

도시 정비 그리고 문화재 관련법은 행정 자치단체들에 의한 문화재 보호와 활용을 잘 보여주는 예들이다. 1990년대 초에 예술 발전에 대한 대도시와의 산업발전 협의가 1980년대 초 문화재에 대한 협의에 반영되기도 하였으며 행정 자치단체와의 협력체재를 강화하는 계기가 되었다.

예를 들어 퀘벡 주에서 주민이 10,000명 이상 되는 약 115개의 행정 자치단체들이 이제는 자율적으로 운영되는 공공 도서관을 갖추게 되었고, 약 161개의 공공 도서관들이 도시 자체적으로 운영되고 있다.[12)] 공공 도서관과 도서관 발전정책을 가지고 있는 행정 자치단체들의 경우에 문화 관련 도시정책 방향의 핵심을 구성하고 있는 것은 분야별 정책일 것이다. 여러 행정 자치단체에 있어 주요한 문화적 시설로 활용될 수 있는 것은 무엇보다 도서관이다.

최근 몇 년 동안 퀘벡 정부는 특히 도시 정비 및 계획에 대한 법과 문화재 관련법을 통해 문화 분야에 있어 새로운 권한을 행정 자치단체에 부여하였다. 1980년에 도시 정비와 도시 계획에 관한 법은 문화재를 영토 정비 차원에서 고려해야 할 중요한 요소로 보았다. 1986년에는 문화재 관련법이 개정됨으로써 행정 자치단체들이 건축 문화유산을 보호하고 개발하기 위한 법적인 조치를 취할 수 있는 권한을 갖게 되었다. 따라서 행정 자치단체들은 역사적인 유적 인용이나 문화유산 지역을 활용할 수 있게 되었고, 그들의 문화유산을 더욱 잘 보급하고

---

12) Ministère de la Culture et des Communications du Québec, *Bibliothèques publiques. Statistiques 1996*, 1998, p. 13.

개발해 나갈 수 있었다. 퀘벡에서 약 60% 정도의 행정 자치단체들이 1920년 이전에 조성되었다는 것을 간과해서는 안 된다.[13)]

1978년에 페르낭 듀몽(Fernand Dumont)과 기 로쉐(Guy Rocher)의 도움을 받아 까미유 로랭(Camille Laurin)[14)]이 발표한 "문화 발전을 위한 퀘벡 정부의 정책"은 행정 자치단체를 문화적 관여자로는 간주하지 않았고, 그 이듬해인 1979년에 새로운 여가정책을 발표하기에 이른다. 이 정책은 여가를 문화적 지방분권화를 포함하는 문화적 민주주의라는 거대한 계획의 일환으로 보고 이를 자치 관할권 하에 두게 된다.

행정 자치단체에 대한 문화 전반에 걸친 방향은 특히 1992년에 제정된 국가 정책과 함께 조정되고 있는데, 그 방향은 시민들이 어떻게 문화생활을 접할 수 있고 참여할 수 있는가에 있다. 말하자면 정책의 주요 방향은 학교가 문화를 접하는 데 특혜를 누리는 장소이기도 하기 때문에 학교를 통해 예술과 문화에 대한 교육과 관심도를 높이고,[15)] 이러한 측면에서는 공공 도서관 역시 필수적인 방편이 되기 때문에 이를 통해 예술과 문화를 쉽게 접할 수 있는 환경을 조성하며[16)]

---

13) Ministère de la Culture et des Communications du Québec, *Indicateurs du développement culturel au Québec, Document de travail*, 1995, p. 33.

14) Ministère d'État au développement culturel, *La politique québécoise du développement culturel*, volumes 1 et 2, Québec, Éditeur officiel, 1978.

15) Ministère des Affaires culturelles, *La Politique culturelle du Québec, Notre culture notre avenir*, 1992, p. 99.

16) *Ibid*., p. 107 ; 도서관에 관련해서는 다음 자료를 참고할 것. J.-P. Baillargeon, "Les bibliothèques publiques, nouveaux lieux privilégiés de développement culturel", 1998, pp. 30-40 et J.-P. Baillargeon et M. de la

시민들이, 특히 자원봉사와 자발적인 활동을 통해 예술과 문화생활에 편리하게 참여할 수 있도록 유도하는 것이다.[17]

3

도시 문화정책의 성격

도시 문화정책은 예술과 문화유산에서 대중의 의지와 궁극적인 목적, 전체적인 방향, 분배적 가치, 문화에 의해 전달되는 시민의 사명, 적절한 개입 전략과 방법 등을 전제로 한다. 그밖에 문화적 활동의 원칙, 문화 행정 양식, 문화 경영 절차 등을 규정하기도 한다. 이러한 모든 것은 시의회가 추구하는 궁극적인 목표와 일치하여 이루어진다.

도시 문화정책은 각 도시 행정구역이 그 야심과 의도를 문서로 나타내는 전체적인 틀이다.[18] 이는 정책적 의도를 구현하며 시의회의 해

Durantaye, "Présence et visibilité du livre québécois dans les bibliothèques publiques des années 1990", dans Les bibliothèques québécoises d'hier à aujourd'hui, Les Éditions ASTED, 1998, pp. 159-178 (coll. Documentation et bibliothèques, no 2).

17) Ministère des Affaires culturelles, *op. cit.*, pp. 116-117.

18) *Cf.*, Les Arts et la Ville, Colloque *Les politiques culturelles : de l'intention au constat. Notes d'atelier et allocutions*, 1996 ; ministère de la Culture et des Communications et Regroupement québécois du loisir municipal, *Guide d'élaboration et de mise en œuvre d'une politique culturelle municipale*, 1997.

결책과 결정에 의해 채택되어야 한다. 그런데 여기에는 중요한 선별력이 필요하다. 말하자면 활동 계획과 어떤 행정 자치단체가 집행하는 문화정책 간에 혼동이 있어서는 안 된다. 문화 활동계획은 행정 자치단체가 취하려는 구체적인 움직임과 활동 그리고 단기간의 사회참여를 식별하기 위해 정책에서 그 영감을 얻어야 한다. 이는 지역과 지방당국에 의해 구체적으로 지원되는 정책 실행과 활동에 속한다. 그런데 보통 이러한 문화 활동 계획에는 그 성과를 평가할 수 있는 성과 지표가 따라야 한다. 문화 위원회는 서로 다른 두 개의 활동 전개방식을 흔히 혼동하거나 중복시킬 염려가 있다.

도시 문화정책 전문가이고 개척자이며 라발(Laval)시 용역 부장인 뽈 르메(Paul Lemay)에 따르면 문화정책 구상을 위한 다섯 가지 공략이 도시 문화정책의 밑그림을 그리기 위해 도시 행정위원회에 제공된다는 것이다.[19] 이러한 유형론은 보편적이면서 적절한 가장 우수한 정책의 기틀을 마련해 준다.

르메는 먼저 주요 공략을 세 가지로 구분한다. 첫째, 영역별 규율에 의한 접근(시각예술, 무대예술, 예술 직업, 도서관, 문화유산 등), 둘째, 기능별 접근(접근성, 보급성, 문화유산 해석, 활용성, 창조성, 생산성 등), 셋째, 행정 자치단체의 물리적 장소와 특징적 설비에 따른 접근(오래된 작은 성 또는 조상으로부터 전래된 제분기, 도서관, 특별한 유적, 볼만한 풍경 등)이 있다.

다음 넷째 또는 다섯째 공략이 앞서 언급한 세 가지 접근법에 덧붙

---

19) Voir, conférence de P. Lamay, directeur du Service de la culture, *des loisirs et de la vie communautaire de Ville de Laval*, le 25 octobre 1996 à Trois-Rivières-Ouest.

여질 수 있다. 넷째, 정책에 의해 대상으로 선정된 수신자 또는 고객에 따른 접근인데, 예를 들어 정책은 시민, 예술가, 대중, 젊은이, 노인과 같이 우선적으로 선정한 어떤 목표 고객들을 만족시킬 수가 있다. 다섯째, 고유한 문화적 인자에 대응하려는 행정 자치단체의 선택에 따라 두 가지 또는 세 가지 기본 접근법을 결합하는 혼합 접근이 있다.

이와 같은 다섯 가지 접근 방법 가운데 선택 가능성은 다음과 같이 국한된 문화적 인자들에 달려 있다.

1. 도시 관할구역에서 여러 분야 예술가들의 커다란 영향력
2. 도서관이나 문화유산 그리고 역사를 통해 관련된 기관들의 역동성, 수, 중요성
3. 기능적 접근(접근 가능성, 활용성, 창의성)의 선택을 용이하게 하는 장소, 공간, 구획정리를 위한 다수의 실천자, 애호가, 사용자, 고객 또는 신봉자들의 요구
4. 어떤 시설, 장소 또는 유적의 상대적이고 전략적인 중요성
5. 도시의 인구규모
6 도시의 부동산 자원
7. 지리적, 지정학적 주변상황(중심 도시, 외곽 도시, 외딴 도시)
8. 사용 가능한 시설과 시설의 유형
9. 잠재적인 파트너(교육 기관, 사기업, 다른 행정 자치단체)
10. 시의회 의원들과 시민들의 정치적 의지

행정 자치단체의 규모가 클수록 다양하고 혼합된 접근법이 당연히 필요할 것이다. 반대로 행정 자치단체의 규모가 작을수록 이용할 시설

과 사용 가능한 장소를 먼저 고려해야 할 것이다. 따라서 경우에 따라 시의회 의원들이 개입하여 정책의 선택을 조종하게 된다. "행정 자치 단체의 발전 정도가 접근 방법의 선택을 조종한다"[20]는 것에서 이를 알 수 있다.

행정 자치단체의 규모가 주요 변수로 나타난다. 더욱 도시화된 보통 규모의 행정 자치단체는 수긍할 정도의 문화 발전에 해당하는 한층 기능적인 접근법을 채택하는 경향이 있다. 이들의 욕구는 문화적 창조성, 생산성, 보급성 이상의 것이다. 따라서 검토 대상이 된 행정 자치단체들 가운데 문화에 가장 많은 비중의 예산, 약 5%를 부여하는 곳은 10,000명 내지 25,000명 정도의 주민이 살고 있는 행정 자치단체들이다. 그런데 이러한 부류의 도시가 퀘벡에서 각 개인당 부유한 정도의 비율이 가장 높게 나타나고 있음을 주목해야 한다.

그밖에 거대한 도시의 주거 밀집 지역, 즉 10만 명 이상의 주민이 사는 도시들은 다른 일반 도시의 평균적인 문화생활 비용 지출보다 세 배나 더 많은 비용 지출을 나타내고 있다. 이러한 것은 물론 거대한 도시 상업센터의 크기에 기인하는 것만은 아니고 인기를 끄는 대상 지역의 센터를 만드는 도시의 지정학적 상황에 기인하기도 한다.

---

20) Voir, Ministère de la Culture et des Communications, *Les politiques culturelles municipales au Québec : synthèse d'une étude*, Québec, 2000. Voir aussi : Stéphanie Laquerre et Michel de la Durantaye, *Méthode d'analyse d'un système culturel municipal : le cas de la ville de Longueuil et de sa politique culturelle*, 2005.

4

도시 문화정책의 내력[21)]

퀘벡에서 도시 문화정책은 다음과 같이 세 시기로 나뉘어 작성되었다.

첫 번째 시기인 1983년부터 1991년 사이에 만들어진 첫 9개의 문화정책 중 8개는 주민 25,000명 이상의 행정 자치단체에서 기존의 원형 모델을 모방하지 않고 가능한 한 폭 넓고 총괄적으로 구상되었다. 이 시기가 바로 도시 문화정책의 개척기이다. 전위적인 몇몇 도시들만이 도시 문화정책 수립 과정을 완성했다. 예를 들면 쉘부룩(Sherbrooke), 퀘벡(Québec), 라발(Laval), 라쌀(LaSalle), 몬트리올(Montréal), 쌩 레오나르(Saint-Léonard), 부쉐르빌(Boucherville), 롱거이(Longueuil) 등과 같은 도시들이다.

두 번째 시기는 1992년부터 1995년까지이다. 이 시기에는 22개의 정책이 만들어졌는데, 그중 9개는 주민 25,000명 이상이 거주하는 도

---

21) Michel de la Durantaye (en collaboration avec Sébastien Fréchette et Isabelle Roy), *Les politiques culturelles municipales au Québec, Portrait de la situation*, rapport de recherche, ministère de la Culture et des Communications du Québec, juillet 1999.
Voir aussi le résumé publié de cette recherche par le ministère de la Culture et des Communications, *Les politiques culturelles municipales : synthèse d'une étude*, Québec, 2000.

시에서 만들어졌고 9개는 주민 25,000명 이하가 사는 도시에서 만들어졌으며 나머지 4개는 지방 자치단체에서 만들어졌다. 또한 이 시기에는 각 도시에서 만들어진 문화정책에 대한 주정부의 자문과 성찰이 두드러진다.[22] 1990년 11월에 쌍송 벨레르-꾸뻬(Samson Bélair-Coupet)의 보고서, 1991년 6월에 아르뼁(Arpin) 단체의회의 보고서 등을 통해 알 수 있다.

이 기간은 1996년 10월 레비(Lévis)에서 예술과 도시(Les Arts et la Ville)라는 상징적인 연합을 통해 개최된 학술회의로 끝나게 된다.[23] 전체적으로 이 기간은 관련 행정 자치단체가 갖추고 있는 강점에 집중된 문화정책을 펴게 된다. 가령 시립 도서관, 공연장, 문화재적 요소, 이벤트 등과 같은 것에 주력하게 된다. 이러한 두 번째 물결(deuxième vague)의 문화정책은 어쨌든 매우 총괄적인 성격을 띠게 된다.

같은 해인 1992년에서 1995년에는 지방 지치단체에서 주목할 만한 문화정책이 출현하게 되는데, 어떤 경우에는 지역정책보다 떨어지긴 하지만 문화유산에 더욱 집중되어 있고 초도시적이면서도 도시 간 교류에 근간을 둔, 즉 소도시보다 더욱 큰 부속 공간에서 협력과 협의체제에 굳건한 바탕을 두고 있다. 이러한 문화정책들은 간혹 관광에 관한 배려와 더불어 공통적으로 문화적 정보와 활동 그리고 문화적 서

---

22) Voir entre autres, Le groupe-conseil sur la politique culturelle du Québec, *Une politique de la culture et des arts* (Rapport Arpin), 1991. Voir également : Samson Bélair Deloitte & Touche, *Étude sur le financement des arts et de la culture au Québec* (Rapport Coupet), 1990.

23) Les Arts et la Ville, *op. cit.*, pp. 34-35.

비스에 목표를 두고 있다.

끝으로 세 번째 시기는 1996년부터 2000년 7월까지인데, 이 시기에는 47개의 정책이 만들어져 나왔다. 그 중 13개는 25,000명 이상의 주민이 거주하는 도시에서 나온 것이고 28개는 25,000명 이하의 주민이 사는 도시에서 만든 것이다. 나머지 6개 중에 4개는 지방 자치단체에서 2개는 작은 마을에서 만들어진 것이다.

이 세 번째 시기는 행정 자치단체에 있어서는 경제적으로 어려운 시기에도 불구하고 놀라운 성장과 도시 문화정책 수가 기하학적으로 늘어난 것이 특징이다. 실제로 이전의 시기보다 두 배나 많은 정책을 집계해 볼 수 있다. 따라서 이 시기를 퀘벡에서 문화정책의 붐을 이룬 시대로 볼 수 있다.

지금 이 순간에도 세 번째 시기보다 4배가 넘는 17개의 지방 자치단체의 문화정책들이 다른 도시에서 만들어지고 있는 문화정책들과 동시에 기획되고 있는 단계이다. 그밖에 여러 개의 옛 문화정책들, 특히 지방 자치단체와 트루아 리비에르(Trois-Rivières)라는 도시 그리고 롱거이(Longueuil)라는 도시의 문화정책이 예술의 규범이라는 차원에서 최근에 재평가되고 새로이 개작되었다. 무엇보다 지방 자치단체에서의 문화정책이 눈에 띄게 증가했음을 알 수 있다. 전체적으로 매 시기는 충분한 재정적 뒷받침이 없이 예산의 제약으로 인해 주어진 문화에 대한 정책적이고 재정적인 참여의 현실로 특징지어진다.

세 번째 시기는 도시의 장점과 문화적 시설을 중심으로 자원분배의 합리화와 더 나은 목표설정으로 인해 비용을 절감하고 인력 마진을 얻고자 하는 목적에서 추구했던 도시 간에 이루어진 협조가 특징이라 할 수 있다. 도시 융합을 위한 현재 퀘벡의 움직임은 분명히 도시 문화정책의 미래에 커다란 영향을 미칠 것이다. 기존의 문화정책을 가지고 있는 약 30여 개의 도시들은 이러한 융합으로 인해 생기는 문제를 겪게 된다. 따라서 도시 간에 새로운 상호 협조가 필요하고 이러한 협력체제 하에 새롭게 시작할 수 있는 계기가 마련될 것이다.

* * *

21세기 첫 10년을 특징짓게 될 퀘벡 도시 문화정책의 흐름을 얘기하자면 그 흐름은 활동계획이 더욱 구조화된 발전으로 나타날지는 미지수다. 다시 말하자면 활동계획 형태로 그리고 기업의 후원과 정부와의 협력체제 하에 문화 발전을 위한 합의 형태로 문화정책이 한층 더 중대하게 구체화되는 시기가 될 것인가? 이러한 새로운 시기는 현재 퀘벡에서 진행되고 있는 도시 융합이라는 맥락에서 초도시적인 그리고 도시 간에 접근을 더욱 진척시켜 나갈 수 있을 것인가? 문화와 관광의 관계는 최근에 문화와 여가의 관계가 그랬듯이 강화될 것인가? 이러한 경향들은 이미 여러 행정 자치단체에서 서서히 나타나기 시작했다.

현재 기획되고 있는 도시 문화정책이 관련 도시 의회에 의해 작성되고 채택되면 퀘벡에는 지방 문화정책을 갖추게 될 지방 자치단체가 약 30% 이상이 될 것이다. 문화 전선에서 지방 자치단체의 출현은 퀘벡주 전체적으로 그리고 문화생활의 전반에 걸쳐 영향을 끼치지 않을 수 없다. 이 경우에 지방의 정책적 시각이 비례적으로 더 많은 비중을 차지하리라는 예측을 할 수 있으며 퀘벡에서는 경제적, 문화적 발전뿐만 아니라 관광 산업의 발전을 위한 새로운 시너지 효과를 재개할 수 있을 것으로 보인다.

다른 도시 행정구역들에 있어 문화정책은 확대될 수 있겠지만 현재 준비 중에 있거나 작성 중에 있는 정책들의 수를 감안하면 지금으로서는 감소하는 추세에 있다. 이처럼 모든 것이 그대로이거나 축소되는 경향에도 불구하고 전반적으로 도시 문화정책 운동이 증가하는 리듬을 유지하고 있다는 것은 놀라운 일이다.

이러한 추세를 유지한다면 도시 문화의 붐이라고 일컬었던 퀘벡 문화정책의 급속한 성장은 머지않아 절정에 이르게 될 것이다. 아마 2년 후에는 100개의 도시 문화정책 한계를 넘어서게 될 것이다. 따라서 5년이 채 안 되어 문화정책의 수는 두 배에 이를 것으로 예상된다. 사실 오는 2년 동안 새로운 문화정책 수의 증가는 어떤 부류의 행정 자치단체에 있어서는 줄어들거나 지방 자치단체를 제외하면 거의 안정적인 추세에 있다. 지역 행정 단체의 경우에 예정된 문화정책의 수를 고려하면 현재 상황에서는 한계량을 가득 채울 것으로 예상된다. 어쨌든 퀘벡은 문화정책의 국제적 비교 측면에서 보더라도 이미 현저한 두각을 나타내고 있다.

퀘벡 주가 문화정책을 채택한 해인 1992년 이전에는 불과 9개의 문화정책 밖에 없었다. 이러한 문화정책을 채택한 이후 1년에 평균적으로 9개의 도시 문화정책이 나왔다. 1992년과 1993년 그리고 1994년에는 총 11개의 새로운 문화정책이 나왔다. 그러나 행정 자치단체와 함께 발전을 위한 정부의 전체적인 공모 프로그램이 출범한 해인 1995년에는 11개의 다른 정책들이 쏟아져 나왔다. 1996년에 6개 정책이 채택되었고 1997년에는 10개가 채택되었으며 그 이후 1998년에서 2001년까지는 38개의 정책이 채택되었다.

앞으로 채택될 예정으로 준비 중인 정책들을 포함하여 행정 지역에 따른 도시 문화정책의 분포도를 보자면 문화정책을 보유하고 있는 23개의 행정 자치단체들이 있는 몽떼레지(Montérégie) 지방이 첫 번째로 가장 많았고, 두 번째로는 15개의 행정 자치단체가 있는 에스뜨리(Estrie) 지방이었으며, 세 번째로는 12개의 행정 자치단체와 함께 퀘벡 지방이었다. 그러나 현재 퀘벡 지방은 에스뜨리(Estrie) 지방과 거의 동등하게 2위를 차지하고 있다. 네 번째는 쇼디에르-아빨라쉬(Chaudière-Appalaches) 지방이 차지할 것으로 예상된다.

퀘벡 문화정책 :
역사적 변화와 문화적 쟁점

캐나다 퀘벡 문화정책은 다른 정책들에 비해 특별한 위상을 차지해 왔는데, 특히 반세기 전부터는 어떤 정당이 정권을 차지하더라도 퀘벡 정부는 그 당의 정치적 이념과는 상관없이 퀘벡 문화를 보호하고 발전시키는 역할을 수행해 왔기 때문이다. 실제로 1961년에 문화 사업부가 창립된 이래 퀘벡은 사회 전반에 걸쳐 일어났던 심오한 변화에도 불구하고 예술과 문화를 적극적으로 보호하고 장려하기 위한 사회적 참여를 지속적으로 유지해 왔다.

퀘벡은 캐나다에서뿐만 아니라 북아메리카에서 매우 독특한 사회를 이루어 왔다. 흔히 유럽 문화와 북아메리카 문화가 교차되는 갈림길로 묘사되듯이, 우선 퀘벡은 역사와 인구 그리고 지정학적 환경 인자가 고스란히 투영된 사회이다. 캐나다를 구성하는 열 개의 주들 가운데 가장 넓은 면적과 인구 그리고 경제 수준에 있어 온타리오 주에 이어 두 번째를 차지하고 있는 퀘벡은 캐나다를 건국한 영토로서 프랑스 식민지 개척자들에게서 온 유럽 태생의 민족으로 구성되어 1608년에 퀘벡 시티가 탄생되면서 누벨 프랑스의 초창기 역사가 펼쳐졌던 곳이다. 따라서 퀘벡 문화의 독창성은 대부분 프랑스어권의 문화적 성격을 유지하고, 이에 대한 높은 가치를 부여해온 배경과 함께 4세기에 걸친 공존과 발전을 거듭해 온 이후 줄곧 이어져 내려온 역사적 유산과 다양한 민족에서 나오는 풍부한 이질 문화의 수용에서 찾아볼 수 있다.

전 세계와 북아메리카 내부에서 문화적 독창성뿐만 아니라 풍요로운 문화적 다양성을 구가하는 프랑스 언어에 깊이 결부된 퀘벡 사회는 스스로의 프랑스 문화적 뿌리를 원주민과 영국 문화유산에 통합시켰다. 지리적으로 미국에 인접해 있고 이민자들이 퀘벡의 집단적인 부를 형성하는 데 기여했으며 이질 문화를 수용하여 퀘벡 문화로 동화시킴으로써 퀘벡의 정치적 제도를 수립하는 데 적잖은 도움이 되었다. 다원적이면서도 세계를 향해 열려 있는 퀘벡 문화는 퀘벡 영토 전반에 걸쳐 무엇보다 각종 문화를 공급하고 발전시키는 데 목적을 둔 다양한 정책과 프로그램 그리고 여러 기구들을 정착시킴으로써 때로는 이질 문화집단과의 갈등 속에서 수십 년에 걸쳐 수립되어 왔다.

퀘벡 사람들의 약 50%가 오늘날 퀘벡의 문화 경제 동력의 주된 역할을 하고 있는 몬트리올이라는 대도시에 집중되어 거주하고 있다. 그런데 국제 비즈니스 업계에서 점차 우위를 점유하게 된 영어의 위상으로 인해 프랑스어 사용 인구가 몬트리올 지역과 특히 몬트리올 섬 내부에서는 조금씩 줄어들고 있는 추세에 있다. 가령 1971년에 프랑스어 사용자가 61.1%였던 것이 30년 후에는 53.2%로 줄어들었고, 비교적 최근에 와서 2006년에는 48.8% 밖에 되지 않았다.[1] 따라서 프랑스어 사용이 가장 중대한 도전을 받고 있는 곳이기도 하지만 가장 커다란 언어적, 문화적 다양성을 접할 수 있는 곳이 바로 몬트리올이다. 영어 사용자들의 약 80%는 특히 경제적, 사회적 이유 때문이며, 퀘벡의 외국어 사용자 약 86%는 몬트리올 시내 지역에서[2] 거주하면서 도시 안에 설립된 120여 개의 다민족 다문화 공동체에서 스스로를 동화시켜 나가고 있다. 2004년 이후부터 퀘벡은 매년 약 45,000명가량

1) Canada, Statistique Canada, *Recensement du Canada 2006*, "Profil des communautés de 2006 : Résultats pour Montréal", 2010, p. 25.

2) Office québécois de la langue française (OQLF) *Rapport sur la situation linguistique au Québec, 2002-2007*, Montréal, mars 2008, p. 19.

의[3] 이민자들을 받아들이고 있는데, 그중에 대부분은 주요 도시 지역에서 정착하고 있다. 한편 대다수의 예술인, 창작자, 문화 관련 노동자뿐만 아니라 80% 이상의 퀘벡 문화단체가 집중되어 있는 곳이 또한 주요 도시 지역이기도 하다.

본고는 캐나다 퀘벡 문화정책의 역사적인 변화와 퀘벡의 정체성이 뿌리 내리기까지 과정을 시간의 흐름을 따라 되짚어 보면서 현재 실행되고 있는 퀘벡 문화정책의 상세한 현황을 파악하고 문화정책 발전에 장애가 되고 있는 문제들이 무엇인지 알아보고자 한다. 퀘벡 정부가 시행하고 있는 정책들은 어떤 면에서는 이론의 여지가 있을 수도 있겠지만 대개 합법성을 인정받고 있는 것들이다. 퀘벡 문화정책은 풍요로움과 규모 그리고 수십 년에 걸쳐온 공적인 활동범위와 관련하여 캐나다의 다른 주들과는 확연히 구분되고 있다. 한편 본고는 다른 곳에서와 마찬가지로 퀘벡에서도 공적인 개입 영역과 대립되고 있는 몇 가지 중대한 도전들이 있음을 밝히고자 한다. 예를 들어 공적인 재무 상태, 인구의 변화, 증가하는 문화적 다양성, 프랑스어 사용의 감소, 몬트리올과 퀘벡 주 나머지 도시들 간에 점차 벌어지는 문화적 차이, 기술의 변화, 문화적 인프라와 시설의 노후화 등의 문제를 제기하는 것만으로도 충분할 것이다.

3) Ministère de l'Immigration et des Communautés culturelles du Québec의 사이트[http://www.micc.gouv.qc.ca]에서 참고. 1995~1999년 사이에는 매년 평균 28,000명 정도를 받아들였다.

1

퀘벡 정부의 문화정책 기조

퀘벡 문화정책의 분석을 통해 다음과 같은 세 가지 대전제를 끌어낼 수 있을 것으로 보인다. 첫째, 퀘벡 문화정책은 정부가 주어진 시기에 잘 들어맞는 문화와 예술의 역할을 사회 내부에서 자체적으로 해낸다는 확실한 컨셉과 규범 그리고 추구하고자 하는 가치를 반영하고 있기 때문에 특징이 드러나지 않는 일시적인 이벤트성 정책에 결코 머무는 것만은 아니다. 둘째, 문화정책은 빛을 보게 되는 시기에 따라 상징적이면서도 정체성을 나타내는 실제 작용 수단으로 미치게 되는 사회적, 정치적, 경제적, 문화적인 여러 인자들에 의해 영향을 받기도 한다. 셋째, 공공사업 경영에서 특정 조직 모델을 나타내는 문화정책은 통상적으로 정치적 행위의 동향들 간에 타협점을 찾아 나오기도 하지만, 흔히 문화 환경에서 야기되는 첫 수혜자이면서도 정책 관련자들이 내놓은 요구 사항들로 채워지기도 한다.

캐나다 내부에서 퀘벡과 그 문화정책이 문제가 되는 경우에 이러한 세 가지 전제 사항에는 반드시 조서가 첨부된다. 사실 퀘벡은 캐나다 연방에 속한 주로서 1867년에 제정된 헌법과 권력 분배에 예속되어 왔다. 캐나다가 지방 분권화를 통해 권력을 분배하고 있고, 각 주들이 행사하는 권한을 합헌적으로 인정해주고 있긴 하지만 보건, 교육, 시 행정 등에 있어서는 독자적인 권한이 점차 약해지고 있는 실정이다. 그럼에도 불구하고 퀘벡에서의 문화는 적어도 최우선적인 권한의 영역으로 남아 있다. 퀘벡 정부와 캐나다 연방 정부 간에 양자 대립 관계는 20세기 초부터 나타나기 시작했다.[4] 따라서 퀘벡 정부와 캐나다 연방 정부는 각각 문화적 발상을 증진하는 데 힘써 왔다. 퀘벡에서 문화적 컨셉이 시간이 흘러 정착되고 사회적 가치를 발하는 과정은 캐나다의 다른 주들과는 확연히 다른 반면, 일반적으로 사람들은 대개 캐나다 문화에 네이션 빌딩(Nation Building)이라는 컨셉을 연결시키기도 했다.[5] 특히 캐나다의 문화 장려와 캐나다 정체성의 근거 중 하나인 다문화주의 정책에 관련해서 다른 주들이 캐나다 연방 정부의 중추적인 역할을 인정하고 있는 것과는 달리 퀘벡은 1960년대부터 프랑스적 색채가 강한 퀘벡 문화를 보호하고 장려하려는 프로그램을 진행해오고 있다.

퀘벡 정부와 문화의 관계를 단계적으로 이루어 왔던 중대한 접근 방법을 소개하기 전에 퀘벡 문화정책은 여러 시대에 걸쳐 내려온 문화 컨셉과 함께 수립되었다는 점을 강조할 필요가 있다. 그렇다고 해서 문화적 발상이 배타적이거나 타문화와 양립 불가능한 것이 아니라 대부분의 서양 국가들은 퀘벡의 문화적 발상을 재고하는 입장이다.

따라서 중대한 첫 국가 문화적 제도를 정착시켰을 때 "문화의 제도

---

4) D., Saint-Pierre, *La politique culturelle du Québec : continuité ou changement ? les acteurs, les coalitions et les enjeux*, Québec, Presses de l'Université Laval (Coll. "Management public et gouvernance") 2003, p. 92. 참고로 1920년대부터 라디오 방송 부문에서 캐나다 정부와 퀘벡 정부가 대립하였다.

5) E. R., Black et A. C. Cairns, "A Different Perspective on Canadian Federalism", *Administration publique du Canada*, vol. 9, 1966, pp. 27-44.

화"에 대한 기원을 되새겨 볼 수 있다. 1960년대부터 문화의 보편적인 이해와 더불어 문화의 민주화에 대한 생각이 점차 요구되었으며, 1960년대 공적인 문화적 개입의 중심에서 이러한 문화적 개념은 곧 문화적 민주주의 개념으로 대체되었다. 1970년대와 1980년대에는 문화산업과 정보 및 커뮤니케이션의 새로운 기술이 증가하면서 문화 경제가 더욱 높은 가치를 부여받는 시대가 뒤를 이었다. 문화재와 문화 생산품 시장은 국가의 국내 총생산 실적에 따라 고려되었고, 이 시기는 또한 문화 관계자들의 전문화 시대이기도 했다. 끝으로 1990년대 이후부터 문화적 다양성의 도래는 문화재와 문화 용역의 성격을 진정한 정체성을 지닌 또는 가치와 의미가 부여된 매체로 인정을 하게 되었다. 그러나 다양성의 문제 제기는 문화를 가치와 의미를 지닌 매체로 보면서 지속적인 발전에 결부되었다.

1980년대와 그 이후의 시대는 문화 사업을 경영하는 방법에 있어 사적인 영역이 증가함으로써 영향을 받게 되었고, 문화 발전을 위해 도시와 지방 정부가 해야 할 역할이 점차 늘어나는 것이 눈에 띄게 나타났다. 국제적으로 그리고 초국가적으로 문화 사업을 조직하면서 사업 방향을 설정하는 영향력 있는 세력이 점차 거대한 문화 조직에 합류하게 되었다.

2

—

퀘벡 정부와 문화 간의 전통적 상호 관계

퀘벡에서 19세기 이래로 퀘벡 정부와 문화 간의 상호 관계가 대폭 축소될 수 있는 우려에도 불구하고 네 개의 거대한 문화정책이 이루어졌다. 이러한 연속적인 정책은 그 시기에 주류를 이루었던 경제적, 사회적, 문화적 경향에 의해 영향을 받게 되었다. 먼저 20세기 중반까지는 인문주의적 정책이 지배적이었으며 1950년대와 특히 1960년대의 자유주의적 접근이 반영되면서 퀘벡 사람들의 민족적 정체성에 특히 잘 어울리는 정책과 1970년대에는 나름대로 선호하는 영역을 찾을 수 있는 정책으로 구성되었다. 이어서 1980년대부터 생긴 신자유주의적 정책은 정책 결정권자들과 관련 주동자들에게 그들의 개입 영역과 국경을 벗어나 내려지는 결정에서 흔히 제기되는 문제들에 대한 해결책을 제시하려고 노력해 왔다.

사실 여러 가지 접근에 연계된 최근의 이벤트로서 오래전 문화정책의 기원을 상기시키는 것은 그러한 기원이 시간이 흘러 퀘벡의 문화적 특수성뿐만 아니라 이를 발전시키고 옹호하며 장려하려는 확실한 정책적 의지를 규정하는 데 후속 조치들이 기여했던 바 공공 문화적 개입을 부각시킬 수 있는 절호의 기회인 만큼 더욱 더 중요하다.

1. 퀘벡 문화와 예술을 위한 주요 발의

인문주의적 정책은 식민지 시대에 나타나 20세기 초 수십 년대에 걸쳐 여전히 확실하게 감지되면서도 보통 문화 예술 후원의 실천과 자선 계획에 연계 된 것이었다. 총독이나 성직자 또는 고위 식민지 지배자와 같은 주요 인물들이 옹호했던 문화적 발의를 되새겨보기 위해서는 1760년 이전의 프랑스 식민지 시대만큼 오래전으로 거슬러 올라가야 한다. 그 당시 주요 인물들은 특히 문화와 예술에 대한 깊은 열정으로 예술적 활동에 크게 기여하였다.

1867년 캐나다 연방제 이후로 퀘벡 주 의회가 채택한 문화와 예술 영역에 관한 대부분의 조치들은 예술, 문학, 음악, 건축 등의 문화유산을 확장시키는 데 목표를 두었다. 퀘벡 정부 내각에서도 위대한 문화, 예술, 문학, 음악 등에 관심을 보였던 사람들을 어렵지 않게 찾아볼 수 있다. 가령 1867~1873년에 퀘벡의 첫 총리를 역임했던 피에르 조셉 올리비에 쇼보(Pierre-Joseph-Olivier Chauveau)는 소설가와 수필가로 활동하기도 했다. 이러한 정치인들의 문화에 대한 솔선수범 행위에 고고학 유적지와 문화 유물 보관에 대한 관심도 더해지게 되었다. 1872~1878년에 캐나다 세 번째 총독을 맡았던 듀프렝(Dufferin) 경의 문화 유물에 대한 중대한 역할을 상기할 필요가 있는데, 그는 퀘벡 시의 요새를 파괴하는 것에 극구 반대했었던 사람이다. 반면에 지역 공무원들과 상업에 종사하는 중산층의 사람들은 도시 확장을 위해 거추장스러운 유물들을 헐어버리자고 제안하였다.

1908년 퀘벡 시 탄생 300주년 축제는 퀘벡과 오타와 두 정부가 공동으로 기념 이벤트에 참여하는 기회가 되었지만 이러한 축제가 프랑스계 캐나다인들과 영국계 캐나다인들에게 동일한 의미를 갖기에는 거리가 멀었다. 사실 두 정부에게 있어 과거사적 의미는 서로 다른 민족적 입장의 전략과 깊이 관련되어 있었기 때문이다. 역사학자 앙드레 라푸엥트(Andrée Lapointe)가 강조했듯이 그 당시 지배적이었던 영국식 문화 표현의 시각과 소수였던 프랑스식 문화 표현의 시각이 서로 불균등한 정체성의 비전으로 구체화되기 시작했던 것은 바로 그 시기였다.

1950년대 중반 이전에는 주요한 공공 정책으로서의 그 당시 문화는 문화유산, 박물관, 공공 도서관, 기록 보관소 등의 역사적 의미를 지닌 것과 예술과 문학과 같은 예술적 생산성을 지닌 영역뿐만 아니라 프랑스계 캐나다의 정체성을 나타내는 특성으로 간주될 수 있는 것을 가리키는 것이었다. 그리고 1960년대 조용한 혁명(Révolution tranquille)으로 이어진 퀘벡은 문화와 문화정책에 관한 정책적 활동에 주요한 결과를 속히 가져올 수 있는 구조적, 경제적, 사회적, 정체성의 변화를 통해 진정한 민족적 정체성의 세대교체를 이루게 되었다.

2. 퀘벡 문화 개입 체계 발현

1960년대에 퀘벡 주가 현대화를 이루면서 정부가 경제와 사회, 문화 분야에서 집중적으로 개입하게 된다. 문화 공급과 문화 보급 정책을 중시하면서 퀘벡 정부는 문화정책을 수립하는 더욱 중앙 집권화된 발전 모델에 부합하는 민주화의 개념에 동조하게 된다. 퀘벡에서 문화에 대한 이러한 접근으로 말미암아 1950년대부터 계획되었던 정부 개입 체계의 기초가 마련된 것이다.

1960년대 사상가, 지성인, 그리고 변화의 중요한 흐름에 기여했던 정치와 행정 책임자들의 공헌으로 퀘벡은 그때부터 캐나다 단체에 민감한 정치적 문제를 제기하기 시작했다. 문제의 해결책 중에 하나는 문화적, 정체성의 확인에 있었던 바, 스스로의 입지를 구축하기 위해 퀘벡은 동맹국인 프랑스의 도움을 구했다. 먼저 1961년 퀘벡에 문화 사업부(Ministère des Affaires culturelles)가 생기면서 프랑스의 영향이 구체화되었다. 문화 사업부가 제정한 법으로 퀘벡은 프랑스계 캐나다인의 민족적 정체성을 드높이기 위한 문화정책의 구조를 정착시켰다. 원래 퀘벡 문화 사업부의 정책은 엘리트 문화를 시민 단체가 접할 수 있도록 하는 데 이용되었다. 여러 가지 야심 찬 발의에도 불구하고, 1960년대 문화에 대한 공적인 활동은 제한된 예산 때문에 뚜렷한 결과를 가져오지는 못했다. 이렇게 문화적 빈곤 상황을 역전시킬 목적으로 제2기 문화 사업부를 총괄하게 된 피에르 라포르트(Pierre Laporte)는 광범위한 연구를 주관하여 문화적 정체성의 개념을 중심으로 구성된 『문화백서』(*Livre blanc de la culture*)[6]라는 책자를 출간하게 된다.

문화정책에 대한 정부의 개입 체계가 자리를 잡게 된 1960년대에는 문화 사업부가 조직되었고, 또한 그 지도부가 만들어졌으며 문화 서비스와 문화 프로그램을 개발할 뿐만 아니라 문화적 활동과 공연들을 국내와 해외에서 활발하게 펼쳐나갔다. 문화 사업부 설립 이후

---

6) Québec, Ministère des Affaires culturelles (MAC) *Livre blanc de la culture*, présenté par P. Laporte, Québec, Gouvernement du Québec, 1965.

초창기에는 퀘벡 주의 다양한 문화적 서비스나 문화 단체를 집결시켰다.[7] 특히 1961년에는 퀘벡 프랑스어청(Office québécois de la langue française)이 설립되었고, 1962년에는 퀘벡 예술 심의회(Conseil des arts du Québec)[8]가 만들어졌다. 그밖에 1963년에 국경선 외 프랑스계 캐나다 부서(Service du Canada français d'outre-frontières), 1966년에 이민 총괄국(Direction générale de l'immigration), 1968년에 라디오 퀘벡(Radio-Québec) 방송국 등이 생겨났다.

문화 사업부는 그동안 몇몇 도시에 지부를 설치하게 되었는데, 먼저 몬트리올(Montréal)에 평생지국을 열고, 헐(Hull), 쉘부룩(Sherbrooke), 트루아 리비에르(Trois-Rivières), 치쿠티미(Chicoutimi), 퀘벡(Québec)에 다섯 개의 문화개발 지방 사무국을 설립하게 되었다.

한편 국제무대에서 퀘벡의 민족적 문화정책의 의지는 1965년 당시 퀘벡의 부총리이면서 교육부 장관이었던 뽈 제렝 라주아(Paul Gérin-Lajoie)가 언급한 바, 문화, 교육, 보건, 천연자원 관리에 대한 캐나다 주정부의 입헌적 권한을 국제적으로도 확장시킨다는 원칙에 입각하고 있었다. 따라서 그는 1965년 몬트리올 영사단체 일원들에게 연설할

---

7) 1915년에 개관한 쌩 쉴피스 도서관(Bibliothèque Saint-Sulpice), 1920년에 설립된 고문서 보관소(Bureau des archives), 1922년에 만들어진 역사 유적 위원회(Commission des monuments historiques), 1933년에 개관한 주립 박물관(Musée provincial), 1942년에 세워진 음악과 연극 예술학교(Conservatoire de musique et d'art dramatique)가 있다.

8) 자문기관으로서 몇 년 후 없어지게 되었고, 1992년에 퀘벡 예술과 문학 심의회(Conseil des arts et des lettres du Québec)라는 기관이 설립되었는데 기능과 역할이 다르므로 혼동해서는 안 된다.

때 다음과 같은 내용으로 자신의 입장을 정당화 하였다.

> 퀘벡은 모든 영역에서 주권을 가지고 있는 것은 아니다 : 연방의 일원일 뿐이다. 그러나 정치적으로는 한 국가를 이루고 있다. 퀘벡은 국가의 모든 요소를 지니고 있다 : 영토, 인구, 자치정부. 또한 퀘벡은 북아메리카에 사는 영어사용 공동체와 많은 점에서 구별되는 민족의 정치적 구현이기도 하다. 퀘벡은 북미대륙에서 본연의 사명을 띠고 있다. [...] 그것은 거대한 북아메리카에서 구별되고 독특한 문화적 집단의 정치적 기구이다.[9]

"Gérin-Lajoie 교리"라는 이름으로 알려져 있고 퀘벡 정부에 의해 계속 옹호되어왔던[10] 이 같은 원칙의 믿음 하에 1965년부터 르자쥬(Lesage) 총리는 교육과 문화에 대한 캐나다 외교상 전례가 없는 프랑스와 퀘벡의 합의를 이끌어낸다. 문화 사업부에 소속된 국경선 외 프랑스계 캐나다 부서가 1963년에 설치된 이후 프랑스, 온타리오, 루이지애나, 매사추세츠 주와 문화협력을 하기로 합의 서명한 것에 이어 북아메리카에서 프랑스어를 사용하는 소수 집단과 관계를 갖고 유지

---

9) *Op. cit.*, Québec, SAIC, *Le statut politique et constitutionnel du Québec. Historique et évolution*, Québec, Gouvernement du Québec, Secrétariat aux affaires intergouvernementales canadiennes du ministère du Conseil exécutif. 1999, p. 16에 인용된 뽈 제렝 라주아(Paul Gérin-Lajoie) 장관의 연설문에서 발췌.

10) 그밖에 이러한 입장은 문화협력에 관해 그 당시 유네스코에서 다루어졌던 논의에 의해 크게 영향을 받았다.

하며 발전시키려는 노력을 기울였다.

1960년대 십년 동안 퀘벡이 경제와 사회적인 발전뿐만 아니라 문화 발전 그리고 해외에서 영향력을 다져왔음에도 불구하고 퀘벡의 분명한 정치적 의지를 나타내기에는 미흡한 것으로 보인다. 따라서 퀘벡 사회에 드리운 조용한 혁명의 시대를 어떻게 결론지을지는 미지수다.

3. 퀘벡 사람들의 민족적 정체성에 기초한 문화정책

1970년대로 접어들면서 퀘벡은 문화정책에 대한 또 다른 접근이 필요한 시점이 된다. 사회관계가 더욱 정치화되는 특징을 나타냄으로써 새로운 문화정책의 접근은 퀘벡 사람들의 민족적 정체성에 비중을 두게 되었다. 따라서 퀘벡 정부는 문화 발전을 도모하는 주체자로서 그리고 1960년대 말부터 퀘벡 문화로 변환된 프랑스계 캐나다 문화의 보호자로서 역할을 수행하게 되었다. 또한 일반적으로 엘리트 문화와 연루되어 형성된 문화영역뿐만 아니라 일반 대중문화에 이르기까지 깊은 관심을 두고 있었다. 퀘벡 정부의 이러한 대처는 문화에 대한 기호와 실천을 다양화시켰을 뿐만 아니라 생활수준과 취학률 향상, 노동 환경과 여가에 대한 사회적 변화를 이끌어냈다.

그 당시 문화부 장관이었던 장 뽈 랄리에(Jean-Paul L'Allier)의 『퀘벡 문화정책의 발달을 위하여』(*Pour l'évolution de la politique culturelle du Québec*)라는 도서가 출판되면서 퀘벡 문화를 혁신하고 배당된 예산을 늘리려는 계획을 세우게 된다. 이를 위해 그 당시까지 퀘벡 정부의 문화적 인식으로서 정부의 소외와 무능력을 스스로 인정하고 규탄하면서 문화 사업부의 권한과 책임 그리고 재정 수단을 더욱 확대해 나갈 것을 요구하게 된다.

> 겉도는 문화 사업부는 세월이 가면서 자체적으로 폐쇄되었다. 다른 부서들과 단체 및 공공기관들이 퀘벡 문화생활의 보호와 발전에 내재된 주요 제약들을 자체적인 행동 영역에서 고려해 나갈 수 있도록 이들 기관에 개입하는 것을 조금씩 포기했던 것으로 보인다.[11]

랄리에(L'Allier) 장관의 책은 1976년에 퀘벡당이 권좌에 오르면서 정부의 변화가 일어나기 직전 한동안 공공도서가 되었고, 이어서 1978년에 까미유 로랭(Camille Laurin) 장관의 『퀘벡 문화 발전을 위한 정책』(*La politique québécoise du développement culturel*)이라는 책이 출판되어 나왔다. 이 책에 언급된 퀘벡 문화정책에 대한 새로운 시각을 통해 퀘벡 사람들이 문화에 대한 폭넓고 포괄적인 발상으로 진정한 사회 계획을 이루어 나가도록 하였다. 그 당시 문화는 "존재하는 집단"을 아우르는 "삶의 환경"으로 간주되었다.[12] 민족적 정체성과 연결된 문화에 대한 이러한 시각은 주민 단체가 이루어 낸 문화적 산물로 여겨왔던 대중문화의 지위를 복원시키면서 동시에 퀘벡 사회의 사상과 가치

---

11) *Ibid.*, p. 95.

12) Québec, Ministère d'État au Développement culturel (MDC) *La politique québécoise du développement culturel* (Livre blanc de Camille Laurin, ministre d'État au Développement culturel), Québec, Éditeur officiel du Québec, 2 volumes, 1978, p. 9.

그리고 상징성을 부각시키게 되었다.

마침내 1970년대에는 퀘벡의 언어적 권리에 대한 공세가 거세게 일어났는데, 특히 1977년에 프랑스어 헌장(La Charte de la langue française), 즉 101법을 선포함으로써 공세가 절정에 달했을 뿐만 아니라 문화 분야에서는 캐나다 연방 정부의 주도적 역할과 균형을 이루도록 하기 위해 퀘벡 정부는 여러 가지 문화적 활동의 솔선수범을 보였다. 이러한 맥락에서 르네 레베스크(René Lévesque)의 퀘벡당 정부는 문화적 사명을 띤 부서들, 말하자면 문화사업, 교육, 통신, 여가, 이민을 담당하는 부서들을 결집시켜 문화 발전을 이루는 주정부 관할부서를 1977년 2월에 신설하기로 결정했다. 이때부터 로랭은 거대한 정부 정책을 만드는 데 행정 의회를 도울 수 있도록 구상된 역할을 떠맡게 되었다. 그러나 1980년대로 접어들면서 전환점을 맞이하여 주 정부와 시민사회 관계자들 간의 관계에 주요한 변화가 일어나고 문화적 환경에도 적잖은 영향을 미치게 되었다.

4. 발전의 전략적 분야로서 문화산업

퀘벡 정부는 문화산업을 신자유주의적 접근 방법으로 새롭게 구조화시켰다. 영국의 마가렛 대처와 미국의 로널드 레이건 정부와도 관련된 신자유주의는 1980년대 전 세계의 전환점으로 나타나게 되었다. 이 이데올로기는 국가가 경제와 사회에서 지나치게 통제하는 체제에서 벗어나 작은 역할을 해야 한다는 것이다. 즉 국가가 중심이 되는 주동자가 아닌 사기업과 시민사회에서 만들어진 여러 기관 편에서의 조력자 역할을 해야 한다는 것이다. 소규모의 공공 행정을 촉진하는 것은 물론 정부가 취할 수 있는 특정의 조치들은 교역의 자유화, 규제 완화, 공공사업의 민영화, 지방 분권화, 정부 용역의 하청, 조세 감면, 예산 균형을 이루는 것 등이다.

문화와 관련된 더욱 특별한 영역에서의 신자유주의적 접근은 그 당시까지 문화산업 분야에서 문화와 경제가 서로 분리되었던 부문들을 더욱 강력하게 통합하기 위한 조치였다.[13] 문화적 활동의 건전한 경영 미덕의 환경에서 공공 문화 소비가 점차 증가하면서 새로운 경제적 신념이 따르게 되었다. 그뿐 아니라 문화 관련 고용 수가 크게 늘었다. 퀘벡 주의 문화 관리 능력과 책임이 어느 정도 안정된 균형을 이루게 되어 1980년대와 1990년대는 미디어와 문화산업에 의해 발달된 여타 문화 행사들과 문화 축제가 확고한 지위를 구축하게 된 시기였다.

문화산업 부문에서 나타난 변화의 상징적인 주요한 행사로 문화산업에 대한 정상회의가 1978년에 퀘벡에서 개최되었다. 그 당시 영화, 도서출판, 음악과 같은 일정 분야에서 높이 평가할 만한 발전에도 불구하고 퀘벡의 문화산업은 재정 부족 문제를 겪게 되었다. 이러한 문제를 해결하기 위해 퀘벡 정부는 1978년에 퀘벡 문화산업 발전협회(Société québécoise de développement des industries culturelles)를 신설하는 법을 채택하도록 했다. 이렇게 주가 관할하는 독립적인 협회를 만들어

---

13) Voir, M. Gattinger et D. Saint-Pierre, "The 'Neoliberal Turn' in Provincial Cultural Policy and Administration in Québec and Ontario : The Emergence of 'Quasi-Neoliberal' Approaches", dans *Canadian Journal of Communications*, 2010 b.

다른 경제 분야에 출자하는 재정적 수단에 맞먹는 경제적 뒷받침을 한참 확장되고 있는 문화산업에도 해줄 필요가 있었다.

1980년대 초기부터 퀘벡 정부는 문화 발전을 담당하는 주 상위 문화 부서에 자율권을 부여하고, 1980년대 케이블 텔레비전 방송과 위성방송, 1990년대부터 이용했던 정보 고속도로와 같은 고도의 기술 분야에 따라 조정되는 더욱 실용적인 프로그램들을 채택했다. 세계화와 시장이 새롭게 열렸다는 의미에서 그 당시 이러한 분야들을 경쟁력이 있는 것으로 보았다. 그밖에 퀘벡 정부는 행정 자치단체, 지방, 문화 기관뿐만 아니라 창작자들과 예술인들을 대상으로 하는 프로그램도 채택했다. 퀘벡 정부는 창작자와 예술인의 사회 경제적인 지위 보호를 위해 국회위원회를 설립하였고, 이들의 작품은 예술인의 직업상의 지위와 1987년과 1988년에 예술인의 사회 참여 조건에 관한 법을 채택하게 만들었다. 1980년대의 10년 동안 문화 사업부는 여러 부서의 행정적 재개편을 단행했고, 다양한 프로그램을 지방으로 분산시키기도 하였다.

1982년부터 문화경영의 한 부분을 지방으로 분산시키기 위한 계획이 세워진 반면 다른 한 부분은 주가 관할하는 단체 조직망에 맡겨졌다. 영화 공사와 퀘벡 영화 연구소와 같은 기관이 만들어졌고, 1985년에는 문화재법을 개정하여 행정 자치단체에 문화 세습 부동산과 문화 유적을 보호할 수 있는 자격을 부여했다. 영화와 고문서 그리고 국립 박물관 분야에 중대한 관련법이 개정되었다. 1982년과 1983년에 각각 설립되었던 문화와 통신산업 발전협회(Société de développement des industries de la culture et des communications)와 영화 일반협회(Société générale du cinéma)는 1987년에 문화산업 일반협회(Société générale des industries culturelles)로 통합되었다.

1992년에 문화부로 변경되었고 1994년에 문화 통신부로 바뀌었던 문화 사업부는 프랑스 언어, 이민, 국제관계, 창작자와 예술가 및 문화 기관의 후원과 같이 오랫동안 중요시 여겨왔던 부문의 여러 가지 행정적인 서류 업무 부담에서 점차 벗어났는데, 이는 다른 공공 청사와 기관에 권한을 분산시키기 위함이었다. 1978년에 문화산업 발전협회로 창립되어 1994 이후부터 문화기업 발전협회가 되었던 문화산업 분야의 활동에도 마찬가지로 권한 분산이 이루어졌다.

1990년대 초기에는 퀘벡의 문화적 중재에서 중대한 변화가 일어났다. 문화적 중재의 주요한 변화들 중 하나는 1992년에 퀘벡 문화정책을 채택하게 된 것이다. 아주 각별한 의미에서 만들어져 실행된 이 정책은 뚜렷한 목표가 있었다. 우선 이 정책은 20개가량의 청사와 주관할 협회들을 연합시키기 위해 문화사업 부서만의 분야별 영역을 초월하고자 하였다. 그리고 퀘벡 예술과 문학 심의회(Conseil des arts et des lettres du Québec)를 만들어 예술 지원을 지방으로 분산시키고자 했다. 마침내 지역과 지방 차원에서 그리고 책임감 분배가 증가하면서 정책은 문화적 발전을 담보하기 위해 행정 자치단체들과 협력할 수 있는 문을 개방하였다.[14] 이러한 정책의 야심 찬 온갖 목표 이외에도 정치와 경제의 여러 이벤트가 가세했다.

2000년대 들어서면서 또 다른 주요 관심사는 몬트리올을 문화 도

---

14) 1990년대에 정착된 두 개의 주요한 조치는 도시 문화정책을 늘리는 것과 행정 자치단체들과 협력뿐만 아니라 더욱 최근에는 원주민들과의 협력 체제를 합의 수립하는 데 있다.

시로 만드는 것이었다. 이 도시를 발전시키는 데 반드시 필요한 요소인 문화를 장려하겠다는 사명감으로 2002년에 설립된 문화 몬트리올(Culture Montréal)이라는 기관이 도시 발전을 위한 문화 로비를 통해 점차적으로 잘 구조화 시켜나갔던 것을 볼 수 있다. 따라서 2000년대 퀘벡 문화의 전환점이 되었던 것은 거대한 문화 프로젝트들이[15] 몬트리올에서 개시되면서부터이다.

5. 문화 공공 지출의 변화

캐나다의 다른 주에서는 문화에 대한 신자유주의적 전환이 엄격하게 이루어졌지만 퀘벡에서는 비교적 덜 거세게 이루어졌던 것을 눈여겨 볼 필요가 있다. 아래 그래프는 캐나다에서 문화 공공 지출의 변화를 나타내고 있는데, 특히 2003년에서 2004년까지의 캐나다 다섯 개

15) 가령 Cité du Multimédia(1998), Cité des arts du cirque(1999), Dans la foulée du Sommet de Montréal(2002), Projet du Quartier des spectacles(2003), Place des festivals(2009)이 거행되었다. 1998년에 개최된 Cité du Multimédia는 비디오 게임, 애니메이션 소프트웨어, 영화 효과에 관련된 영역의 문화 행사로서 2008년에는 약 700개의 기업에서 11,000명가량을 고용했으며, 퀘벡 문화와 통신 관측소에 따르면 약 8억 캐나다 달러 정도의 이윤을 창출했다. 그리고 2001년에서 2002년에 퀘벡에서 시의 영토 통합 이후에 설립되었던 Sommet de Montréal 기관은 그 당시 몬트리올을 미래 도시로서의 비전을 가진 "새로운 도시"로 탄생시키는 것을 목표로 했다.

주의 문화 공공 지출 총액이 일억 달러(CAN $:이하 동) 이상에 이르고 있음을 볼 수 있다.[16)]

퀘벡 행정부의 문화 공공 지출은 1985~1986년에는 4억 490만 달러에 달했고, 1990~1991년에는 32% 이상이 증가한 5억 3천 640만 달러에 이르렀다. 1995년과 1996년에는 문화 명목으로 지출된 총액이 5억 8천 670만 달러에 달했고 2000~2001년에는 7억 2천 890만 달러에 이르렀으며 2003~2004년에는 7억 2천 680만 달러로 조금 떨어졌다. 퀘벡 문화 통신 관측소(Observatoire de la culture et des communications du Québec)의 데이터에 따르면 2007~2008년의 문화비용 지출은 9억 2천 760만 달러에 이르렀다. 2010년에 영화와 시청각 설비, 라디오와 텔레비전, 출판, 음성 녹음과 같은 문화산업 분야의 지출은 1억 7천 850만 달러로 4위를 차지했고 무대예술이 1억 3천 290만 달러로 뒤를 이었던 반면 도서관에는 2억 4천 990만 달러, 문화유산과 박물관 그리고 기록 보관소에는 1억 8천 8만 달러로 더 많은 지출을 했던 것으로 나타났다.[17)]

---

16) 캐나다 통계청의 방법론적인 변화로 본 기관에서는 2003~2004년 이후의 자료들을 그 이전의 자료들과 비교하지 말 것을 권유하고 있다.

17) Québec, Institut de la statistique du Québec (ISQ). Observatoire de la culture et des communications du Québec (OCCQ) "Enquête sur les dépenses de l'Administration publique québécoise au titre de la culture", Tableau 1 : "Dépenses de l'Administration publique québécoise au titre de la culture, 1985-1986 à 2007-2008" ; "Tableau 3 : Dépenses internes et externes de l'Administration publique québécoise au titre de la culture selon le domaine et la catégorie de dépenses, Québec, 2007-2008" janvier 2010.

그래프 1 | **캐나다 5개 주 행정부의 문화 지출 비용의 변화**[18]
(퀘벡, 온타리오, 브리티시 컬럼비아, 앨버타, 마니토바)

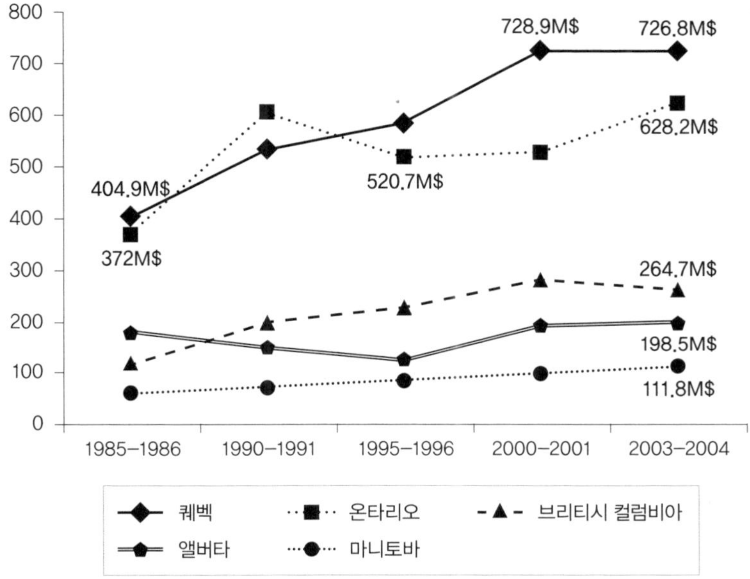

따라서 퀘벡에서 문화의 공공 지출 비용은 1980년대 중반과 2000년대 전환점 사이에 급격히 증가하는 경향을 보였다. 요컨대 퀘벡은 캐나다의 다른 주들에 비해 문화에 대거 투자하였고, 캐나다 연방 정부 또한 온타리오에서 만큼이나 퀘벡에서도 문화적 투자를 염두

18) 출처 : Canada, Statistique Canada, "Dépenses totales des administrations provinciales, selon la fonction et la province ou le territoire", 1985-1986, 1990-1991, 1995-1996, 2000-2001, 2003-2004 ; 문화정책에 관한 범캐나다 팀 프로젝트 범위 내에서 Alexandre Couture-Gagnon에 의해 편집된 통계 자료 (Gattinger et Saint-Pierre, 2010 a).

에 두고 있음을 알 수 있다. 라디오와 텔레비전, 문화유산 분야에 관련된 주요 기관이 퀘벡에서와 온타리오에서 대부분 투자되고 있는 것은 캐나다 국민의 62%가 퀘벡 주와 온타리오 주에 살고 있고 문화 기관과 문화 생산자 그리고 문화 관련 직업인들이 정부가 마련한 정책과 예산의 주요 수혜자로서 퀘벡과 온타리오에 집중되어 있다는 사실에서 그 이유를 찾을 수 있을 것이다. 2006년에 퀘벡의 문화 통신 관련 직업인들은 캐나다 전체 문화 통신 관련 직업인 수, 즉 462,533명의 약 26%에 해당하는 118,755명이었다.[19)]

퀘벡 행정 자치단체들은 아래 도표에서 보듯이 2006년에 문화 지출로 약 5억 730만 달러를 썼는데, 1996년에 사용한 2억 4천 140만 달러에 비하면 10년 만에 두 배가 넘는 비용을 지출한 셈이다. 이 기간은 "퀘벡 문화부"가 문화 발전 1차 계획에 대한 파트너를 만들었던 시기였다. "퀘벡 문화와 통신 관측소"의 조사에 따르면 2007년에 퀘벡의 도시들은 5억 3천 6백만 달러를 문화에 할애했는데, 그중에 약 반은 몬트리올과 퀘벡 시의 문화 관련 사업에 사용되었다.

---

19) Québec, Institut de la statistique du Québec (ISQ), Observatoire de la culture et des communications du Québec (OCCQ), *Statistiques principales de la culture et des communications au Québec, Édition 2009*, Québec, Gouvernement du Québec, 2009, p. 91.

도표 | 2006~2007년 캐나다 5개 주의 문화 공공 지출[20]
(퀘벡, 온타리오, 브리티시 컬럼비아, 앨버타, 마니토바)

Province(s) Population (en millions d'habitants)	Québec (7.6)	Ontario (12.2)	Manitoba (1.1)	Alberta (3.3)	Colombie-Britannique (4.1)
Fédéral	1,251.4	1,358.5	86.2	196.6	193.2
Province(s)	797.1	701.8	130.7	325.5	248.1
Municipalités*	507.3	1,038.5	56.4	227.5	380.1
Total (M$)	2,555.8	3,098.8	273.3	749.6	821.4
Par habitant ($)	339	255	238	228	200

2006년에 보수당 정부가 정권을 잡은 이후 총리인 하퍼(Harper) 내각은 일정 문화 프로그램, 특히 영화 관련 행사나 예술인들의 해외 순회공연 같은 행사에 대한 예산을 단절시킴으로써 퀘벡당은 이러한 예산 단절로 인해 불리해진 상황을 최소화하고 어느 정도 균형을 이루도록 재정적으로 보상을 해야 할 필요가 있었다. 과거 4년 동안 여러 가지 문화 프로그램을 취소하고 삭제한 이후 그 당시 문화 기관에 새로운 예산 삭감이 더 이상 부과되지 않으면서 2010~2011년 캐나다 연방 예산 공급 중단 사태는 그대로 이어져 나갔다. 따라서 캐나다 예

20) 출처 : Canada, Statistique Canada "Tableau 8 : dépenses totales de l'administration fédérale au titre de la culture, selon la fonction et la province ou le territoire, 2006-2007", le 21 juillet 2009.

술 심의회(Conseil des arts du Canada), 국립 영화 사무소(Office national du film), 캐나다 텔레비전용 영화(Téléfilm Canada), 라디오 캐나다(Radio-Canada) 등에 대한 정부의 재정 지원은 정체되어 있었거나 약간 증액되었다.

그래프 2 | **2006~2007년 캐나다 5개 주와 정부의 단계별 문화 공공 지출**[21)]

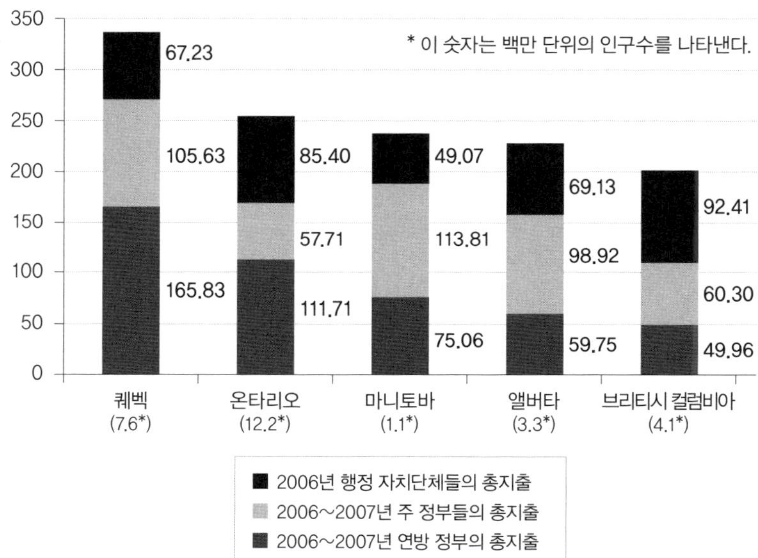

21) 출처 : Statistique Canada (le 21 juillet 2009)의 데이터를 근거로 만든 그래프이며, 2006년 "캐나다 인구조사"에서 나타난 5개 주 인구에 대한 자료이다.

3

퀘벡의 문화정책에서 도전적 문제와 당면 과제

앞서 보았듯이 퀘벡 정부는 일반적으로 문화 그리고 특히 예술과 문화산업 분야를 발전시키기 위해 문화공급 정책을 우선적으로 추구하면서 지난 수십 년 동안 다양하게 문화 관련 조직에 개입해 왔다. 사회 인구 통계적이며 경제적인 여러 가지 요인에 결부되었던 이러한 정책은 정체성의 담론의 중요한 벡터로서 법과 규정에 따른 장치, 주요 기관, 정책, 공공 프로그램을 정착시키는 데 기여했다. 이러한 상황은 문화지와 문화 용역의 증가, 문화적 관습의 발전, 최근 수십 년 동안 문화 예술의 급성장, 예술인들과 창작자들의 작품이 국내와 해외에서 빛을 발했던 것을 보면 짐작할 수 있다. 공공 문화 활동의 풍부함과 그 범위 그리고 문화적 영향권에 있어 퀘벡 주정부는 보호무역주의와 문화조직 활동 개입 입장을 견지함으로써 캐나다 여타 주들과는 뚜렷이 구별되었다.

반세기 전부터 퀘벡에서의 문화 발전은 가히 성공을 거두고 있는 것으로 평가될 뿐만 아니라 다양한 문화 영역에서 퀘벡 정부가 여러 가지 공적인 지원을 아끼지 않음으로써 퀘벡 주민들의 풍요로운 문화적 삶을 위한 노력을 기울여 나가고 있다. 퀘벡 주민들의 문화 활동의 실제적인 참여는 공동문화를 개발하고 선택할 수 있는 폭을 넓혀 주었다. 또한 문화와 정책 간에 긴밀한 관계는 퀘벡의 고유한 정체성을 이루는 데 한 몫 하였다.

최근 수십 년 동안 퀘벡 사람들의 문화적 실제를 들여다보면 문화에 대한 욕구가 경제적인 측면에서는 일자리와 소득을 사회적인 측면에서는 응집력과 정체성 그리고 공동 가치에 중요성을 부여하는 문화 활동 집단으로 표출되고 있으며 다양화된 문화 공급에 의해 충족되고 있음을 보여주는 경향이 있다.[22] 그러나 문화적 실제는 노령화되는 베이비붐 세대들과 젊은이들 그리고 젊은이들의 새로운 문화적 관습과 특히 비약적으로 발전하고 있는 몬트리올에서의 문화 공동체에 의해 시작된 중대한 변화를 겪고 있다.[23] 더욱이 기술과 커뮤니케이션의 변형에서 나온 변화들과 같은 인구 통계학적 풍경에서 지난 수십 년 동안 일어난 변화는 퀘벡 사회와 문화 발전의 주요한 요소들을 이루고 있다. 그런데 여기서 다음과 같은 근본적인 문제들을 제기하고자 한다.

---

22) 1979년 이후 퀘벡 문화 통신부는 5년마다 15세 이상이 된 퀘벡 사람들의 문화적인 실제와 행동에 대해 앙케트를 실시하고 있다. 특히 R. Garon과 G. Pronovost 그리고 J.-P. Baillargeon의 연구 저작물에서는 1980년대 이후 퀘벡 사람들의 문화에 대한 실제와 성향을 세대별로 매우 자세히 분석하고 있다.

23) 몬트리올에 거주하는 프랑스어 사용자, 영어 사용자, 외국어 사용자의 문화적 실제에 대한 상세한 연구로는 특히 다음과 같은 자료를 참고할 필요가 있다.

Dalphond, C.-E. et C. Audet, "Les pratiques culturelles dans la région de Montréal", dans R. Garon et M.-C. Lapointe, *Enquête sur les pratiques culturelles au Québec*, 6e édition, Ministère de la culture, des Communications et de la Condition féminine, 2009.

1. 퀘벡 사회의 무엇이 문제가 되는가?

퀘벡 사회는 세계화, 경제 사회에서 갖는 경쟁력, 이민자들의 통합, 인구의 노령화, 대도시의 증가, 일정 지역의 빈곤화 등이 제기하는 문제에 대해 다른 서양 사회와 같은 고민에 빠져 있기 때문에 결국 서양의 다른 나라와 크게 다를 바가 없다는 것을 상기해야 한다. 다른 나라와 마찬가지로 퀘벡에서도 복지국가 정책과 신자유주의 이데올로기에 결부된 정책이 그때의 상황과 경향에 따라 정치 정세를 지배했고 오늘날에도 지배하고 있다. 결국 퀘벡은 다른 많은 사회와 같이 과거에 다른 여러 길보다는 어느 한 길을 중시하는 공공정책을 선택했다.

퀘벡에서 조용한 혁명(Révolution tranquille)도 정치적, 사회적 담론에 의한 모더니티를 향한 운동에 걸맞다. 퀘벡 사회는 과거 수십 년 동안 민족적, 지리적, 세대적 측면에서 매우 다양화되었다. 그러나 새로운 퀘벡 사회의 현실은 내포, 보완, 대립 관계 등으로 표현되고 있는 실정이다. 말하자면 몬트리올과 퀘벡 그리고 지방, 토박이 퀘벡인과 새 퀘벡인, 프랑스어 사용자와 영어 사용자 그리고 외국어 사용자, 젊은이들과 베이비붐 시대 사람들로 구분되어 대립하는 사회가 되기도 한다. 그럼에도 불구하고 퀘벡에 거주하는 모든 사람들의 사회적 원동력은 정체성에 대한 지속적인 문제 제기와 변화에 대한 적응을 추구하는 활기찬 문화에서 찾아볼 수 있다.

2000년대의 퀘벡 문화는 프랑스계 캐나다의 퀘벡 민족주의에 밀접하게 관련되어 있던 1960년대와 1970년대의 퀘벡 문화와는 완전히 다르다. 이 시대에 정치적 담론과 노래 그리고 시는 일제히 심금을 울렸고, 이러한 원동력은 퀘벡이 위협적인 북아메리카 앵글로색슨 환경에 맞서 문화 발전을 이루어 나가는 데 밑거름이 되었다.

2. 어떤 문화정책에 어떤 도전들인가?

전 세계에 불어 닥쳐 곳곳에 만연한 세계화에 따른 변화와 위기는 새로운 활로를 모색하게 하는 기회가 되었다. 그러나 퀘벡의 경우 중요한 혁신을 넘어 문화정책의 한계에 관한 다양한 연구에서 한 가지 확인된 사실이 밝혀졌다.[24) 즉 어떤 예술 기관이나 일정 문화산업 발전 가능성의 불확실성에서 제기되는 문제인데, 흔히 문화산업의 생존은 공적 투자의 감소나 대중의 감소로 위협받게 되는 것이다. 적은 소득으로 힘들게 살아가는 여러 창작자들과 예술인들에게도 위협은 마찬가지일뿐더러 점점 더 쪼개져 가는 시장에 처한 대중을 사로잡기 위해 각 기관과 기구 간에 치열한 경쟁 또한 위협적인 요소가 되는 것이다. 다른 한편으로 완전히 변화된 국내와 세계 시장에서 겪게 된 퀘벡 문화산업의 커진 경쟁력 뒤에는 퀘벡의 문화와 문화정책의 미래에 관련된 중대한 몇 가지 위협 또는 장애가 되는 문제들이 잔재하고 있음

---

24) 이에 관한 몇 가지 연구 자료들 가운데, 특히 몬트리올 문화 회장인 브로 S. Brault(2009)가 저술한 문화 옹호론에 관한 *Le facteur C : l'avenir passe par la culture*가 있다. 또한 이러한 유형의 성찰로 퀘벡 문화 통신부 자체 내부에서 출간된 것으로 참고문헌에 제시된 J. Blackburn(2007)과 C.-E. Dalphond(2008)이 있으며 라발대학교 출판부에서 간행된 G. Grandmont(2009)에 의한 연구 자료들이 있다.

을 논의해 볼 필요가 있다.

문화적 다양성의 도전

퀘벡 정부는 새로 들어온 이민자들을 통합시키기 위한 다문화 공동체를 정착시키는 거대한 문화적 다양성을 지향하게 되면서 수십 년 전부터 퀘벡 사회에서 제기되고 있는 인구 변화와 이민의 문제들이 도전의 가장 중심이 되고 있다. 문화적 다양성으로 나아가는 것은 자유와 민주주의, 성의 평등, 여성의 권리와 같은 기본적인 가치들과 공식언어인 프랑스어에 기반을 둔 퀘벡의 정체성을 확실히 유지할 수 있다는 것에 반드시 근거를 두어야 한다.

프랑스어는 캐나다에서뿐만 아니라 퀘벡, 특히 몬트리올[25)]에서 사용이 크게 감소되고 있으나 101법은 프랑스어를 잘 보호해야 하는 입장이다. 퀘벡 문화의 근본적이고 변별적인 자질이 되고 있는 프랑스어를 퀘벡 정부가 더욱 경계심을 갖고 지켜야 할 것이다. 이러한 점에서 퀘벡 정부는 1970년대부터 새로 생긴 여러 도구와 보호 기관들, 가령 프랑스어 헌장과 퀘벡 프랑스어청, 이민과 문화 공동체부, 새 이민자들을 위한 교육 센터 등을 잘 활용하고 있다. 한편 퀘벡의 공공기관에서 정교 분리원칙의 문제는 활발한 토론 거리가 되었다. 이러한 토론은 공식적인 자리에서 오늘날의 수많은 사회들이 직면하고 있는 근본적

---

25) 2006년 몬트리올에서 모국어가 프랑스어인 사람들의 수가 50%를 밑돌면서 퀘벡 주에서 프랑스어 사용자 수가 크게 감소하였다. 또한 2006년 캐나다 인구조사에 따르면 1971년과 2006년 사이에 가정에서 특히 프랑스어를 사용하는 캐나다 인구는 26%에서 21%로 감소된 것으로 나타났다.

인 문제들을 제기하게 될 것이다.

문화정책 장기 비전 만들기의 도전

1960년대부터 퀘벡 정부는 여론과 문화 환경 관련자들의 강한 요구로 장기적인 차원에서 퀘벡의 문화 발전 비전을 제시하는 확고한 의지를 보여야 했다. 1960년대에 비해 오늘날 퀘벡 문화는 여러 문화 기관과 각종 문화 기구의 발전으로 훨씬 더 탄탄한 토대를 이루었다. 퀘벡 문화는 주로 문화산업에 의해 뒷받침되는 예술인과 작가 그리고 창조 집단에 힘입어 그 위상이 확실해질 수 있었고, 수십 년에 걸쳐 정착된 여러 가지 문화적 원동력이 창출되었던 것을 간과해서는 안 된다. 일반적으로 퀘벡 정부와 사회에 미치는 압력이 가중됨으로써 수십 년을 거쳐 온 퀘벡 문화정책 토대들 가운데 어떤 것들은 점차 약화되어 가는 현상을 엿볼 수 있다.

퀘벡 주가 맞게 되는 도전적인 문제는 퀘벡 문화정책을 위한 새로운 틀을 제안하기 위해 현재의 문화적 체계에 전체적인 성찰을 불러일으키는 것이다. 퀘벡 문화정책은 그동안 전체적인 중간 평가가 없이 어언 20주년을 맞이하게 되었다.

문화정책이 시행된 이후 여러 가지 부문별 정책들이 채택되었다. 가령 1996년에 무대예술 보급, 1998년에 독서와 도서, 2000년에 박물관, 2002년에 영화에 관한 정책들이다. 퀘벡 예술과 문학 심의회(Conseil des arts et des lettres du Québec)와 문화기업 발전협회(Société de développement des entreprises culturelles)의 창립과 더불어 여러 가지 제도적 장치가 강화되었다. 또한 문화 발전 협정과 도시 문화정책 수립이 급격히 늘어나게 되었고, 새로이 바뀐 문화정책은[26] 공적인 토론의 장에서 얻게 된 결과를 반영하고자 했다. 퀘벡 정부의 문화적 구현은 교육, 과학, 환경, 경제 발전, 커뮤니케이션, 인터넷의 영향 등과의 관계 강화에 역점을 두는 것이기도 했다. 이러한 문화적 개입의 새로운 틀은 미래에 문화 경영에서 법제와 교육 그리고 공적 출자에 대한 욕구를 규정하는 데도 기여하게 될 것이다. 그밖에 영역별 문화정책, 특히 저작권과 문화산업 그리고 새로운 기술을 위한 새로운 방향을 정할 수 있을 것이다. 따라서 이러한 틀은 정치가가 결정을 내림에 있어 그리고 공공 기관의 직원들과 다른 문화 개입자들이 실행함에 있어 반드시 필요한 도구가 될 것이다.

퀘벡 주 영토 전체에서 문화 발전의 도전

수십 년에 걸쳐 이루어온 괄목할만한 문화적 환경의 향상에도 불구하고 퀘벡 영토 내에서 문화 예술의 발전은 지방마다 그리고 도시마다 평등하지는 않았다. 1990년대부터 문화부가 채택한 여러 가지 조치들은 퀘벡 주 전체에 걸친 문화적 활동과 기관들을 늘리고 발전시키는 데 기여해 왔다. 취해졌던 조치들 가운데 문화부와 지방 행정 자치단체들 간에 문화적 발전 합의, 원주민 공동체와의 합의뿐만 아니라 공공 도서관, 문화 관광, 건축 문화재, 공동체와 원주민의 미디어 등

26) 2008년에 캐나다 국립 과학 연구소와 퀘벡 문화 통신부가 문화에 대해 공동으로 주최한 국제학술대회인 "Colloque international sur les tendances et défis des politiques culturelles dans les pays occidentaux"에서 주로 다루어졌던 공동연구 주제들 중의 하나이기도 했다.

과 같은 다양한 대상에 대한 특수한 합의들을 언급해야 할 것이다.[27)]

1992년 퀘벡 문화정책 채택 이후로 문화는 지역 행정부에 있어 점차 중요한 의제가 되었다. 거세게 밀려오는 여러 가지 도전들이 사회참여와 문화 계획에 여전히 문제로 남아 있다 할지라도 문화적인 것과 정책 의지에 대한 성향은 분명히 확고해졌다. 이러한 변화는 도시 문화정책, 문화적 발전의 합의, 그리고 수정된 도시계획뿐만 아니라 건축의 통합 계획에도 기인하며 문화계획을 강력히 요구하고 옹호하는 시민집단에 힘입은 바가 크다. 예술과 도시(Les Arts et la Ville) 그리고 창조 도시의 네트워(Réseau des villes créatives)과 같은 조직망도 마찬가지이다.

따라서 퀘벡에서 문화적 발전의 도전은 지역적인 차원에서도 제기되고 있음을 확인할 수 있다. 이러한 명목으로 가장 작은 행정 자치단체로서 대도시들은 모든 퀘벡 사람들이 문화에 접근할 수 있도록 하는 도전에 대응할 수 있도록 했다.

문화를 지속적으로 발전시키려는 도전

지속적으로 발전하는 문화는 풍토 변화의 유해한 효과를 인식시키기 위해 예술인들을 이용하는 데에만 있는 것이 아니라 모든 공공 정책에 문화적인 관점을 우선적으로 포함시키는 데 문화의 역할이 있다.

1998년 유네스코 스톡홀름 컨퍼런스에서 분명하게 보여주었듯이 지속적으로 발전하는 정책의 주요한 요소 중의 하나인 문화정책은 다

27) 퀘벡 문화 통신부 사이트 https://www.mcc.gouv.qc.ca 참조.

른 사회적 분야와 연계되어 통합적으로 실행되어야 한다. 모든 정책이 발전하려면 문화 자체에 깊이 민감해야 한다.[28] 문화의 지속적인 발전을 장려하고자 유엔은 2002년 요하네스버그 세계 정상회의 때 재차 호소하였다. 이러한 조치는 지구상의 여러 나라들이 문화를 지속적으로 발전시키는 노력을 서두르도록 하는 계기가 되었다. 따라서 퀘벡은 지속적인 발전을 고려하여 모든 문화 관련 부서와 정부 기관을 위해 책임을 떠맡을 수 있는 새로운 관리직을 만들면서 지속적인 발전에 대한 법(Loi sur le développement durable)[29]을 2006년에 채택하게 되었다. 이어서 2007년 12월에는 퀘벡을 위한 사회 프로젝트(Projet de société pour le Québec)라 불리는 2008~2013년의 지속적인 발전을 위한 정부의 전략이 세워졌다.

그 이후로 약 150개의 부서와 기관 그리고 주 협회들 가운데, 특히 문화 통신부와 퀘벡 문화 발전 협회는 지속적인 발전 활동 계획을 만들고 실행하는 임무를 띠게 되었다.[30]

---

28) UNESCO "Plan d'action sur les politiques culturelles pour le développement",
http://portal.unesco.org/culture/fr/, 2021년 10월 15일 검색.

29) "La Loi sur le développement durable", http://www.mddep.gouv.qc.ca/, 2021년 10월 15일 검색.

30) 활동과 프로젝트에 대한 상세한 예들은 다음과 같은 각 기관들의 사이트에서 활동계획(2009-2013)을 통해 참고할 수 있다.
http://www.mcccf.gouv.qc.ca/;
http://www.calq.gouv.qc.ca/calq/politiques/developpement_durable.pdf;
http://www.sodec.gouv.qc.ca/documents/publications/plan_daction_

몬트리올과 퀘벡 같은 도시들은 2005년에 지속적인 발전의 전략적인 첫 계획을 만들었다.[31] 따라서 지속적인 문화 발전을 위한 움직임이 실제로 시작된 셈이었다. 그러나 지속적인 발전을 장려하는 것을 뛰어 넘어 문화부와 주 협회 그리고 행정 자치단체들에 있어 도전적인 문제는 국가와 지방의 모든 공공정책들 가운데 중심이 되는 자리를 문화가 차지할 수 있도록 하기 위한 리더십을 이러한 기관들이 확실히 보여주는 것이다.

* * *

오늘날 전 세계의 모든 나라에서 국가와 지방들 간의 관계는 문화 발전을 위한 중요한 이슈가 되었다. 문화의 민주화와 퀘벡 주민의 질 높은 다양한 문화적 활동에 참여 그리고 대중의 발전은 퀘벡 문화의 미래에 긴밀하게 연관된 요소들이다. 문화 부문의 협력을 위해 지역과 지방 파트너 간에 기여는 전략적으로 이루어져야 한다. 의회는 도시와 지방의 화합을 위한 문화적 활동의 합의를 통해 공동체의 참여를 돈독히 하고 주민들과의 관계를 솔선수범해서 이끌어 나가야 한다. 따라서 의회는 자체적인 발전을 도모하고자 하는 의지를 나타내는 지방 사회의 의견에 귀를 기울여야 한다.

퀘벡 주 내에서 문화적인 활동은 줄곧 의회에서 다루어야 할 주요

---

sodec_dev_durable.pdf, 2021년 10월 15일 검색.

31) http://www.agenda21france.org/initiatives/europe.html, 2021년 10월 15일 검색.

쟁점이 되고 있다. 여러 요청에 따라 재정적 지원을 받게 되는 문화 창출을 위한 공적인 보조는 예술가와 예술 기관의 창작물을 지원하는 데 필요한 재원을 제공하고 있다. 재정 지원의 원천을 다양화 하는 방법은 사회의 문화적 활동에 있어 중요한 지렛대 역할을 하게 된다. 화합을 통해 각 지방이 정한 특수한 욕구에 부응하게 되고, 지방에서 만들어진 위원회에 의해 결정이 내려진다. 이렇게 지방 간의 화합을 통해 예술과 문학 위원회는 창립 원칙을 지키고 퀘벡의 예술적, 문화적 발전을 가져온 주된 참여자들과 협력하여 각 지방의 지역별 개입의 필요성을 인정하고 있다.

퀘벡 영토 내에서 거주하는 주민 전체가 예술과 문화를 접하고, 예술가와 연주자가 공동체 내에서 창작을 하고 체험하며 거주하게 될 때 그리고 퀘벡 주의 여러 지역에서 예술 문화적 작품들을 만들어 내고 보급하게 됨으로써 퀘벡 영토 내에서 활발한 문화적 활동이 점유하게 되는 것이다. 따라서 문화는 모든 사람들이 쉽게 접할 수 있어야 하며 자유롭게 꽃피울 수 있고 실제로 살아 있는 문화로 정착되기 위해서는 새로워져야 한다. 거대한 퀘벡 주의 면적을 감안할 때 중대한 도전이 되고 있는 것은 취약한 인구 밀도와 창작의 자율성을 보장할 필요성이 있으며 예술적, 영토적 공동체를 대상으로 하는 지원 관리에 이들 공동체를 잘 연합시켜야 할 필요성이 대두되고 있다.

캐나다 문화 통계학 :
문화적 성찰과 비평

문화는 사회에 의미를 부여하고 사회와 더불어 구성되는 일원들이 하는 행동을 잘 조화시켜 나갈 수 있도록 국가나 사회, 지방 또는 소수 집단과 같이 어느 한 공동체가 이용하는 상징적 자원의 총체를 가리킨다. 문화가 권력 관계를 유지하면서 사회적 조직에서 가치와 정체성의 체계를 이루기 위해 중요한 도구 역할을 하게 되는 이유이다.

문화유산과 예술은 공동체가 실행해야 하는 사회적 과업에 이들의 상징적 자원이 적합할 수 있도록 한 공동체 안에서 문화를 지원하고 풍요롭게 하며 조화를 이룰 수 있도록 하는 기능을 갖는다.[1] 때문에 대다수 공동체들은 다양한 형태로 문화유산과 예술을 지원하는 것을 목표로 하는 정책들을 개발하고 있다. 국가와 지방 그리고 시 차원에서의 문화정책의 다양성은 캐나다가 규칙에 그 어떤 예외를 두고 있지 않음을 시사하고 있다. 문화유산과 예술에 관련된 정책들은 공동체 생활 교육에서 복잡하고 비판적인 역할을 하게 된다. 따라서 문화를 연구하는 사람들과 정책 결정자들에게 관련된 지표와 통계는 문화정책에 따라 문화유산과 예술 영역의 발전을 관찰하고 가늠해 볼 수 있는 중요한 자료가 된다. 콜린 멀설(Colin Mercer)[2]은 문화정책의 역량과 영향력에 대해 잘 이해할 수 있도록 필요한 여러 유형의 양적이고 질

1) D. Stanley, "The Three Faces of Culture : Why Culture Is a Strategic Good Requiring Government Policy Attention", *Accounting for Culture*, Ottawa, Presses de l'Université d'Ottawa, 2005, pp. 21-31.

2) C. Mercer, *Towards Cultural Citizenship : Tools for Cultural Policy Development*, Stockholm, Bank of Sweden Tercentenary Foundation et Gidlunds Förlag, 2002, pp. 60-87.

적인 지표들을 자세히 서술하고 있다.

정책은 어떤 소기의 효과를 가져와야하기 때문에 이러한 효과를 가늠할 수 있는 지표가 반드시 있어야 한다. 평가할 지표가 없다면 어떤 정책이 필요한지, 정책의 영향 범위가 어디까지인지 그리고 정책이 이루어 낼 수 있는 것이 무엇인지 한정하는 데 어려움이 따른다. 만일 지표가 불완전하거나 불충분하다면, 혹은 정책이 당초 목표로 했던 효과와 다른 효과를 가져 오게 된다면 정책을 만들려는 시도는 전면적으로 재검토할 필요가 있다.

캐나다에서 퀘벡 주만 유일하게 문화 통계 분석 시스템을 이용하고 있고, 다른 주들과 준주들은 문화 통계의 대부분을 캐나다 통계청의 문화 통계 프로그램에 의존하고 있다. 문화 통계학은 대략 대중문화로 집약시킬 수 있는 활동들을 포함한다. 이러한 활동들은 특히 연극, 음악, 무용, 무언극, 서커스 등과 같은 무대예술과 도서, 신문, 정기 간행물, 영화 제작, 라디오와 텔레비전, 정보와 통신 기술의 문화산업과 문화유산, 도서관, 박물관, 전시회관 등의 문화 전달 기관, 시각예술에 관련된 것뿐만 아니라 창작과 연주 영역에서 여러 분야의 예술가들과 연관되는 모든 것을 포함하고 있다.

대다수 문화정책은 사회 문화적인 요소에 바탕을 두고 있다. 여러 원주민들과 언어적, 종교적, 민족적 소수 집단의 문화적 특성을 유지할 수 있는 정책들을 염두에 두어야 할 뿐만 아니라 다양한 언어정책에도 관심을 기울여야 한다. 캐나다 통계청이 5년마다 실시하는 인구조사에 대한 내용은 사회 문화적 부류의 정책 수립을 위한 주요한 자료의 원천이 되고 있으며 교육과 이주 활동 그리고 인구조사에서 언급되지 않은 인구 통계학적인 총체적 현상에 대한 자료들도 가미되고 있다. 중앙 통계 기관이 자료의 주요 공급원이긴 하지만, 문화적 활동에 따라 사회문화에 관련되는 것이 순수한 문화적 활동에 관계되는 것보다 훨씬 더 다양한 원천이 되기도 한다.

캐나다 문화정책의 발전 정도에 대한 전체적인 조망을 위해서는 적어도 정책을 만들고 평가하기 위해 정책 기획자들이 이용하는 문화 통계학과 지표의 성격 및 입장을 명확히 파악하는 것이 중요하다. 따라서 캐나다의 여러 주와 준주, 특히 문화정책을 지원하기 위해 통계를 만들고 이를 이용하는 데 선두 주자로 널리 알려진 퀘벡 주의 문화적 내력과 문화 통계학의 현황을 파악하고자 한다. 또한 캐나다의 문화 통계자료를 조사하여 문화 통계학 연구에 필요한 문헌 자료를 개발함과 동시에 캐나다에서 사용되고 있는 문화 통계학과 지표에 대한 성격 및 입장을 통찰해 보고 새로운 문화적 맥락으로 활용될 수 있는 자료들을 추출해 보고자 한다.

1

캐나다의 국가와 주(洲)의 통계학

1. 캐나다 문화 통계학의 역사적 개요

캐나다는 19세기부터 국가 차원에서 그리고 각 주 차원에서 문화정책이 개발되었던 바, 첫 번째 국립공원이 1885년에 조성되었고 개발된

정책에 따라 캐나다 종합예술 박물관이 1897년에 세워졌으며 20세기에는 정책에 대한 다각적인 점검을 통해 새로운 정책과 기관들이 설립되었다. 에어드(Aird) 위원회는 1932년에 캐나다 라디오 방송위원회를 설립시켰고, 마세이(Massey) 위원회에서는 캐나다 예술 심의회가 탄생되었다.[3)]

그러나 캐나다 통계 자료 수집은 누벨 프랑스(Nouvelle France)와 장 탈롱(Jean Talon) 시대로 거슬러 올라간다. 캐나다 연방 탄생 약 20년 전인 1848년에는 캐나다 정부가 상부 캐나다(Haut-Canada)에서 인구 조사를 실시했다. 그 이전 해인 1847년에는 캐나다 정부가 정책을 만드는 것을 지원하기 위해 자료들의 체계적인 수집 구조를 구축하는 데 목표를 둔 법을 채택했다. 1867년의 영국 북아메리카법(L'Acte de l'Amérique du Nord britannique)은 캐나다 자치령에 인구 조사와 통계를 부여하고 10년마다 인구 조사를 실시할 것을 규정한다. 이러한 조처는 1790년 이후부터 미국에서 10년마다 실시되는 인구 조사의 영향을 받은 것도 있으나, 자치령 정부가 인구 통계 조사를 수용해야만 한다는 입장에서 인구 통계 정보를 기록하는 정부가 따로 있어야 한다

3) Voir, J. Zemans, "The Essential Role of National Cultural Institutions", dans Ken McRoberts (dir.), *Beyond Québec : Taking Stock of Canada*, Montréal, Presses universitaires McGill-Queen's, 1995, pp. 138-162. M. Gasher, "From Sacred Cows to White Elephants : Cultural Policy Under Siege", dans Joy Cohnstaedt et Yves Frenette (dir.) *Cultures canadiennes et mondialisation*, Montréal, Association d'études canadiennes, 1997, pp. 13-29.

는 생각이었다.

1879년에 캐나다 농림부는 농업 생산과 거래, 각종 범죄행위와 상황별 채무 변제 불능에 대한 자료들을 수집했다. 이어서 1905년에는 상설 통계 사무소가 설립되었는데, 그 역할은 출생률과 사망률에 대한 데이터 및 인구 조사 등과 같은 인구 통계에 대한 정보와 노동시장, 무역, 산업생산 등에 대한 통계 자료와 같은 경제적인 정보를 수집하는 데 있었다. 국가가 경제 관료의 새로운 역할을 지원하기 위한 통계 자료의 필요성을 인식하게 되었을 때, 1870년대 중반부터 1890년대 중반까지 이어졌던 20년간의 불황은 경제 분야 데이터 수집에 눈부신 발전을 가져온 계기가 되었다. 오늘날 캐나다 통계청의 전신이 된 캐나다 연방 통계학 사무소가 마침내 1918년에 세워졌고, 그 주요 임무는 수많은 사회 경제 분야에서 자료들을 수집하는 것이었다.[4)]

19세기 중반부터 통계학 수집 구조 설립과 19세기 말로 거슬러 올라가는 문화정책 개발에도 불구하고 문화 통계학은 다소 늦은 감이 있었다. 실제로 1960년대 말과 1970년대 초가 되어서야 캐나다 연방 정부뿐만 아니라 주 정부의 결정권자들에게 주요한 통계 정보 공급원인 캐나다 통계청의 문화 통계학 프로그램을 수립하는 것을 고려하기 시작했기 때문이다.[5)] 문화 통계 자료들은 이미 수집되어 왔기 때문에

---

4) Voir, D. Worton, *The Dominion Bureau of Statistics : A History of Canada's Central Statistical Office and its Antecedents, 1941-1972*, Montréal, Presses universitaires McGill-Queen's, 1998, pp. 25-32.

5) 캐나다 문화 통계학 프로그램 수립에 참여한 저자들은 옛 국무차관 대행이었던 앙드레 포르티에(André Fortier)와 캐나다 통계청 산하 교육과 문

문화 통계 프로그램 운영은 무에서 시작되었던 것은 아니다. 1921년부터 도서관에 대한 여론조사가 실시되었고, 박물관 출입에 관한 자료도 수집되었다. 영화감독, 영화 배급업자, 영화 시사회에서 실시한 조사를 통해 영화에 대한 정보가 입수되었다. 이러한 자료들의 수집과 보급에 대한 책임은 캐나다 통계청의 여러 부서들 간에 나뉘어져 있었다.

캐나다 국무부의 기금으로 캐나다 통계청은 문화 분야를 체계적이고 일관성 있게 연구할 수 있도록 교육 지도부 내에 문화 통계학 팀을 발족시킬 수 있었다. 1972년에 문화 관련 여론조사가 처음 실시되었고, 이어서 1975년과 1976년 그리고 1978년에 실시된 여론조사에서는 특히 캐나다 사람들의 여가 활동에 대한 설문이 포함되었다. 그 후 여론조사는 매 5년마다 실시되었던 사회 전반 앙케트의 일부를 구성하고 있는 문화 활동 일정에 대한 검토와 통합되었다. 또한 창조예술과 무대예술 분야에서 다양한 조사가 실시되었다. 첫 몇 년 동안은 도서 출판과 문화재 기관에서 앙케트 일정이 세워졌다.

캐나다 국무부와 캐나다 통계청이 국무부 예산에서 나오는 기금으로 프로그램을 공동으로 관리하고 있었다. 그러나 두 기관이 추구하는 목표가 다름으로써 마찰이 생길 수밖에 없었다. 국무부는 정책을 만드는 데 기초가 될 수 있는 연구와 자료를 얻는 데 주력했던 반면 통계청은 입수한 자료를 각계각층의 대중들에게 제공해주는 것을 주요

화 통계학 옛 책임자였던 이봉 포르탱(Yvon Fortin) 그리고 캐나다 통계청의 문화 통계학 프로그램 책임자인 메리 크로미(Mary Cromie)가 제공한 역사적인 자료들을 통해 많은 도움을 받았다.

임무로 삼았기 때문이다. 국무부 사람들은 산출된 통계 자료가 정책을 만드는 데 바로 이용하기에는 너무 일반적인 것으로 평가했고, 통계청 사람들은 주민들에게 책임감을 느끼면서 주 정부와 문화산업 분석가들의 통계 자료에 신뢰를 보냈다.

캐나다 통계청으로 예산이 이관되면서 두 기관의 대립은 더 이상 없었으나 예산 분리로 인해 초래되는 불편한 점을 감수해야 했다. 반면에 캐나다 통계청이 더욱 광범위한 고객의 욕구에 자유롭게 맞출 수 있게 되어, 특히 주 당국에는 더욱 유용한 프로그램이 되었다. 실제로 캐나다에서 모든 사람들에게 문화 통계의 주요한 원천이 되는 프로그램으로 자리 잡게 된 것이다. 그러나 국내 총생산과 실업에 대한 자료 그리고 인구 조사가 중요한 몫을 차지하고 있는 캐나다 통계청의 우선순위 구조에서 프로그램의 적합성을 합리화해야 했다. 따라서 해당 프로그램은 문화 분야 발전과는 아무런 상관이 없던 변화와 예산 삭감에 취약하게 되었다.

1970년대 말 캐나다 문화 통계 프로그램은 그 이후 약간의 변형을 거치긴 했지만 오늘날 지니고 있는 보편적인 형태를 띠게 되었다. 따라서 1980년대 중반 도서관에 대한 여론 조사가 폐기되었고, 1995년경 특별산업 분야에 대한 여러 가지 연간 앙케트가 2년마다 실시되는 것으로 바뀌었다. 그러나 근본적으로 시민들의 참여를 고려해 문화 통계 프로그램은 문화산업과 문화 기관뿐만 아니라 문화재와 문화 용역 범위 안에서 제한되었다. 이 프로그램은 특히 문화의 경제적인 면에 관심을 두고 있었다. 그런데 이러한 방향으로 정해진 것은 무엇 때문일까? 문화 통계 프로그램 역사에 관한 저자들 중에 정보 제공자들과 캐나다 연방 행정부의 고급 공무원들 모두가 이러한 방향 설정 변화를 설명할 수가 없었다. 이는 문화 통계에 대한 명료한 개념적 틀이 없었기 때문이다. 유네스코가 문화 통계에 대한 틀을 1972년에 만들기 시작해 1986년에 발행해냈던 것과 동시에 캐나다 연방 정부도 문화 통계 프로그램 수립을 승인했다.[6] 문화 통계 프로그램을 구상하는 기간 동안 유네스코와 캐나다 통계청 공무원들 간에 자문과 의사소통이 비공식적으로 이루어졌다. 그러나 수집할 통계 대상을 결정하는 것은 실용성에 비중을 두었다. 말하자면 이미 수집되었던 것과 쉽게 접할 수 있는 것, 그리고 그 당시 문화정책 책임자들의 관심을 끌었던 것에 바탕을 두고 있었다.

크리스티앙 프와리에(Christian Poirier)[7]는 1960년과 1980년 사이에 세계적으로 문화정책은 민주화와 문화 참여에 집중되었다고 했다. 그런데 1980년에는 생산과 소비 지수 및 수출 지표를 이용하여 경제적인 발전을 이룬 말기에는 문화정책을 활용하는 것에 관심이 쏠렸다. 이러한 변화는 1970년대 말 전 세계에 불어 닥친 신자유주의 사상의

---

6) *Cf.*, UNESCO, *Understanding Creative Industries*, [En ligne], http://portal.unesco.org/culture, consulté le 7 septembre 2021.
J.-C. Gordon et H. Beilby-Orrin, *International Measurement of the Economic and Social Importance of Culture*, Paris, Organisation de coopération et de développement économiques, [En ligne], http://www.oecd.org/dataoecd, consulté le 13 septembre 2021.

7) *Cf.*, C. Poirier, "Vers des indicateurs culturels élargis ? Justificatifs des politiques culturelles et indicateurs de performance au Québec et en Europe", dans *Accounting for Culture*, Ottawa, Presses de l'Université d'Ottawa, 2005, pp. 235-256.

등극에 부응하는 것이었다. 각 나라 정부는 경제적인 영향을 받는 문화 프로그램을 특별히 보호하기 위해 사회적 프로그램의 예산을 삭감했다. 따라서 문화정책과 문화 프로그램은 경제적인 관점에서 그 존재의 타당성을 증명해 보여야 했다.

총 생산량과 달러로 표시된 경제 지표는 자체적 가치를 증명하고 생존을 위해 문화정책과 문화 프로그램에 반드시 필요한 것이었다. 문화산업에 대한 여론 조사와 문화 통계 프로그램을 운영하는 문화 기관은 시대적 욕구에 잘 대응해 나갔다. 따라서 문화 프로그램이 경제적 지표의 중요성을 부각시킨 것은 놀라운 일은 아니다. 그러나 이렇게 경제적으로 정당화 하는 것은 특히 거시 경제학적인 차원에서 중시되었다. 캐나다 문화 분야 전체를 생각해 경제적 여파를 감안했고, 경제적 지표는 장관들의 담화나 공적인 문서에서 인용되었다. 관련된 데이터는 특별 프로그램 평가에 사용되지는 않았다.

수익성에 중심을 둔 경영을 실천하고 양적인 지표를 이용해 지출의 효율성을 가늠하기 위해 최근 몇 년 동안 행정부가 행사한 압력에도 불구하고 문화 통계에는 별 다른 효과를 가져 오지 못했다. 공공 프로그램의 추상적인 목적을 측정 가능한 구체적인 자료로 나타내는 것은 극히 어렵기 때문이다.

2. 캐나다 문화 통계학의 현재

캐나다 문화 통계학 프로그램은 독보적이며 문화산업과 문화기관에 관한 자료들을 캐나다에서처럼 쉽게 접하고 캐나다 문화 통계 자료 보유 능력을 능가하는 나라를 찾아보기 힘들다. 그러나 캐나다 문화 통계학 자료가 완벽한 것으로 볼 수는 없다. 세월이 지나면서 관련 자료들이 출판하기에 시대성이 떨어지거나 공적인 자료로 활용하기에 적합하지 않은 통계 자료들을 산출해 내는 프로그램은 신뢰를 받기 어렵다. 애초부터 캐나다 국무부는 관련 자료들이 캐나다 국무부가 필요로 하는 것에 부합하지 않는다고 보았고, 문화정책을 담당하는 본거지에서와 오타와에서 열렸던 회의에서도 불만의 소리가 이어졌다. 캐나다 통계청에 의하면 1984년 첫 보고서에서부터 문화정책 국가 자문위원회 위원들이 자료수집 날짜와 발행 날짜 간에 큰 공백이 있음을 지적했다. 이러한 문제로 캐나다 문화재청과 캐나다 통계청은 서로 끊임없는 격론을 벌이기도 했다.

캐나다 통계청을 제대로 평가하기 위해서는 두 가지 점을 고려해야 한다. 첫째, 캐나다 통계청이 산출한 통계는 여러 대중을 대상으로 하는 것이다. 말하자면 어떤 기관이나 어떤 관리기구의 특정한 욕구에 응하는 것을 목표로 하지 않는다. 주어진 문제를 해결할 수 있도록 하기 위해서는 수집된 통계 자료들이 적절히 분석되어 다른 정보에도 조합되어야 한다. 이러한 통계 자료들이 적재적소에 이용되려면 해당 기관의 분석 능력이 필요하다는 것이다.

둘째, 통계 자료 조사는 캐나다 통계청의 안전과 질적으로 엄격한 규범을 따라야 하는데, 말하자면 캐나다 통계청이 설정한 모든 재검처리 절차를 거쳐야 한다는 것을 의미한다. 이렇게 함으로써 시간이 소요되긴 하지만 자료의 신뢰성을 높여주고 응답자가 제공한 답변정보 기밀 유지가 가능해진다. 반면에 캐나다 통계청의 정보 기밀 유지 보장이 없이는 조사 대상이 된 사람들은 답변하는 것을 주저하게 될 것이고 재정활동 내역 공개를 꺼리게 될 것이며, 따라서 신뢰할 수 있는 자료를 얻기가 어려워질 것이다.

그밖에 여러 해 동안 통계 자료 산출을 향상시키기 위해 막대한 노력이 경주되었다. 예를 들어 2012년에 문화유산에 대한 연방과 각 주의 실무자들이 캐나다 통계청이 자료 산출을 가속화하는 방법을 찾아 지원하는 것을 돕고 자료 산출이 더욱 완벽하고 신속하게 이용될 수 있도록 도와주기 위해 캐나다 문화재청이 기술적인 지도 방향을 확실히 잡아주는 프로그램을 내놓았다. 2014년부터 캐나다 문화재청과 캐나다 통계청이 공동으로 출자한 발의는 여러 가지 긍정적인 결과를 가져왔다. 특히 인터넷에서 정보를 접할 수 있도록 한 것은 이러한 프로그램 덕분이다. 적절한 시기에 통계 자료가 공시될 수 있도록 통계 자료 처리 방법이 현대화 된 것이다. 그러나 방대한 총체적 자료들을 산출해내는 데 들어가는 비용은 상당했다. 실제로 프로그램 비용만 하더라도 매년 수백만 달러가 들어가게 되어 예산이 끊어질 염려가 끊임없이 제기되었고, 계속 증가하는 비용에 대처하기 위해 필요한 신용을 새롭게 얻어 내는 일도 쉽지 않았다. 문화 통계 자료들을 계속 수집해 나갈 캐나다 통계청의 약속에도 불구하고, 그 프로그램은 기관의 다른 모든 프로그램들과 같이 예산이 삭감되었다. 캐나다 문화재청과 같은 다른 연방 부서들도 재정적인 지원을 할 의사가 없었다. 이러한 상황으로 인해 통계 자료 수집을 위한 다양한 내용의 앙케트 빈도수가 감소하게 되었고 자료 산출이 지연되었으며 프로그램의 수익성을 가져오기 위한 노력이 필요했다.

생산 비용과 빈도수 그리고 적절한 시기에 자료를 출판하는 문제들을 해결하기 위한 노력으로 문화 통계 프로그램은 2006년에 생산 전략을 근본적으로 바꾸었다.[8] 이전에는 각 앙케트가 검토할 영역에 대한 실제 조사였다. 프로그램 책임자들이 산업 발전을 따르면서 목표로 하는 문화 영역 지도자들의 역할을 고려하여 앙케트 영역을 결정지었다. 전문가들은 설문지를 작성해 배포했고, 자료 처리를 위해 캐나다 통계청의 다른 부서들과 계약을 맺고 그들 스스로 결과를 분석하고 보고서를 발행했다.

2010년 말 문화 통계 프로그램 책임자들은 이러한 앙케트를 더 이상 독립적으로 수행할 수 없다는 결론에 이르게 되어 앙케트 담당은 서비스 분할 부서로 전환되었다. 서비스 분할 부서는 기업의 생산과 재정 상태에 대한 획일화 된 자료들을 수집하여 캐나다의 모든 기업을 대상으로 표본 조사를 실시한다. 견본의 기본은 캐나다에 등록되어 있는 모든 회사들의 목록을 이루는 기업 장부에서 온 것이다. 캐나다와 미국, 멕시코가 받아들인 산업에 대한 통계 분류 규정인 북아메리카 산업 분류 시스템(Système de Classification des Industries de l'Amérique du Nord)에 따라 기업들이 분류되었다.

문화 통계 프로그램 연구원들은 각 문화영역에 상이한 설문지를 보내기보다는 단지 기업에서 실시한 일반적인 조사 자료들을 입수하는데 그쳤다. 서비스 분할 부서는 설문지 구상과 관리뿐만 아니라 자료 처리까지 맡게 되었다. 이러한 조사 방식의 편리한 점은 자료들이 약 12개월 내지 15개월 사이에 분석되어 출판될 수 있기 때문에 비용이

---

8) 문화에 대한 일반 여론 조사에 비하면 캐나다 통계청의 새로운 접근법에 제공된 정보들은 그 당시 문화 통계학 자문위원회 회장이었던 쎄르쥬 베르니에(Serge Bernier)의 도움이 컸다.

절감되고 신속하게 이루어질 수 있다는 것이다. 그리고 이러한 조사 방식은 기업 장부에 캐나다의 모든 회사들이 포함되어 있어 총괄적인 성격을 띠게 된다. 게다가 이전에는 2년 내지 3년에 걸쳐 실시되었던 조사가 매년 실시되고 있다. 결국 영역들 간에 중복될 염려가 없이 문화영역 자료들을 다른 경제영역 자료들과 비교해 볼 수 있다.

그러나 설문지가 획일화됨으로써 문화산업을 위한 맞춤식 질문이 누락되는 일도 발생한다. 더욱이 북아메리카 산업 분류 시스템(SCIAN)은 주요 활동에 따라 기업들을 분류하기 때문에 도서 발행과 같은 활동에서 부차적으로 관여되었던 회사가 자료에 나타나지 않을 수도 있다. 이러한 분류 방법은 캐나다 경제 활동 집단을 위한 신뢰할 만한 자료와 평가를 제공하기도 한다.

3. 통계 자료 탐구와 분석

캐나다 통계청 조사에서 나온 자료들은 시나 주 그리고 국가적 차원에서 이용할 수 있는 문화에 대한 정보들만은 아니다. 실제로 캐나다 통계청이 설립된 이래로 문화 통계 프로그램은 문화 자료 탐구와 분석을 통해 수집된 정보를 바탕으로 일련의 분석 보고서를 만들게 되었다. 이러한 보고서들 가운데 주요한 보고서의 하나는 캐나다에서 문화의 경제적 파급 효과의 평가에 관한 것이었다. 애초에 공식적으로 간행되지 않은 보고서들은 캐나다 문화재청이나 노바스코샤 주 정부 내에서 사용하려고 했던 것이다. 최근 분석 버전은 캐나다 통계청

사이트에서 접할 수 있다.[9] 시간이 지나면서 정기적인 조사들 가운데 어떤 것들은 변형을 시켜 문화 교류에 대한 일련의 도표와 양적 분석 보고서가 정기적으로 만들어졌다. 이러한 분석 결과들 또한 캐나다 통계청 사이트에서 접할 수 있다.

문화 통계 자료 탐구를 통해 문화 영역의 잠재적 영향 범위를 확대하였다. 문화적 정보들이 조사에서 나온 데이터에 오랫동안 의존해 왔던 만큼 문화의 정의는 실제로 캐나다 통계청이 조사하는 대상, 말하자면 도서 출판이나 영화 제작, 텔레비전, 무대예술 등과 같은 문화 산업을 가지고 문화 활동을 향유하고 있다는 것에 한정되어야 했다. 문화는 화가, 장인, 민속 무용가 등과 같은 무형 문화재를 포함한다는 것에 의견이 모아졌지만 이들의 경제적 기여도가 미미하고 조사에 통합시키면 비용이 크게 부담되기 때문에 이들을 무시하였다.

자료 탐구와 더불어 캐나다에서 수집된 통계의 모든 범위가 포함되었다. 따라서 문화는 갑자기 훨씬 더 광범위한 분야가 되었다. 문화의 경제적 파급 효과의 조사에서 텔레비전 생산을 고려한다면 텔레비전 방송 시청을 가능케 하는 수상기 제작도 포함되어야 했다.

2014년 캐나다 통계청의 『문화 통계학을 위한 캐나다의 틀』(*Cadre canadien pour les statistiques culturelles*)에서는 문화의 정의를 다음과 같이 기술한다.

---

9) Statistique Canada, *Guide de la statistique de la culture*, Date de modification : juin 2009, [En ligne], http://www.statcan.gc.ca/bsolc/olc-cel/olc-cel?catno=87-008-GIF&lang=fra, consulté le 10 août 2021.

창조적인 예술 활동과 이러한 활동으로 생산된 재화와 용역 그리고 인간문화재의 보존[10)]

그러나 이러한 정의는 아마추어 민속 예술가와 소수 민족이 행하는 문화재 차원의 활동처럼 이 정의가 포함할 수도 있는 여러 가지 요소들을 배제하고 있다. 더욱 중요한 것은 예술 전시회 방문이나 역사적 공연에 참가하는 문화적 활동을 문화적 재화 및 용역의 소비와 혼동하고 있는 듯하다. 문화적 활동에 참가와 문화적 재화 및 용역의 소비는 생산과 균형을 이뤄야 하는 또 다른 중심 요소가 되는 것이다.

문화적 재화와 용역은 문화의 생산 (또는 공급)과 소비 (또는 수요) 간에 관계를 이룬다.[11)]

캐나다 통계청의 『문화 통계학을 위한 캐나다의 틀』(Cadre canadien pour les statistiques culturelles)에는 사회에서 문화의 역할에 대한 어떤 개념화도 소개되어 있지 않으며 문화 통계학이 목표로 해야 할 정책이나 다른 요소들을 명시하지 않고 있다. 또한 문화가 사회에 미치는 영향에 대해 아무런 언급이 없고, 시민들도 공동체나 인류 발전에 있어 문화의 반향을 가늠해 보려는 시도는 엿보이지 않는다. 캐나다 통계청의

---

10) *Op. cit.*, Statistique Canada, *Cadre canadien pour les statistiques culturelles*, Ottawa, Catalogue de Statistique Canada nº 81-595-MIF nº 21, 2014, p. 9.

11) *Ibid.*, p. 17.

보고서가 어떤 범주의 산업과 재화를 포함해야 하는지를 규정하는 데 오히려 초점이 맞춰져 있다.

도표 1 | **문화적 재화와 용역**

1차 (모든 생산라인을 조절)	2차 (라인 일부만 조절)
라디오 텔레비전 방송 프로그램 편성과 용역 (라디오, 텔레비전, 케이블, 위성과 인터넷)	광고 용역
영화제, 연극제	건축가의 설계도
문화유산에 연계된 용역	저작권과 관련 용역

1차 (모든 생산라인을 조절)	2차 (라인 일부만 조절)
도서관과 기록 보관소	디자인 도면
영화관, 영화, 비디오	교육 용역
무대예술 (무대 공연과 예술적 후원 용역)	시각예술 재화의 연속 제작
음악	사진 촬영
소리 녹음 시각예술 (원작과 수공업) 문서와 출판 작품 (도서, 신문, 정기 간행물)	후원 용역

출처 : 캐나다 통계청 (2014)

캐나다 통계청 보고서의 세 부록은 문화 영역을 규정하기 위해서 재화 유형의 분류 코드와 북아메리카 산업 분류 시스템 제품의 핵심 분류 코드, 그리고 캐나다 통계청이 이용하게 될 직업 분류 코드를 열거하고 있다. 따라서 문화 통계학의 틀의 방향에 대한 확고한 의지가 엿보이는 대목이다. 자주 접하는 문화 활동이 각 개인에게 효과를 가져다 줄 수 있다는 것은 인정하지만, 그러한 효과를 가늠하기 위해 수집되어야 할 지표들이나 자료들을 명시하지는 않는다. 문화 통계학의 틀은 캐나다 통계청이 문화 영역에서 펴내고 있는 여러 보고서들 간에 긴밀한 연관성이 있도록 하는 것을 목표로 하는 실질적인 도구이다.

4. 문화 통계학의 다른 원천

캐나다 통계청의 문화 통계학 프로그램이 문화에 대한 자료의 주요한 원천이라 할지라도 통계 정보의 유일한 원천이라고 볼 수는 없을 것이다. 캐나다 정기 간행물 사무소는 신문과 잡지 구독을 산정하기 위해 국민들에게 정기적으로 조사를 실시한다. 조사의 범위 내에서 응답자의 오락과 여가 활동에 대한 정보를 수집하여 입수된 정보를 기관 회원들에게 판매하기도 한다. 여러 문화 활동에 참가자들의 프로필을 그리기 위해 잡지 구독과는 관계없이 데이터가 분석될 수 있다.

문화 활동에 대한 수많은 행정적 데이터의 총체가 존재한다. 실제로 거의 모든 주들과 대규모 문화 기관들은 문화적으로 자주 접하게 되는 정보들을 수집하고, 대부분의 주들은 이러한 정보들을 공적으로 또는 내부적으로 보급하게 된다. 예를 들어 파크 캐나다(Parcs Canada)는 공원과 명소에 찾아오는 사람들의 출입을 정기적으로 알려준다. 캐나다에서 출판된 국립 도서관의 도서 목록은 수많은 정보를 담고 있으며 정부의 여러 단계로 이루어진 행정 지원 프로그램은 행정 기관이 지원하는 기업과 단체에 대한 행정 정보를 수집해 분석한다. 그러나 이러한 자료들은 주와 단체에 분산되어 있고, 캐나다 통계청의 문화재 기관에서 실시한 조사의 경우를 제외하고는 체계적으로 수집되어 있지 않다.

결국 문화 기관들은 방문객들에게 간간이 조사를 실시한다.[12] 보통 마케팅이나 평가를 목적으로 수집된 이 자료들은 학술적인 출판물로 보급되지 않기 때문에 임시적인 성격을 띤다. 그러나 이러한 자료들은 매년 소진되는 정보들의 보고와도 같은 것이다.

5. 평가

캐나다에서 수집된 대부분의 문화 정보들은 본질적으로 경제적인 성격을 띠고 있다는 점에 주목할 만하다. 더욱이 각종 프로그램도 지나치게 경제적인 측면에 쏠려 있어 캐나다 사회에서 실제로 문화의 기여도를 인정하고 가늠하기 어렵다. 물론 캐나다 문화재청이나 연방과 주 및 준주의 문화유산 관리자들은 캐나다 통계청이 문화 통계학 프로그램의 영향력을 넓히는 데 재정적인 도움을 주지는 못했다. 과거의 정책들이 시민권과 국가 건설 측면에서 문화가 가져온 혜택을 인정했다 할지라도, 새로이 탄생한 문화산업을 뒷받침하기 위해 통계학은 산

12) Voir, D. Stanley et al., "Win, Place or Show : Gauging the Economic Success of the Renoir and Barnes Art Exhibits", *Journal of Cultural Economics*, 24, 2000, pp. 243-255.

업정책으로서 거의 문화정책 지원에만 초점이 맞춰져 있다.

연방과 주 및 준주의 문화유산 관리자들이 문화적 지표의 초점을 맞추는 데 목표를 둔 노동 단체를 만들었을 때 구성원들에게 문화의 사회적 반향을 연구해 보도록 했다. 경제적 지표의 필요, 특히 경제적 여파에 대한 연구의 필요성은 언제나 중대한 문제였으나 문화유산 관리자들은 문화 영역에서 정책 개입의 목적은 엄격히 경제적인 측면을 넘어서야 한다는 것을 인정하고 있었다. 만일 경제적인 여파가 공공 문화정책이라는 것에 연유한다면 우주 항공 산업과 첨단 기술 및 교육과 스포츠에 이르기까지 여러 다른 영역들은 자금을 얻기 위해 문화 영역에서 치열한 경쟁을 할 수밖에 없을 것이다. 문화유산 관리자들이 문화의 사회적 반향에 미치는 지표들에 초점을 맞추려고 했던 이유이다.

캐나다 통계청은 2014년에 여가와 문화적 활동 및 동기 부여에 대한 광범위한 사회 여론 조사 실시를 제안했다. 몬트리올 학술대회와 워크숍의 이론적 연구와 사례 연구를 바탕으로 본 조사는 문화의 사회적 반향을 양적으로 계량화하기 시작했다. 그밖에 캐나다 통계청의 새로워진 그리고 사회와 시민권에 입각해 더욱 강력해진 존재 이유를 규정하기 위해 문화를 경제적으로 합리화하는 것을 넘어설 수 있는 적절한 방법을 정책 결정권자들에게 제시하게 되었다. 따라서 문화 통계학의 새로운 세대를 부각시키는 데 필요한 적정 요소들이 정착되었다. 그러나 캐나다에서 연방과 주 및 준주의 문화유산 관리자들을 포함해 캐나다 정책 결정권자들은 별다른 반응을 보이지 않았다.

캐나다에서 문화 통계학은 정책에 관한 성찰의 진전을 자칫 따라가지 못할 우려가 있었다. 사회 활동이 아니라 산업 생산을 위해 구상된 분류 체계 시스템인 북아메리카 산업 분류 시스템에서 세워진 캐나다 통계청의 『문화 통계학을 위한 캐나다의 틀』(*Cadre canadien pour les statistiques culturelles*)은 진전을 보지 못했다. 문화 통계학 프로그램의 재정적 안정성을 확보하기 위해 주요한 여론 조사 프로그램의 개혁이 필요했다. 반면에 퀘벡에서의 상황은 좀 다른 것 같다.

2

퀘벡에서 문화 통계학 : 오랜 전통의 결말

캐나다 통계청이 문화 통계학에 관련하여 제작해낸 몇몇 자료들을 제외하고 문화 통계학에 관한 다양하고 의미 있는 자료들을 펴내는 곳과 관련 기관은 퀘벡 외에는 별로 많지 않다.[13] 퀘벡은 통계학 분야에서 오랜 전통이 이어져 내려오고 있는데, 이러한 전통은 오래전으로 거슬러 올라가게 된다. 현대적인 기법의 첫 조사가 1665년과 1666년에 누벨 프랑스에서 루이 14세 왕가의 국무 비서 격인 콜베르(Colbert)의 행동 지침 하에 이 식민지의 관리인이었던 장 탈롱에 의해 이루어졌다. 중상주의적 사고에서 영감을 받은 콜베르는 관리인들에게 인구조사와 여러 가지 경제적인 활동에 대한 사항을 정기적으로 조사해 제공할 것을 요청했다. 이 두 가지 조사에 관한 원본 자료

13) 특히 공공 도서관에 대한 통계학이 잘 구축되어 있는 앨버타 주와 온타리오 주에 못지않게 퀘벡 주는 독창적인 문화 통계학을 구축하고 있다.

들은 오타와에 있는 캐나다 기록 보관소(Archives du Canada)에 소장되어 있다. 1867년 캐나다 연방은 「조사와 통계학」("Les recensements et la statistique")이라는 자료를 연방 법원에 넘겼다. 이는 퀘벡 정부가 교육과 같은 권한이 있는 분야에서 통계학을 산출하는 데 방해가 되지 않고, 오히려 정부 기구를 중심으로 산출된 여러 가지 일련의 자료들을 통합하고 표준화할 수 있도록 퀘벡 통계학 사무소를 설립해 1912년에 법으로 구체화되었다. 이러한 프로젝트를 중심으로 활발한 법률적 심의가 있었다. 퀘벡 정부는 스스로의 권한에 속하는 분야를 관리하는 데 필요한 통계학을 산출할 기관을 설립해 주 전체를 관할한다는 논리였다. 퀘벡 통계학 사무소는 이러한 세력권에서 탄생되었던 것이다. 더욱이 퀘벡은 아무런 통제권이 없는 정부보다는 스스로 통제권을 자임하고 나섰다. 퀘벡은 통계학이 퀘벡 사회와 다른 성격을 반영하는 것에서보다는 스스로의 관할 분야를 관리하는 방법에 적합한 통계학을 확실히 마련해 두었다.

1. 문화 사업 초기

1960년에 퀘벡 문화 사업부가 설립되었는데, 조용한 혁명(Révolution tranquille) 이후 오늘날 얘기하는 바 문화 통계학의 산출은 퀘벡에 없었다. 첫 문화 사업은 공공 도서관에 관련된 것이었다.[14] 이어서

14) *Cf.*, Ministère des Affaires culturelles, *Statistiques des bibliothèques*

1979년에는 퀘벡 문화 사업부의 지도하에 퀘벡 사람들의 문화적 실천에 대한 첫 번째 조사가 실시되었다. 이 조사는 공공 도서관의 단계적인 발전을 알고자 했다면, 두 번째 조사는 여러 대중의 문화적 실천에 대한 핵심적 범위를 한정하는 것이었다. 두 조사 모두 문화의 대중화로 이끌어졌다. 또한 앙드레 말로(André Malraux)가 구상하고 적용한 프랑스 문화정책의 영향을 받기도 했으며, 문화적 실천에 대한 첫 번째 조사는 프랑스 문화부[15]가 만든 동일한 양식의 활동에서 모델을 삼았다.

퀘벡 문화 사업부는 공공 도서관에 대한 연간 자료들을 계속 수집했고, 1983년에 문화적 실천에 대한 조사를 다시 실시했다. 이후에는 5년마다 조사를 실시하게 되었고, 이로써 방대한 기초 자료를 쌓게 되었다.[16] 이 조사는 올해 36년째로 접어드는데, 안정된 기초적인 내용을 유지하면서 현대화된 문화적 삶의 방식에 따라 도래한 기술적인 혁신에도 적절히 대응하였다.

---

publiques (1961), Québec, Ministère des Affaires culturelles, 1962.

15) *Cf.*, Ministère de la Culture (France), Services des études et recherches, *Pratiques culturelles des Français, Description socio-démographique. Évolution 1973-1981*, Paris, Dalloz, 1982.

16) *Cf.*, R. Garon et L. Santerre, *Déchiffrer la culture au Québec : 20 ans de pratiques culturelles*, Québec, Les Publications du Québec, 2004.

2. 문화 발전 백서

퀘벡 정부는 1978년에 광범위한 성찰의 결실과 인류학적 문화 개념[17]에 우선적으로 기초를 둔 도서를 출판했다. 그러나 사람들은 그 도서에는 엄밀한 의미의 문화적 활동의 견지에서 문화적 부류의 통계학이 상당히 부족하다는 것을 확인하게 되었다.[18] 문화적 발전을 위해 사람들은 그러한 체제 속에서 혜택을 받을 수 있기를 기대했다. 권한이 있는 다른 모든 영역에서처럼 퀘벡 정부는 문화에 대한 방향 설정을 하고자 했고, 통계학이 주요한 역할을 하게 될 정보들을 이용해 결과를 평가하고자 했다. 더욱이 이러한 정보들은 공개 토론에서 화제 거리를 제공하는 데 한 몫을 하게 되었다. 정부는 퀘벡 문화 연구소(Institut québécois de recherche sur la culture)에 퀘벡에 대한 문화 통계학의 총체를 수집하는 임무를 맡겼다. 결과적으로 두 가지 출판물이 나오게 되었는데, 하나는 퀘벡 문화 통계학에 관한 것이고, 다른 하나는 몇 가지 권장 사항이 따르는 퀘벡 문화 활동에 대한 종합적인 검토였다. 따라서 무엇보다 문화 통계학의 성격에 대한 한층 더 이론적인 성찰이 먼저 이루어졌다. 이러한 저작물과 나란히 퀘벡 영화에 대한 역사적 통계학의 저작물이 나오게 되었다.

저작물의 제작이나 제작 과정에 대한 매우 다양한 통계학을 한데 모은다면 대부분 캐나다 통계청에서 나온 것이다. 특히 캐나다 통계청

---

17) *Cf.*, Québec, *La politique québécoise de développement culturel*, Québec, Les Publications du Québec, 1978, p. 139.

18) *Ibid.*, pp. 139-140.

은 무대 예술과 문화산업을 위한 제작에서 통계학으로 향하는 길을 활짝 열어 놓았다. 퀘벡은 문화의 대중화, 퀘벡 문화의 정체성, 문화적 재화, 대중에게 다가갈 수 있는 것에 가장 큰 비중을 두었기 때문에 문화적 산물과 이들의 유통에 집중적인 노력을 기울였던 것은 당연한 것으로 보인다.

3. 퀘벡 문화 통신 관측소[19]

2000년 6월 퀘벡 문화 통신부 장관은 퀘벡 문화 통신 관측소를 개관했다. 이 관측소는 1991년으로 거슬러 올라가야 하는 만큼 오랜 숙고 끝에 설립된 산물이다. 본 기관은 첫 번째 목표인 문화 통계학의 발전을 도모하는 행정 조직이 되고자 했다. 이러한 조직은 여러 가지 독창적인 성격을 갖는다. 첫째, 퀘벡 통계학 연구소(Institut de la statistique du Québec)와 연계되는 기관이다. 이러한 연관성으로 퀘벡 문화 통신 관측소는 모든 퀘벡 정부 통계 기관의 책무를 지게 된다. 가령 자료를 조사할 수 있는 권한, 통계적인 비밀을 지켜야 할 책무, 정통한 자원에 접근할 수 있는 권리, 작업과 출판을 규칙적으로 하는 것 등을 말한다. 둘째, 이 조직은 주요 부서들과 동반자 관계로 문화 활동 분야에서 일하는 정부 기관들, 말하자면 퀘벡 통계학 연구소 이외에도 퀘벡 문화 통신부(Ministère de la culture et des communications), 퀘벡 예술과 문학

---

19) Observatoire de la culture et des communications du Québec (OCCQ)

심의회(Conseil des arts et des lettres du Québec)뿐만 아니라 문화기업 발전 협회(Société de développement des entreprises culturelles) 등을 통합한다. 이러한 협력 관계를 통해 재정 자원을 한층 더 다양화할 수 있게 되었고, 특별한 프로젝트를 수행하기 위해 여러 곳에서 자금을 받을 수 있게 되었다. 퀘벡 문화 통신 관측소는 네 개 기관[20)]의 대표자들과 퀘벡 행정 심의회에 소속된 여덟 개의 자문 위원회의 회장들로 구성된 퀘벡 행정 심의회가 관리하고 있다. 이 위원회는 문화 활동의 또 다른 영역에서 일하는 직업 환경의 대표자들로 구성되어 있다. 이 위원회는 다음과 같은 것들이다.

- 시각예술, 예술 직업과 미디어 예술
- 영화, 음성 영상 기술과 라디오 방송
- 녹음 물과 무대예술
- 도서, 문학과 도서관
- 멀티미디어
- 문화재, 박물관 관련 기관, 기록 보관소
- 시청과 지방 관공서
- 대학 연구

---

20) Bureau of Broadcasting Measurements (BBM), Conseil de la radiodiffusion et des télécommunications du Canada (CRTC), Institut québécois de recherche sur la culture (IQRC) et Bureau de la statistique du Québec (BSQ)

이 위원회는 의견을 제시하고 환경에서 필요한 것을 챙긴다. 원래 문화 연구와 관련해 일하는 대학 연구 위원회의 구성원들은 참관자로서 다른 위원회에도 소속할 수 있다. 이러한 행정적이고 자문을 위한 구조는 모든 기관과 환경들 간에 시너지 효과를 가져 왔다. 관측소의 예산은 2013-2014년에 대략 150만 캐나다 달러에 이르렀다.

4. 퀘벡 문화 통신 관측소의 제작물

퀘벡 문화 통신 관측소는 신간 도서 소매 판매에 대한 월간 조사가 정착된 것에 대한 반감을 드러냈다. 이러한 조사는 2001년부터 통용되었는데, 『간단 통계학』(*Statistiques en bref*)이라는 전집이 출간되었다. 이 전집에서는 기존의 연재물이 업데이트되었고, 여러 주제에 관한 서로 다른 기원에서 온 짤막한 연구들과 새로운 조사에서 나온 신연재물을 찾아볼 수 있다. 또한 『현황 검토서』(*États des lieux*)라는 색다른 전집도 처음 제작되었다.

도표 2 | **퀘벡 문화 통신 관측소의 제작물**

제목	내용과 평가	빈도
영화관과 드라이브인 영화관	영화관과 드라이브인 영화 관람실의 잦은 출입 상영 횟수, 좌석 수, 투사 언어 1988년 이후 장편 영화의 시초 첫 번째 앙케트 : 1975년 1988년 이후 퀘벡 통계학 연구소의 사이트에서 조사	월간과 연간
문화적 요구에 따른 공공행정 경비	직접 경비와 이체 발송지부와 기관 할당 분야 첫 번째 앙케트 : 1982년	연간
퀘벡 문화 활동 지표 2003년 이후 문화와 커뮤니케이션의 주요 통계학	문화적 활동들에 대한 총괄 데이터 첫 번째 출판 : 1989년 캐나다 통계청 자료 포함	연간
영화산업 통계학	제작, 배급, 장편 영화 시청 제작 출자, 보급 장소, 비디오카세트 영화관에서 상영된 영화 인기도 순위표 퀘벡 상영관, 첫 번째 출판 : 1993년 캐나다 통계청 자료 포함	연간
신간 도서 소매	주요 배급 경로에 따른 분량(서점 등) 첫 번째 앙케트 : 2001년	월간과 연간
간단 통계학	기존 통계학의 업데이트 여러 가지 주제에 관한 단기 연구 상인들의 연간 예술 작품 판매 연간 무대예술의 잦은 관람 연간 시각예술의 제도상 습득 2005년부터 월간 음향 녹음 판매	월간과 임시
현황 검토서	주어진 문화적 활동 또는 문화적 산물에 대한 저작물 문제 검토 : 생산, 보급, 시청을 거쳐 제작에서 보관까지 첫 번째 저작물 : 『도서 체인점』(*La chaîne du livre*)	임시

출처 : 퀘벡 문화 통신 관측소(Observatoire de la culture et des communications du Québec) 사이트(www.stat.gouv.qc.ca/observatoire)에서 출판물의 내용을 찾아볼 수 있다.

5. 여타 통계학 제작물

퀘벡 예술과 문학 심의회가 1994년에 창립된 이후 본 기관의 지원 프로그램 관리를 위해 사용된 설문지 내용으로부터 규칙적으로 통계학을 만들어 냈다. 재정활동에 대한 일반 통계학 이외에 다음과 같은 주제로 제작된 통계학을 찾아 볼 수 있다.

- 예술 기관에서의 일자리와 보수
- 퀘벡 문화 정기간행물
- 무대예술
- 예술가들의 중심[21]

1995년에는 문화기업 발전협회(Société de développement des entreprises culturelles)가 설립되었다. 이 협회는 유사한 기능을 가진 여러 기관들을 대신했었는데, 1978년에 창립된 문화산업 통신협회(Société des industries culturelles et des communications)가 대신했던 첫 협회였다.

활동에 관한 일반 통계학 이외에도 문화 기업 발전협회는 영화에 대한 자료를 제공하는데, 퀘벡 문화 통신 관측소의 연간 간행물인 『영화산업 통계학』(*Statistiques sur l'industrie du film*)에서 찾아 볼 수 있다.[22]

21) 퀘벡 예술과 문학 심의회(CALQ) 사이트(www.calq.gouv.qc.ca)에서 모든 출판물을 찾아볼 수 있다.

22) 문화 기업 발전협회(SODEC)가 만든 이 통계학 간행물과 여타 자료들을 해당 사이트(www.sodec.gouv.qc.ca)에서 참고할 수 있다.

퀘벡의 도서관과 국립 기록 보관소(Bibliothèque et des Archives nationales du Québec)는 1971년부터 퀘벡에서 출판된 도서들의 특성에 대한 여러 가지 통계학을 펴낸다. 이러한 통계학 서적에서 특히 초판의 제목과 견본 수, 정부와 상업적인 판본, 각 저서의 주제 범위, 출판 언어, 그리고 번역서에 관한 자료들을 접할 수 있다.[23)]

* * *

다원적이면서도 세계를 향해 열려 있는 캐나다 문화는 캐나다 영토 전반에 걸쳐 무엇보다 각종 문화 제공 정책을 발전시키는 데 목적을 둔 다양한 정책과 프로그램 그리고 여러 기구들을 정착시킴으로써 때로는 이질 문화집단과의 갈등 속에 수십 년에 걸쳐 수립되어 온 것으로 보인다.

최근까지 캐나다 통계청이 산출해낸 문화 통계학의 영향력은 주로 공급에 미쳤다면 퀘벡 통계학 연구소는 소비와 소비자의 중요성에 역점을 두었다. 퀘벡 문화 통신 관측소가 추구하는 정신에서 퀘벡 주 고유 영토 내 퀘벡의 문화적 산물, 특히 문화산업 생산이 어떤 결실로 이어졌는지 정확히 알기 위해서는 두 통계학 기관은 서로 상보적인 관계를 이루어 나가야 할 것이다. 퀘벡 문화 통신 관측소는 두 기관의 생산능력, 문화적 산물의 종류, 경비의 성격, 출자의 원천, 기관의 기능 등

---

23) 퀘벡 문화 통신 관측소(OCCQ) 사이트(www.stat.gouv.qc.ca/observatoire)에서 해당 자료들을 참고할 수 있다. 또는 보다 상세한 자료들은 퀘벡 도서관과 국립 기록 보관소(BANQ) 사이트(www.banq.qc.ca)에서 찾을 수 있다.

을 파악해 두는 것이 중요하다.

퀘벡 문화 통신 관측소는 활동과 산물 그리고 지방에 따라 질 높은 생산 자료를 계속 산출해 내기 위해서는 캐나다 통계청을 대신할 수 있어야 한다는 것을 염두에 두어야 할 것이다. 퀘벡 문화 통신 관측소가 적극적으로 개입하기 전에는, 특히 소비 측면에서 심각한 어려움을 겪을 수도 있다. 이러한 관점에서 다양한 통계학과 함께 할 수 있을지 모르나 생산에 관한 자료가 상대적으로 빈곤 상태에 놓일 우려가 있다. 문화정책의 구상과 조사의 관점에서 문화적 산물이나 문화적 서비스를 퀘벡 사람들이 받고 있거나 자주 접하고 있다는 사실에만 관심을 둘 수는 없다. 문화 창조와 생산이 똑같이 중요하기 때문이다.

본고에서 다룬 캐나다 문화 통계학 개요를 통해 알 수 있는 것은 문화 영역에서 통계 자료가 넘쳐나긴 하지만 문화정책 결정권자들이나 시민들이 문화를 향유하고 이해하기 위한 도구가 그리 많지 않다는 것이다. 문화의 경제적 차원에 대해서는 익히 알고 있으나, 사람들이 문화를 이용하는 방법 또는 문화가 사람들에게 영향을 미치는 방법에 관해서는 잘 인식하지 못하고 있는 것 같다. 또한 문화가 사람들의 삶을 윤택하게 하고, 사람들이 생각하고 행동하는 방식에 영향을 주어 스스로 가진 재능을 변화시키는 조치에 대한 평가를 잘 이용하지 못하고 있는 것으로 보인다.

문화가 사람들에게 미치는 파급 효과에 대한 사실적인 정량 평가를 하고 있는 곳은 매우 제한적이긴 하지만 퀘벡이 유일하다. 퀘벡에서는 문화정책 기획자들과 문화 프로그램 관리자들이 시민들의 풍요로운 삶과 사회적인 발전을 위해 문화가 할 수 있는 역할을 매우 중요시 여기고 있다. 캐나다 여타 지역의 문화정책 기획자들도 이러한 입장을 취한다 하더라도 문화에 대한 그들의 관점을 고수하기 위해 자료들을 양적으로 남용해서는 안 될 것이다.

퀘벡 문화정책의 발전과
공공 문화 행정

문화정책은 국가가 일정한 시기에 사회에서 문화와 예술적 성격을 띠는 어떤 관념이나 규범 및 가치를 반영하고, 시행되는 시기에 따라 실제로 작용하는 다양한 사회적, 정치적, 경제적, 문화적 인자들에 의해 영향을 받게 된다. 또한 문화정책은 정치적 활동의 목적과 방향 사이에서 중재된 형태의 결과로 나타나기도 하고 문화적 계층에서 발생된 관련 당사자들의 요구 사항과 대중의 수요 사이에 중재된 형태로 나타나기도 한다.

퀘벡 문화는 오늘날 퀘벡 사회의 인구 통계학적 정세가 반영된 민족문화공동체에 의해 영향을 받으면서 프랑스 문화의 원류와 원주민의 유산이 융합되어 이루어졌다는 것을 기억해 둘 필요가 있다. 흔히 유럽과 북아메리카 언어의 억양을 지닌 사회로 묘사되는 퀘벡은 현실과 역사, 지정학적 환경, 인구 등이 반영된 고유한 문화를 지니고 있다. 캐나다 내부에서 퀘벡은 오랜 세월에 걸쳐 내려오는 역사적 유산을 통해 그 독창성을 드러내 보인다. 17세기 초부터 북아메리카에서 프랑스 식민지의 존재, 1759년에서 1867년에 걸친 영국 체제 하의 감시와 문화유산, 1867년 캐나다 연방과 대다수 프랑스계 캐나다인들을 대표하는 퀘벡 주 정부의 탄생, 특히 1960년대부터 정치적 삶과 퀘벡 사회에 영향을 준 캐나다 나머지 주들과는 다른 정체성을 확인해 볼 수 있다.

따라서 퀘벡 문화의 독창성은 대부분 프랑스어권 국가의 성격을 보존하고 그에 대한 가치를 부여하며 발전을 거듭해오면서 이루어진 역사적 유산과 민족의 풍요로운 문화적 혼종에서 엿볼 수 있다. 다원적이면서도 세계를 향해 열려 있는 퀘벡 문화는 수십 년의 계획 속에 이루어졌을 뿐 아니라 퀘벡 영토 전체에 걸친 문화 공급을 우선적으로 발전시키는 것을 목표로 하는 정책과 프로그램 그리고 기구들을 정착시켰다. 그러나 역사적인 사건들과 개괄적으로 그려놓은 지정학적 사건들 외에도 인구 통계학적, 사회문화적, 정치적, 경제적 요소들이 퀘벡 사회의 특수성과 더불어 문화정책을 수립하는 밑바탕이 되었다는 점을 염두에 둘 필요가 있다.

본고에서는 퀘벡 문화정책이 고유한 문화적 정체성을 갖고 오늘날까지 어떻게 정착되어 왔는지 그 역사적 흐름을 추적해 보고자 한다. 퀘벡은 캐나다에서뿐만 아니라 북아메리카 내부에서도 창의적이고 정체성이 확고히 뿌리를 내린 독특한 지역 사회로 꼽힌다. 이 지역 문화는 프랑스어권의 문화적 성격을 띠면서 이에 대한 높은 가치를 부여하고 오랜 세월에 걸쳐 공존과 발전을 거듭해 오면서 과거에 이어져 내려온 역사적 유산과 다양한 민족으로부터 나오는 풍부한 이질 문화의 수용에서 그 문화적 독창성을 찾아볼 수 있다. 따라서 퀘벡 지역의 역사성과 사회 문화적인 면 그리고 정치와 경제적인 면은 경시할 수 없는 중요한 요소임을 상기해야 한다. 이를 통해 캐나다에서 퀘벡의 지역적 특수성을 드러내 보이고, 퀘벡 사람들의 언어와 문화의 기원과 상관없이 퀘벡 정부와 퀘벡 사람들이 갖게 되는 퀘벡 문화에 대한 집착은 어떠한 연유에서인지 알아보고자 하며 옛 식민지 사회에서 예술과 문학 그리고 문화유산을 위해 내놓은 주요한 조치들이 적절한 것이었는지 논의해 보고자 한다. 또한 20세기 초부터 문화정책의 발전을 검토하고, 퀘벡 주의 공공 문화 행정에 대한 논의를 이어 가고자 한다.

이와 같은 연구 로드맵을 통해 점차 다문화 사회로 진입하고 있는 우리나라에 반면교사 역할이 될 수 있는 점들을 추출함으로써 미래 문화정책 수립에 도움이 될 수 있는 자료와 연구 결과물을 제공할 수 있도록 하고, 특히 한국으로 이주해 온 그리고 앞으로 이주해 올 이주민들에게 가능한 한 이상적인 다문화 사회를 이루는 데 반드시 필요한 시사점들을 반영한 문화정책의 근본적인 틀을 제공할 수 있도록 한다.

1

예술과 문학 및 문화유산을 위한 선제적 조치

퀘벡에서 문화와 예술 분야의 초창기 정부 역할을 거슬러 올라가 서술하는 것은 쉽지 않으나 누벨 프랑스에서 식민지 지배자로 혹은 잠시 머물렀던 여행자로 정착했던 주민들이 문화 활동과 지역별로 예술 작품 활동을 했다는 것을 그 시대적 상황을 고려해 짐작할 수 있다. 더욱이 식민지 지배자로 중요한 역할을 했던 사람들은 그 당시 행해졌던 수많은 문화 활동들을 격려하고 옹호했다. 문화와 예술 활동에 관여했던 사람들은 초기 박물관의 위대한 소장품들을 관리하는 데 적극 협력하면서 활발한 예술 활동을 할 수 있는 환경을 조성하였다.

1. 식민지 시대의 문화생활

누벨 프랑스의 수도인 퀘벡은 1608년에 사무엘 드 샹플랭(Samuel de Champlain)에 의해 건립되었다. 퀘벡에서 첫 번째 요새가 된 아비타시옹(Abitation)을 건축하였고, 프랑스 체제 하에서는 이곳이 플라스 로아얄(Place-Royale)이 되었다. 뒤이어 1634년에 트루아 리비에르(Trois-

Rivères)가 건립되었고 1642년에 몬트리올(Montréal)이 건립되었는데, 두 도시 모두 원주민들의 모피 무역과 종교 개종을 위한 진보적 교역 장소가 되었던 곳이다. 식민지의 정치적, 군사적, 상업적, 행정적 중심지였던 퀘벡은 프랑스 체제 하에서 또한 문화와 학문의 요충지가 되었다. 1759~1760년 영국이 퀘벡을 정복했을 때 주민이 8,000명도 안 되는 시기에도 상황은 마찬가지였다. 위치상 퀘벡은 중요한 종교적 중심지로 1674년에 첫 번째 가톨릭 교구가 설립되었던 곳이다. 어느 종교 공동체는 17세기 초부터 첫 교육 기관을 설립했고, 일부 학자들과 애서가들의 제안으로 예술, 민족, 과학에 관한 첫 전집이 나오게 되었다.

2. 초기 법적 조치

1792년 하부 캐나다 의회가 구성된 이후 법률 번역과 같은 언어 문제에 대한 논쟁이 일기 시작해 1840년부터는 프랑스어 사절단 구성에도 먹구름이 끼었다. 실제로 1837~1838년에 영국 군대에 의한 상부와 하부 캐나다에서의 반란에 이어 영국은 둘로 분리된 캐나다를 하나로 합치기로 결정했다. 이러한 결정은 퀘벡 사람들의 불만을 불러일으켰고, 퀘벡 주민 대다수가 스스로 프랑스계 캐나다인임을 선언했다. 1841년부터 싸그네(Saguenay) 시의원이었던 에티엔 파랑(Étienne Parent)은 주로 번역 문제에 관련하여 퀘벡 역사에 대한 첫 법안을 제안하고 채택하도록 했다. 영어를 캐나다 공식 언어로 만들고 하나로 합쳐진 캐나다의 프랑스어 사용 의원들에게 영어를 강요했던 연합법령(Acte d'Union) 조항이 1849년에 마침내 폐지되었다.

1867년 캐나다 연방이 탄생되기 이전 의원들의 문화적 개입을 들여다 볼 필요가 있다. 고문서와 지적 소유권 및 문화유산과 관련해서는 더욱 그렇다. 식민지 초기 시절에 관한 역사적 문서들을 입수하기 위해 기금을 배분하고자 했던 1832년의 법령 또한 마찬가지다. 의원들은 특별 위원회의 활동과 보고서를 통해서 또는 채택할 법령이나 특별 조치라는 틀 안에서 고문서의 입수와 보관에 대한 염려를 끊임없이 하게 되었다. 더욱이 1867년 캐나다 연방이 탄생될 즈음 누벨 프랑스의 고문서들은 퀘벡 주 대장의 관리 하에 놓이게 되었다. 하부 캐나다 의원들에 의해 1832년에 채택된 다른 조치는 문학적 특성을 보호하기 위한 법령이었는데, 이는 공적인 개입을 하게 되는 첫 조치이기도 했다. 이러한 법령은 저자들과 작곡가들에게 일정 기간 동안 그들 작품의 전매권을 부여하는 데 목적이 있었다. 1841년에 이러한 법의 효력은 그 당시 캐나다 연방 주민들 전체에게 미치게 되었고, 1847년에는 영연방 주민들까지도 미치게 되었다.

1908년 퀘벡 창립 300주년을 기념하기 위한 축하 행사는 퀘벡 정부뿐만 아니라 캐나다 연방 정부에게도 두 가지 비전을 실현할 수 있는 기회가 되었다. 과거를 거울삼아 또 다른 확실한 국가 전략으로 이어졌다. 역사학자 앙드레 라푸엥트(Andrée Lapointe)[1]가 강조했듯이 훗날 캐나다의 2개 언어·문화적 성격으로 규정되었던 바 불균등한 정체적 비전이 바로 그 시기에 구체화되었다. 이렇게 해서 캐나다 연방 정

---

1) *Cf.*, A. Lapointe, *L'incidence des politiques culturelles sur le développement des musées nationaux Canada-Québec depuis 1950*, thèse de doctorat, Sainte-Foy, Université Laval, 1993, p. 85.

부와 퀘벡 정부에 의한 문화유산 활용은 구별된 전략을 차용하게 되었다. 1919년에 오타와에 만들어진 캐나다 역사 유적 및 유물 위원회도 마찬가지인데, 나중에 퀘벡에서도 역사적 또는 예술적 관심을 끄는 유적과 예술품 보관 관련법에 따라 지방 위원회가 설립되었다.

요컨대 20세기 초까지 문학 및 예술 협회와 도서관에 지원을 하면서 특히 문화유산, 고문서, 예술과 문학 분야에 공적인 개입이 두드러졌다. 제1차 세계대전 전에 여러 법들이 재검토되었는데, 영상 분야 관련법도 끼여 있었다. 1913년 퀘벡에 영상 검열 위원회가 생기면서 이러한 법은 이후 문화산업의 10년 주기의 기간을 규정하게 될 전조가 되었다.

2

20세기 초 이후 퀘벡 문화정책의 발전

퀘벡에서 20세기 초 이후 문화정책의 발전은 크게 네 가지 흐름으로 그 주요 발전 과정을 드러내 보이고 있다. 첫째 문화정책의 근간은 인본주의에 바탕을 두고 있다는 것, 둘째 1960년대 동안 국가가 문화 분야에 적극적으로 개입할 수 있는 체계를 갖추게 되었다는 것, 셋째 1970년대 후반부터 퀘벡 사람들의 민족적 정체성에 방점을 둔 흐름이 이어졌다는 것, 넷째 1980년대 중반부터 문화와 경제를 화합시키고 문화와 산업을 연합하는 신자유주의식 흐름은 미디어와 문화산업에 의해 발전된 문화 이벤트들을 거행하게 되었다는 것이다. 문화정책을 제도화하는 과정에서 이러한 주요 흐름은 퀘벡 주와 문화 간의 관계를 점차 체계화시켜 나갈 수 있었던 원동력이 되었던 것으로 보인다.

한편 캐나다의 다른 주들과는 달리 문화와 관련해서는 연방 정부와 대체로 조화로운 관계를 유지해 나갔고, 퀘벡은 연방과 다른 주들 간의 문화 분야에 있어서 결정적인 입헌적 권한이 없음으로 인해 자주 영향을 받았던 문화정책을 자체적으로 만들고 실행에 옮겨 나갔다.[2] 이렇게 해서 퀘벡 주의 문화정책은 경쟁력을 키워 나갔으나 때로는 캐나다 연방 정부와 퀘벡 정부 간에 갈등의 원인이 되기도 했다. 문화에 대한 열망으로 나타난 네이션 빌딩(Nation Building)[3]이라는 컨셉으로 캐나다의 전반적인 문화적 역량을 증진하고 집단적 전략 차원에서 문화 활동을 구현하려는 연방 정부의 중앙집권적 의지가, 특히 1960년대부터 퀘벡 문화와 프랑스적인 문화의 특성을 살리려는 퀘벡 정부의 의지와 정면충돌하게 되는 양상을 띠게 되었다.

---

2) *Cf.*, E. Brouillet, *La négation de la nation. L'identité culturelle québécoise et le fédéralisme canadien*, Sillery, Québec, Cahiers des Amériques, Les éditions du Septentrion, 2005, p. 67.

3) *Cf.*, E. R. Black, A. C. Cairns "*A Different Perspective on Canadian Federalism*", *Administration publique du Canada*, vol. 9, 1966, pp. 27-44. 1960년대부터 E. R. Black과 A. C. Cairns는 그 당시 Province Building이라 칭하고, Nation Building이라는 계획으로 짜여 진 퀘벡 주와의 껄끄러운 동거 과정에서 캐나다 다른 주들의 긍정적인 에너지가 분출하게 되는 것을 보게 되었다.

1. 교양문화를 우선으로 하는 공적활동

지난 세기보다 훨씬 전에 나타난 인본주의적 접근은 대개 교양문화에 연계되어 있었으며 후원과 자선을 실천하는 것이었는데, 퀘벡 정부의 공적인 개입은, 특히 올바른 사회의 엘리트층과 지식인들 그리고 예술인들이 독점하는 문화를 지지하는 것이었다. 이러한 상황에서 이들이 누릴 수 있었던 이점들은 무엇보다 그들이 추구하는 가치[4]에 의해, 그리고 문화가 우선적으로 지향하는 공동체를 위해 갖게 되는 중요성에 따라 우선적으로 동기 부여가 되었다. 문화와 예술을 향유하는 이러한 방법은 퀘벡에만 있는 특별한 것은 아니고 다른 수많은 서양 사회 내부에서도 엿볼 수 있는 것이다. 대부분의 공적인 활동들은 그 당시 명성과 자선을 명목으로 관련된 사회의 예술과 문학 그리고 음악과 건축 유산을 발굴하고 보존하는 데 목표를 두었다.[5]

퀘벡에서는 특히 1920년대 대중문화가 급속도로 보급되면서 문화가 점차 공유재산으로 간주되는 경향이 있었다. 따라서 20세기 초에는 주요 공공 문화기관들이 설립되었다. 1841년부터 만들어진 퀘벡주 사무국의 후원으로 여러 가지 선제적 조치들이 취해졌다.

퀘벡의 역사 유적 위원회(Comité des lieux historiques du Québec)가 창립되자 퀘벡의 역사적인 문화유산의 풍요로움을 널리 알리며 문화유산 목

4) 미학적 가치, 예술적 가치, 유희적 가치를 말한다.

5) *Cf.*, D. Saint-Pierre et C. Audet, *Tendances et défis des politiques culturelles : cas nationaux en perspective*, Québec, Les Presses de l'Université Laval, 2010, p. 279.

록을 작성하는 활동을 벌여 나갔다. 대대로 이룩해온 문화유산은 특별한 관심의 대상이 되었다. 1937년에 퀘벡 문화유산을 활용하는 데 공헌을 했던 제라르 모리쎄(Gérard Morisset)는 예술과 건축에 관련된 작품 목록을 만들고, 고문서 자료와 목록으로부터 구축한 문헌정보관리 기금을 조성하였다. 1926년 역사 유적 위원회는 차량에 대한 인기가 날로 커져가면서 북아메리카에서 증폭되는 현상이라 할 수 있는 퀘벡의 관광 도로를 따라 펼쳐지는 기념 표지판 프로그램이 개시되었다. 이어서 1929년에는 이 위원회가 주요한 문화유산 건물들을 분류하는 일에 착수했다.

오타와와 퀘벡 간의 문화적 분쟁에서 표출된 첫 시위가 일어난 것은 바로 이 시기였다. 1928년에 캐나다 연방 정부는 에어드(Aird)라는 라디오 방송 왕립위원회를 설립했다. 이 위원회의 활동 저작물은 '민족적 동질성'과 '서비스의 보편성'이라는 두 가지 동기 부여로 이루어졌다.[6] 캐나다 연방 정부에 의해 설립된 이 위원회의 저작물에 자극을 받은 퀘벡 정부는 1929년에 커뮤니케이션에 대한 역량을 스스로 갖고 있다는 의지를 보여주는 라디오 방송법을 채택하게 된다. 그러나 이러한 퀘벡 정부의 조치는 캐나다 연방 정부에 의해 인정받지 못했으며 1932년에는 마침내 영국 추밀원의 사법위원회(Comité judiciaire du Conseil privé d'Angleterre)에 의해 위헌이라는 판결까지 받게 된다. 반면에 미디어 분야는 양 정부 간 갈등 속에 발전을 거듭해 왔기 때문에 모리스 뒤플레시(Maurice Duplessis) 정부는 1945년에 지방 라디오 방송

6) *Cf.*, A. Fortier, "Le pouvoir fédéral des actions culturelles dont la somme forme peut-être une politique", Chaire de gestion des arts, Montréal, École des hautes études commerciales (HEC), 1992, p. 97.

서비스를 통해 개입할 수 있는 법을 채택하게 된다. 그러나 지방 라디오 방송 서비스는 라디오 퀘벡(Radio-Québec)이라는 주정부 텔레비전 방송국이 만들어진 1968년에야 가능하게 되었다.

마침내 세계 경제 위기와 제2차 세계 대전으로 인해 드리워진 먹구름에도 불구하고 1930~1960년대는 영화와 라디오 방송, 공공도서관과 고문서 자료실 영역에서 여러 가지 법을 순조롭게 채택하게 되었다. 또한 여러 주요한 문화기관들이 설립되었는데, 오늘날 퀘벡 국립 예술 박물관(Musée national d'art du Québec)이 된 퀘벡 주 박물관이 1933년에 설립되었고, 퀘벡 주의 음악 및 극예술 학교가 1942년에 몬트리올에 먼저 설립된 것에 이어 1944년에는 퀘벡에도 설립되었으며 1945년에 퀘벡 주 공예학교가 설립되었다.

요컨대 1960년대 이전에 문화는 고문서, 문화유산, 박물관, 공공도서관과 같은 특히 역사적인 가치를 지닌 것과 조형예술과 문학 같은 예술 작품뿐만 아니라 프랑스계 캐나다의 정체성의 특징으로 간주할 만한 것들을 가리킨다. 1960년대 퀘벡에서의 십년은 민족적 기준의 진정한 변화로 특징지어지며 이와 같은 것은 문화와 관련된 공적인 활동에 중대한 영향을 미치게 될 구조적, 경제적, 사회적, 정체성의 변화들을 통해 감지된다.

2. 국가적 개입체계의 출현

1960년대부터 퀘벡 주와 문화의 관계에 대한 구조적 접근은 자유주의적 견지에서 접근하는 것이다. 문화와 미술이 언제나 연결되면서 이들의 관계는 문화적 권리를 향유하고 문화를 대중화한다는 개념에서 외부의 개입으로부터 벗어나 있다.

퀘벡에서 프랑스계 캐나다 문화와 프랑스어의 영속성 문제에 바탕을 둔 민족주의는 나날이 발전해 가고 있고, 퀘벡의 언어와 문화에 대한 문제를 해결하기 위한 조치들은 프랑스 언어와 문화 쪽으로 기울어져 있다. 한편 정치 기관과 정부 기관 내부에서, 특히 이러한 민족주의는 전통주의에서 현대성을 추구하려는 방향으로 선회하면서 점차 변모해 가고 있다. 문화적 대중화라는 개념은 제2차 세계 대전 후에 구상된 중앙 집권적 발전의 모델에 가깝다. 퀘벡에서 문화적 대중화의 개념은 문화 분야에서 국가적 개입체계가 출현하는 데 직접적인 도움이 되기도 하였다.

캐나다 연방 정부가 설립한 캐나다 예술과 문학 및 과학의 발전에 대한 왕립조사위원회(Commission royale d'enquête)의 저작물에 관여하면서 그 시기에 초대 총리였던 모리스 뒤플레시(Maurice Duplessis)는 1960년대 조용한 혁명(Révolution tranquille)이 일던 퀘벡에 질적으로 도움이 될 만한 주요한 생각들을 정립하였다. 퀘벡 정부는 캐나다 연방 정부에 의해 설립된 위원회의 교육과 예술에 대한 무능력을 비판하면서 캐나다의 다른 주들과 구별되어 위원회 활동에 참여를 거부하였다.[7] 이에 대한 반발로 퀘벡 정부는 1952년에 트랑블레(Tremblay) 위원회라는 입헌적 문제들에 대한 왕립조사위원회(Commission

7) *Cf.*, H. Hyman, *L'idée d'un ministère des Affaires culturelles du Québec : des origines à 1966*, Mémoire de maîtrise en histoire, Montréal, Université de Montréal, 1988, p. 42.

royale d'enquête)를 설립하였다. 1956년 이 위원회에서 나온 트랑블레(Tremblay) 보고서는 기존의 문화 기관에 프랑스어청을 세우고 퀘벡 주를 위한 예술 자문회의를 만들려는 재정적인 문제를 안고 있었다. 모리스 뒤플레시(Maurice Duplessis) 정부의 소극적인 수용 자세에도 불구하고, 1960년에 만들어진 「퀘벡 자유당의 프로그램」("Programme du Parti libéral du Québec")에서는 여러 가지 아이디어들[8]이 다시 모아졌다.

3. 퀘벡 사람들의 민족적 정체성에 기반한 문화정책

퀘벡 사람들의 민족적 정체성에 중점을 둔 이 문화정책은 1970년대부터 정착되기 시작했다. 1976년에 장 뽈 랄리에(Jean-Paul L'Allier) 장관이 이끄는 문화 사업부에서 『퀘벡 문화정책의 발달을 위하여』(*Pour l'évolution de la politique culturelle du Québec*)라는 책이 출간되면서 퀘벡 문화를 혁신하고 배당된 예산을 늘리려는 계획을 세우게 된다.[9] 또한 행정 기관의 여러 부서를 문화 심의회, 문화유산 공단, 지방 위원회, 도서관, 박물관과 같은 공공 기관들로 이전하고자 했다.

---

8) 퀘벡 정부의 활동에 보다 많은 변화를 요구하는 제안들인데, 특히 교육, 문화, 천연자원, 보건 위생 등 새로운 서비스를 담당하는 부(部)들을 신설하자는 것이다.

9) Québec, Ministère des Affaires culturelles, Livre vert, *Pour l'évolution de la politique culturelle du Québec. Document de travail*, Québec, Ministère des Affaires culturelles, 1976, p. 100.

1976년 퀘벡당이 권좌에 오르면서 정부의 변화가 일어나기 직전 랄리에(L'Allier) 장관의 도서가 한동안 공공도서가 되었고, 그가 추천했던 사업들 중 어떤 것은 퀘벡 각 지방의 비영리 자율 기관인 문화 자문회의에서 창의적인 산물로 구현되기도 하였다. 이어서 퀘벡당 소속 장관인 까미유 로랭(Camille Laurin)의 『퀘벡 문화 발전을 위한 정책』(*La politique québécoise du développement culturel*)이라는 책이 1978년에 출간되었는데, 이 책에서 언급한 새로운 문화정책에 대한 기술은 예술과 문학에 국한된 전통적인 의미보다는 인류학적 시각에서 보는 폭넓고 포괄적인 문화적 발상에 기반을 둔 진정한 사회 계획(projet de société)을 퀘벡 사람들에게 권장하는 계기가 되었다. 그들은 퀘벡 사회의 상징과 이념 그리고 가치에 기대를 걸었고, 특히 수공업, 민속, 문화유산에 연계된 퀘벡 민족의 문화적 산물로 보이는 대중문화의 틀을 넓혀 나갔다. 따라서 주(州) 정부는 유적이나 유서 깊은 공원을 새로 조성하기 시작했고, 문화센터나 대중문화 시청각 자료실과 같은 문화를 대중에게 보급하는 장소들을 점차적으로 늘려 나갔다. 그 당시 10년에 걸쳐 국립 문화기관들을 세웠고, 이 기관들을 관리하는 법을 채택하였으며 1977년에는 101법(Loi 101)이라는 프랑스어 헌장(La Charte de la langue française)을 제정하면서 정점으로 치닫게 된 공식 언어 사용 권리에 대한 공세가 대대적으로 이어졌던 시기로 특징지어 볼 수 있다.

문화 분야에서 퀘벡 정부가 취한 조치들은 캐나다 연방 정부가 취했던 조치들에 반대하는 것을 목표로 하였다. 예를 들어 1971년 캐나다 하원에 의해 채택된 캐나다 다문화주의에 대한 연방 정부의 정책이 그 당시에는 퀘벡의 정체성을 다문화적 다양성에 기반을 둔 캐나다 문화에 통합시키는 결과를 가져오기도 했다. 따라서 이러한 캐나다 연방 정부의 조치에 퀘벡은 이민자들을 프랑스어라는 공통된 언어로 통합시키고, 대다수 이민자들이 공유하고자 하는 문화에 통합시키는 것을 강조하는 다문화주의 정책을 자체적으로 제안하게 된다. 그 외에도 1978년에 퀘벡 정부가 문화적 사명을 띤 몇몇 부서들을[10] 결집시키려고 했던 것은 캐나다 연방 정부와 경쟁하려는 의도에서였다. 그때부터 까미유 로랭(Camille Laurin)은 퀘벡 정부의 중요한 정책을 만드는 데 행정부를 돕기 위해 구상되었던 분야별 내각들과 다소 상반되는 직무를 떠맡게 되었다.[11]

3

공영 문화사업

퀘벡 정부에 의한 문화사업 경영의 변천을 크게 네 시기로 구분해 볼 수 있다. 첫째는 문화 사업부 설립 이전으로 주로 지방 사무국이 솔선수범했던 시기인데, 특별 활동을 위해서는 일정 부서들이[12] 나서서 솔선수범하던 때였다. 둘째는 1960년대 퀘벡 문화 사업부(Ministère des Affaires culturelles du Québec)가 설립되었고, 1970년대 초에는 이 기관이

10) 문화 사업부, 교육부, 커뮤니케이션부, 여가부, 이민부를 말한다.

11) *Cf.*, D. Saint-Pierre, "La politique culturelle du Québec : bilan et défis", dans D. Saint-Pierre et C. Audet, 2010, p. 278.

12) 가령 '청소년과 공교육 부서'들을 말한다.

행정적으로 재편성되었던 시기였다. 셋째는 1970년대 후반부터 문화사업부의 실제적 공세가 이루어진 시기였는데, 그 당시 퀘벡 사람들의 민족 문화적 정체성을 확고히 하고 문화산업을 지지하는 것을 목표로 하였다. 끝으로 넷째는 1990년대 초부터 이루어졌고, 1992년 퀘벡 의회에 상정된 퀘벡 정부의 첫 문화정책에 의해 규정된 중대한 원칙과 방향에 근거하고 있던 시기였다.

1961년 퀘벡에 문화 사업부가 설립된 이후로 23명의 장관들이 문화사업부를 번갈아가면서 운영하였다. 실제로 6명의 장관이 적어도 4년 동안 퀘벡 문화 사업부의 지휘를 담당했다. 가령 1970년 5월 자유당이 재집권했을 때, 1976년 11월 퀘벡당이 선출될 때까지 5명의 장관이 약 6년에 걸쳐 문화 사업을 이어갔다. 실제로 장관의 지휘 하에 변화가 자주 있었던 시기에는 오히려 정부의 문화 활동이 어느 정도 무기력함을 보이기도 했는데, 1975년에 발간된 『문화 법정 보고서』(*Rapport du Tribunal de la culture*)가 이를 증명해 보이고 있다.

1. 문화사업 경영에서 지방 사무국의 편재

1961년에 문화 사업부가 설립되기 전에 문화에 대한 여러 가지 책임 중, 특히 기록 보관소와 문화기관의 재정은 1867년에 승계했던 지방 사무국이 맡게 되었다. 몇몇 정부 기관과 정부 청사도 문화 분야에 관여하였다. 예를 들어 라디오 지방 방송 서비스에 관련된 법에 관해서는 산업 통상부의 관할이었고, 젊은 음악가들에게 지원금을 배분하는 것은 청소년부가 담당했다. 공공건물에 대한 기념행사가 있을 때는 주로 노동부가 관여하기도 했다.

이 시기에 지방 사무국은 거대한 다목적 기관으로서 폭넓은 임무를 수행하게 되었다. 여러 가지 정부 서비스와 지방 분권화된 다양한 행정 기관들은[13] 지방 사무국의 관할 하에 있었다. 사무국이 떠맡았던 책임들 중 일부는 새로 설립된 기관들에[14] 이관함으로써 책임을 완화하게 되었다. 반면에 1961년 문화 사업부가 설립될 때까지 사무국은 예술 단체, 역사와 과학 및 문학 협회, 퀘벡 음악 예술학교 등에 지원금을 배분하면서 여러 문화 기관들을 감시하고 관리하는 중책을 맡기도 하였다. 국회 도서관 책임자는 특히 학문적 깊이가 있는 사람들을 중점적으로 끌어 모았는데, 그 중에 몇몇 사람은 문화 분야에서 괄목할 만한 성과를 내기도 하였다. 가령 1919년부터 1936년까지 퀘벡 주 비서 기능을 담당했던 아타나즈 다비드(Athanase David)는 지적이고 예술적인 삶을 증진시키기 위해 여러 가지 조치들과 후원을 촉발시켰던 장본인이기도 하다.[15] 문학 또는 과학 작품 출판을 장려하기 위한 법을 채택하도록 했으며 우수한 작품에 수여된 상은 다비드상(Prix David)[16]이라 명명하였다.

민족 연합에서 자유당으로 이어지는 정부는 지방 사무국의 발의를

13) 면사무소, 양로원, 보호소, 자선기관 등을 말한다.

14) 예를 들어 1918년에 설립된 도시 사업부, 1936년에 설립된 보건 복지부, 1943년에 설립된 산업 통상부, 1946년에 설립된 사회 복지부와 청년부 등이 있다.

15) Voir, F Harvey, "La politique culturelle d'Athanase David, 1919-1936", *Les Cahiers des dix*, nº 57, 2003, pp. 31-83.

16) 1977년부터는 '퀘벡상(Prix du Québec)'이라는 명칭으로 바뀌게 되었다.

통해 여러 법과 조치들을 채택하게 되었는데, 그중에 영화에 대한 법은 1938년에 채택되었고 쌩 쉴피스(Saint-Sulpice) 도서관이 채택한 법으로는 1950년 출판물과 공중도덕에 관한 법이며 1956년에는 몬트리올 콘서트홀의 설립과 경영을 위한 법이 제정되었다. 1959년에 공공 도서관법 채택에 이어 사무국은 공공 도서관 부서를 새로 만들게 되었다.

2. 문화 사업부와 여타 기관 설립

문화 사업부를 설립하는 법이 1961년 3월 24일 승인되었다. 따라서 문화 사업부는 퀘벡의 예술과 문학을 꽃 피우도록 하고 외부로 활발히 보급될 수 있도록 하는 임무를 띠게 되었다. 그뿐 아니라 퀘벡 문화유산을 잘 보존하고 가치 있게 운용해야 하는 책임까지 맡게 되었다. 이를 위해 문화 사업부가 설립되자마자 그 당시까지 지방 사무국에 속해 있던 기존의 여러 기관들과 단체 및 부서들을 폐쇄하였다. 특히 역사 유적 위원회, 퀘벡 박물관, 음악과 예술 학교가 폐쇄된 반면, 1941년에 창설된 이후로 행정 심의회에 속해 있던 퀘벡 영화 사무국은 1960년에 지방 사무국으로 이전되었다. 설립 당시 문화 사업부 소속이었던 쌩 쉴피스(Saint-Sulpice) 도서관과 퀘벡 주 기록 보관소는 1967년에 각각 퀘벡 국립 도서관이 되었다가 1969년에는 다시 퀘벡 국립 기록 보관소가 되었다. 이러한 여러 기관의 이전 외에도 문화 사업부 존립 초기에는 몇몇 기관들이 설립되었다. 1961년에 퀘벡 프랑스어청이 설립되었고 1962년에 예술 지방 심의회와 1963년에 해외 프랑스계 캐나다부가 설립되었으며, 1960년대 후반부에는 1966년에 이민 총본부, 1967년에 퀘벡 영화 사무국, 1968년에 라디오 퀘벡, 1969년에 영화 검열 사무국이 설립되었다.

1960년대 후반부는 퀘벡 주 영토 내에서 눈에 띄게 늘어난 문화 사업부의 활동에 할애되었다. 1966년부터 1967년에는 문화 사업부의 첫 사무국이 시험 삼아 몬트리올에 문을 열게 되었고, 1960년대 말에는 헐(Hull), 쉘부룩(Sherbrooke), 트루아 리비에르(Trois-Rivières), 치쿠티미(Chicoutimi), 퀘벡(Québec)과 같은 다섯 도시에 문화 개발 사무국이 설치되었다. 이는 퀘벡의 여러 지방에서 문화 사업부가 영속해 나갈 수 있도록 하기 위한 조치였다. 또한 캐나다 연방 탄생 100주년 즈음에는 정부의 모든 부서가 재정적으로 참여했던 연방 프로그램 덕분에 퀘벡의 여러 도시에 문화 센터들이 건립되었다. 가장 중요한 프로젝트는 1966년 10월에 승인된 퀘벡 대극장 프로젝트였다.

1970년은 문화 사업부 내부에서 중요한 전환점이 되었다. 1970년 여름 이탈리아 베니스에서 문화 분야에서 개최된 전 세계 정부 간에 처음으로 개최되었던 컨퍼런스를 계기로 문화 사업부가 탄생되었기 때문이다. 유네스코 후원으로 열리게 된 이 컨퍼런스에는 88개국이 참가했으며 각국의 문화부 장관들이 모였다. 유네스코 컨퍼런스에서 만든 문화정책에 대한 교육을 받은 장관과 차관은 문화 사업부에 반드시 필요한 역할에 따라 여러 부서와 경영진을 재편성했다. 따라서 4개의 경영 부서인 창작부, 보급부, 보관부, 교육부가 만들어졌다. 창작부는 연극, 음악, 문학과 도서, 조형예술을 담당하게 되었고, 보급부는 공공도서관, 문화 개발 사무국, 문화 센터, 퀘벡 영화 사무국을 맡게 되었으며 보관부는 기록 보관소, 박물관, 역사적 기념비 위원회를 맡게 되었고, 교육부는 예술 교육, 음악 학교, 미술 학교를 담당하게 되었다. 언어에 관련된 퀘벡 프랑스어청은 중립적인 입장이었다. 퀘벡은 언어 문제를 우선적으로 해결해야 했기 때문이다. 따라서 특히 프랑스어를 일터의 언어로 뿌리 내리도록 하는 것이 그 당시 목표였다.

한편 문화 사업부가 설립된 후 15년 동안 맡은 바 임무가 단계적으로 확대되고 늘어난 중재적 권한에도 불구하고, 1970년대 중반에는 활동 면에서 다소 침체된 현상을 보이기도 했다. 문화 사업부의 여러 계획과 책임을 수행하기에 배당된 예산은 턱없이 부족했다. 퀘벡 정부는 문화적 환경에 의해 그리고 퀘벡 문화 발전을 담당할 지식인들에 의해 점차 압력을 받게 되었다. 반면에 잘 조직되어 있고 막대한 재력을 가진 연방 정부의 문화적 활동은 캐나다 문화를 발전시키고 민족적 동질성을 강화하려는 목적을 추구할 수 있었다. 연방 정부의 이러한 방향 설정은 퀘벡에서 불신과 반목으로 나타났다. 1975년 『자유』(*Liberté*)라는 잡지에 게재된 『문화 법정 보고서』(*Rapport du Tribunal de la culture*)가 이를 여실히 보여주고 있다.

3. 1992년의 문화정책과 신자유주의

공적으로 재정적 위기에 놓인 문화 사업부 장관 리자 프룰라(Liza Frulla)는 1992년 6월 『퀘벡의 문화정책』(*La politique culturelle du Québec*)을 내놓았다. 정책 내용은 특별한 맥락으로 구성되어 실행되었고 뚜렷한 도표를 가지고 있었으며 1976년 랄리에(L'Allier) 장관의 『녹색 도서』(*Livre vert*) 이후로 품어왔던 계획으로는 약 스무 개 이상의 부서와 퀘벡 주 협회들을 연합시키고자 하는 것이었다. 또한 이 정책은 문화 사업부의 소명을 바꿔 문화 분야에서 공적으로 관여하는 방법을 깊이 있게 재고하고자 하였고, 퀘벡 예술과 문학 심의회(Conseil des arts et des lettres du Québec)를 만들어 예술에 대한 지원을 지방으로 분산시키고자 하였다. 책임을 분배하는 의미에서 문화정책은 시 행정 기관과 협력하는 데 더욱 폭넓은 문호를 개방하였다.

1994년 1월 정부 행정 개편 차원에서 그 당시까지 통신부에 속해 있던 책임이 문화부로 이전되었고, 부서명도 바뀌어 문화 통신부가 되었다. 본부서의 책임이 확대되면서 새로운 행정 단위들은 문화 사업부로 통합되었다. 즉 미디어 총본부, 기술과 서비스 중심부뿐만 아니라 원거리 통신 규제 부서로 이루어졌다. 여러 유관 기관들은 문화 통신부에 속하게 된 한편 프랑스어 헌장 적용 책임도 문화 통신부에 새로이 맡겨졌고, 더불어 퀘벡 프랑스어청(Office québécois de la langue française), 프랑스어 고등 심의회(Conseil supérieur de la langue française), 퀘벡 지명 위원회(Commission de toponymie du Québec)도 그 책임을 함께 하게 되었다. 1992년 문화정책의 야심 찬 여러 목표들과 조직의 변화 외에도 퀘벡 정부의 향후 정치적 어젠다를 위한 정치적, 경제적 사건들이 이어졌다.

사회 전체와 정치 참여자들에게 강력한 결집을 가져다 준 1995년 국민 투표 외에도 1996년부터 2001년까지 뤼시앙 부샤르(Lucien Bouchard) 퀘벡 당원 정부의 지원 하에 시도되었던 정치적 선회와 국민 투표 이후를 상기시켜 볼 필요가 있다. 노동조합과 기업주의 지원으로 퀘벡당 정부는 2000년에 제로 적자에 도달하는 것을 목표로 하는 공공 지출 삭감 프로그램을 감행했다. 특히 보건, 교육 등의 여러 공공 서비스들과 사회적 서비스들은 매우 비싼 값을 치렀던 반면, 퀘벡 주 지출의 약 1%에 불과한 문화 부문은 훨씬 덜 영향을 받게 되었다. 문화 통신부의 예산은 반대로 계속 증가하여 주요 문화 기관들은 불어난 자금 조달을 받거나 거대한 도서관(Grande Bibliothèque)이 새로 설립되기도 했고, 그동안 취해왔던 재정적 조치들은 새로운 형태의 재정적 지원을 만들어 내면서 문화 산업과 기업을 더 잘 지원할 수 있는 역량을 갖추도록 하였다.

이렇게 해서 1997년에 문화 통신 투자 기금(Fonds d'investissement de la culture et des communications)이 설립되었고, 1999년에는 문화기업 금융(Financière des entreprises culturelles)이 설립되었다. 문화 통신 투자 기금은 퀘벡 노동자 연대 기금(Fonds solidarité des travailleurs du Québec)과 문화기업 발전협회(Société de développement des entreprises culturelles)의 지원을 받았다. 창작과 생산 그리고 보급을 위한 퀘벡 문화 기업에 재정적인 협력을 할 수 있는 벤처 캐피털 기금이 필요했다. 문화 기업 금융은 4,500만 달러의 공동 자금을 쓸 수 있는 혼합 합자 회사로 된 협회로서, 특히 외부 시장에서 기업의 발전을 지원하는 것이 목적이었다. 1990년대 반환점의 기로에 선 문화 통신부는 예술 관련 직업의 발전을 위해 행동 지침을 만들었고, 문화 기업 발전 협회는 2000년 초기에 자금조달 정책 사무국(Bureau des politiques de financement)을 설립하게 되었다. 2003년 지방 선거 결과로 새로이 정권을 잡은 자유당 정부는 2005년에 문화 투자(Placement Culture)를 창설하고, 이듬해 퀘벡 문화 유산 기금(Fonds sur le patrimoine culturel du Québec)을 만들면서 그 여세를 몰아갔다. 문화 투자는 개인 투자를 계속 늘릴 수 있는 좋은 환경을 만들어주고, 문화 통신 기관들에게는 특히 소규모 투자를 유도하며 재정 안전을 보장하기 위한 프로그램이었다. 퀘벡 문화유산 기금은 문화유산 영역을 대상으로 하는 지원금을 점차 늘려가는 것이 목표였다.

여러 해가 지나는 동안 퀘벡 정부는 책임을 지방으로 분산 하는 차원에서 2003년에 지방 의원 당선자 협회를 발족했는데, 그 이후 이 협회는 지방 문화 발전에 관한 중요한 발언자 역할을 하게 되었다. 기존에 운영했던 문화 발전 프로그램을 재평가하는 방침에 따라 그리고 일정 영역에서 간혹 제기되었던 문제들을 접하면서 문화부의 요청에 의해 여러 보고서와 연구 저작물이 쏟아져 나왔다. 특히 미디어와 공동 매체 그리고 퀘벡 텔레비전(Télé-Québec)에서 발생하는 언어의 질 문제, 몬트리올 영화 페스티벌, 퀘벡 영화계, 더빙 산업 등에 대한 문제들을 다루었던 출판물이 이어졌다.

4. 1990년대 이후 공공 문화 소비의 변화

문화 분야에서 퀘벡 정부 차원의 활동을 일람하기 위해서는 지방 행정 기관의 공공 문화 소비의 변화를 유심히 들여다 볼 필요가 있다. 먼저 퀘벡에서 문화정책이 신자유주의로 선회한 것은 캐나다의 다른 주들과는 달리 정책 운영 면에서 거칠지 않고 보다 유연성을 발휘했던 것으로 보인다.[17] 뿔로(D. Poulot)의 『퀘벡 문화정책의 역사』(*Histoire de la politique culturelle québécoise*) 연구 자료는 퀘벡에서 문화 명목으로 지출된 공공 소비의 뚜렷한 변화를 나타내 보이고 있다.[18]

---

17) Voir, M. Gattinger et D. Saint-Pierre, "The 'Neoliberal turn' in provincial cultural policy and administration : The case of Québec and Ontario", *Canadian Journal of Communications*, vol. 35, n° 2, 2010, pp. 279-302.

18) *Cf.*, D. Poulot, *Histoire de la politique culturelle québécoise. La culture : un capital à faire fructifier, Regards sur l'action publique*, Gérald Grandmont,

1995년부터 1996년까지 이러한 지출은 44억 800만 $ CA이었고, 10년 후에는 60억 3,800만 $ CA이었으며 2018년부터 2019년에는 대폭 증가하여 99억 3,100만 $ CA에 이르렀다. 퀘벡에서 문화에 할당된 예산 중 가장 많이 차지했던 부문은 공공 도서관, 문화유산, 무대 예술, 라디오 방송 부문이었다. 이와 같은 네 분야가 2018년부터 2019년까지 총 예산 중 72%를 차지하게 되었다.

요컨대 퀘벡 정부는 문화에 대거 투자할 뿐 아니라 연방 정부가 퀘벡에 하는 투자 역시 마찬가지다. 주요 연방 기관들 중 프랑스어 사용 네트웍인 CBC/Radio-Canada와 여러 문화유산 자원 네트웍에 연결된 기관들이 있다는 것은 퀘벡에서 연방 정부의 지출이 얼마나 중요한가를 보여주고 있다. 퀘벡은 캐나다에서 두 번째로 많은 사람들이 살고 있는 주로서 프랑스어를 사용하는 대다수 캐나다 사람들을 결집시키고 있다는 것을 간과해서는 안 된다. 문화 기관들과 문화 전문가들 그리고 문화 프로그램 제작자들이 퀘벡에 집중되어 있고, 이들을 대상으로 하는 막대한 예산과 정책이 이들을 주된 수혜자로 만들고 있다는 것 또한 주목해야 한다. 2016년에 퀘벡의 문화 통신 전문가들은 캐나다 전체 전문 인원 대비 약 32%를 차지하고 있었다.[19]

Montréal, Presses HEC Montréal, 2016, p. 167.

19) Québec, Institut de la statistique du Québec (ISQ), Observatoire de la culture et des communications du Québec (OCCQ), "Tableau statistique : part des secteurs de la culture et des communications dans l'économie", Québec, ISQ, Banque de données des statistiques officielles sur le Québec, 2016, p. 91.

도표 1 | **1995~1996년과 2018~2019년 간에 활동 분야와 영역에 따라 문화 명목으로 퀘벡 공공 행정을 위해 사용된 총지출**

활동 분야와 영역 (2018~2019년은 지출이 감소하는 순서)	1995 1996	2000 2001	2005 2006	2010 2011	2015 2016	2018 2019	1995–1996 2018–2019 (%)
	최소 단위 : 백만 달러						
도서관[1]	118,3	152,9	153,7	172,6	213,5	261,5	121%
문화유산, 박물관 유관 기관, 기록 보관소	52,6	93,1	135,0	154,6	191,2	170,9	225%
무대 예술[2]	56,9	96,4	76,2	128,5	156,8	130,5	129%
라디오와 텔레비전	82,3	95,3	89,6	79,3	84,3	105,8	29%
학제 간 활동	9,3	15,6	10,8	37,9	57,3	87,5	841%
영화와 시청각[3]	13,5	30,8	21,7	32,6	53,7	45,2	235%
예술 교육	12,8	19,5	20,3	40,6	25,8	37,2	191%
프랑스 언어	19,5	27,6	21,3	25,7	27,5	28,4	46%
시각 예술과 예술 직업[4]	10,5	13,9	16,8	31,7	29,6	27,1	158%
도서와 정기 간행물	5,6	7,5	8,3	13,5	10,8	13,2	136%
상호 문화 관계	5,3	7,2	9,2	7,3	8,5	10,5	98%
유성 녹음	2,4	4,6	3,9	8,5	5,0	3,5	46%
멀티미디어[5]	–	–	–	2,5	5,1	1,3	–
기타	51,8	60,3	37,0	54,2	45,8	70,5	36%
총액	**440,8**	**624,7**	**603,8**	**789,5**	**914,9**	**993,1**	**125%**
몬트리올의 행정 구역	n.d.	n.d.	301,5 (50%)	410,3 (52%)	493,2 (54%)	570,6 (57%)	–
퀘벡 주도의 행정 구역	n.d.	n.d.	152,3 (25%)	163,4 (21%)	210,5 (23%)	236,7 (24%)	–

1. 국립 도서관, 공공 도서관, 쎄젭 도서관, 대학 도서관 포함
2. 연극, 음악과 오페라, 무용, 버라이어티쇼 등
3. 텔레비전 제작물 포함
4. 미디어 예술 포함
5. 문화, 교육, 다큐멘터리, 유희적 자료, 예를 들어 CD롬, 컴퓨터 게임, 인터넷 사이트, DVD 등에 관련된 멀티미디어 제작물 생산과 보급 또는 창의와 제작에 연관된 모든 것.

출처 : Poulot, D., *Histoire de la politique culturelle québécoise. La culture : un capital à faire fructifier, Regards sur l'action publique*, Gérald Grandmont, Montréal, Presses HEC Montréal, 2016, p. 167.

캐나다 통계청 자료에 따르면 퀘벡 시 행정 기관의 공공 문화 서비스 비율이 2000년에서 2013년 사이 약 53% 증가했음에도 퀘벡 주 전체 공공 문화 서비스 순위에서는 세 번째였다. 이 시기는 퀘벡 문화부가 문화 발전 1차 계획 상대를 만들었던 시기에 해당한다. 2019년 퀘벡 문화 통신 관측소의 앙케트에 따르면 퀘벡 주 도시들은 문화에 69억 5천 6백만 달러를 할당했는데, 이 금액의 43%는 도서관, 18%는 예술과 문학, 16%는 문화유산, 공공 예술 및 디자인에 할애되었다. 시 행정 기관 규모에 따라 변수가 있긴 하지만 그 당시 문화는 퀘벡 시 행정 기관 전체 운영비의 48%를 차지했다. 시 행정 기관들의 총 문화 소비는 1인당 89.56달러로 책정되었던 반면 몬트리올과 퀘벡 시 중심지는 1인당 평균 135.28달러로 상당한 차이를 드러냈다.[20] 그러한 결과에도 불구하고 퀘벡은 프랑스에 비해 아직 갈 길이 멀다. 한편 2012년에 지방 공동체들은 총 예산에서 평균 12%를 문화에 할애했다.[21]

---

20) *Ibid.*, p. 92.

21) *Cf.*, D. Saint-Pierre et F. Thuriot, "Culture et territoires en France et au Québec : évolutions communes et différences", *Pouvoirs locaux. Les Cahiers de la décentralisation* (France), nº 72-1, 2012, pp. 133-143.

도표 2 | **2000년, 2006년, 2010년, 2013년 기능에 따라 문화 명목으로 지출된 퀘벡 도시 행정 구역의 총지출**(최소 단위 : 천 달러)

영역	2000	2006	2010	2013
도서관	187 320	213 897	219 653	253 514
박물관	12 063	15 650	70 356	87 375
기타[1]	98 756	65 032	83 257	157 620
총지출	298 139	294 579	373 266	498 509
일인당 총지출	58,37	53,71	65,73	75,36

1. 지출이 광범위한 문화 활동에 걸쳐 있기 때문에 특별히 어느 활동 영역에 할당하지 못한 지출이 포함되어 있다. 말하자면 민속 페스티벌과 축제, 도서 전시회, 역사적인 공원과 유적지, 예술 직업 박람회 등에 할당되는 지원금과 여타 형태의 지원을 말한다.

출처 : 캐나다 통계청(mai 2013), "문화 명목의 공공 지출 : 자료 도표", 연간 카탈로그 107, p. 35.

* * *

퀘벡 정부는 문화정책을 통해 문화를 제공하는 데 확실한 우위를 지키면서 일반 대중문화와 특히 예술과 문화산업 분야를 발전시키기 위해 수십 년 동안 여러 경로를 통해 중재하는 역할을 해왔다. 보호 무역주의와 간섭주의 문화정책을 추구해 온 퀘벡 주는 공공 문화 활동의 풍요로움과 문화의 폭 그리고 문화가 미치는 범위에 있어 캐나다 다른 주와는 확실히 구별되었다. 그뿐 아니라 캐나다 연방의 문화에 관련된 활동과도 확연히 구분되었다.

퀘벡 정부의 개입이 캐나다의 그 어떤 곳보다 훨씬 확고했던 것은 일찍이 문화가 퀘벡에서는 민족적인 문제, 즉 캐나다 연방 내부에서 퀘벡이 처한 상황으로부터 마주하게 되는 중대한 문제가 되었기 때문이다. 더욱이 문화와 정책의 긴밀한 관계는 퀘벡의 민족적이고 정치적인 입장 표명에 있어 퀘벡의 정체성과 프랑스 언어라는 절체절명의 요소들과도 밀접한 관련이 있었기 때문이다. 사실 민족 문제에 대한 격정거리로 캐나다 연방 정부와 퀘벡 정부 간에 있어 연방에서는 캐나다 문화와 정체성을 위해 퀘벡에서는 퀘벡의 문화와 정체성을 위한 발전과 향상을 위해 제각기 중재에 나섰다. 2000년대 전반기에 폭넓게 논의되었던 문화적 다양성의 요소와 같은 최근 관계 자료에서 퀘벡의 변별적인 접근의 요소들을 되새겨 볼 필요가 있다. 또한 주 정부를 위한 첫 번째 선제적 조치로 문화부에 의해 2010년 가을에 개시된 '문화 어젠다 21' 시행과 더불어 다시 살펴볼 필요가 있다.

퀘벡 문화정책을 시간의 흐름을 쫓아 검토하면서 그리고 퀘벡 정부의 문화 경영 전략을 통해 여타 확인된 사실은 1960년대부터 공권력과 사회적 환경 관련자 및 일반 여론은 퀘벡 사회의 문화적 발전의 비전을 제시하려는 확고한 의지를 드러내 보였다는 것이다. 이러한 발전은 성공뿐만 아니라 다양한 문화 영역에서 여러 지원을 통해 퀘벡 사람들이 기울여 왔던 노력을 증명해 보이는 것이다. 이러한 문화적 실천에 퀘벡 사람들의 참여는 정책적 의지와 공공 전략에 기반을 둔 집단적 문화 선택과 문화 개발을 이루게 되었다. 퀘벡 사람들의 문화적 실천을 분석하는 것은 문화에 대한 욕구가 경제적,[22] 사회적[23] 측면

22) 일자리와 수입에 관련된 측면을 말한다.

23) 통합과 정체성 그리고 공동의 가치를 의미한다.

에서 전체 활동의 중요성이 무시될 수 없는 활동의 집합체로 구성된 다양해진 문화 제공에 의해 충족되고 있다는 것을 보여주고 있다.

오늘날 퀘벡을 대립시키는 쟁점을 고려하여 퀘벡의 문화정책을 위한 틀을 새로 만들어 내기 위해서는 현재의 문화 체계에 대한 전체적인 성찰을 해볼 필요가 있을 것으로 보인다. 쟁점으로 부각된 것들 가운데, 특히 공공 문화 기관과 문화 기업 교체의 문제, 문화 소비 형태 변화의 문제, 문화 영역에서 퀘벡 주 지역들 간에 공정을 기하는 문제를 깊이 성찰해 보고 해결책을 찾아야 한다. 정책의 실현은 인터넷과 신기술의 영향을 염두에 두면서 교육, 과학, 통신, 경제 발전, 지속 가능한 에너지 발전과의 관계를 강화하는 데 총력을 기울여야 한다. 이러한 새로운 문화적 중재의 틀은 법체계와 문화 경영 교육 그리고 공공 출자뿐만 아니라 부문별 정책과 연관된 것들에 대한 욕구를 차후 수년 내에 규명할 수 있어야 한다. 끝으로 '문화 어젠다 21' 프로젝트 일환으로 문화 통신부 내에서 시작된 성찰은 퀘벡 문화정책을 실현하고 쇄신하는 데 크게 기여할 수 있을 것으로 기대한다.

Adams, D. et A., Goldbard, "New Deal Cultural Programs : Experiments in Cultural Democracy)", Talmage (CA), Webster's World of Cultural Democracy, [En Ligne], http://www.wwcd.org/policy/US/newdeal.html, 1995.

Anctil, P., "L'immigration comme facteur de transmutation dans le milieu culturel montréalais", dans Jean Brunet et autres (dir.), *Migration and the Transformation of Cultures*, Toronto, Multicultural History Society of Ontario, 1992.

Arès, R., "Un siècle de vie française en dehors du Québec", *Revue d'histoire de l'Amérique française*, vol. XXI, nº 3a, 1967.

Arnaud, S. et al., *Les défis de la francophonie. Pour une mondialisation humaine*, Alpharès, 2002.

Atkinson, D., "De l'exception à la diversité culturelle. Un enjeu au cœur d'une bataille planétaire" *Annuaire français de relations internationales*, vol. II, 2001.

Auba, J., "Le français dans le monde contemporain", Paris, *Revue des Sciences morales et politiques*, Académie des Sciences morales et politiques, 1988.

Audet, C. et D. Saint-Pierre (dir.) *Tendances et défis des politiques culturelles : analyses et témoignages*, Québec, Les Presses de l'Université Laval (Coll. "Chaire Fernand-Dumont sur la culture"), 2009.

Baillargeon, J.-P., "Les bibliothèques publiques nouveaux lieux privilégiés de développement culturel", *Documentation et Bibliothèques*, 44, 1, janvier-mars 1998.

Barbaud, P., *Le choc des patois en Nouvelle-France. Essai sur l'histoire de la francisation au Canada*, Sainte-Foy, Presses de l'Université Laval, 1984.

Barbaud, P., "Des patois au français, la catastrophe linguistique", *Les origines du français québécois*, Sainte-Foy, Presses de l'Université Laval, 1994.

Bariteau, C., *Québec: le 18 septembre 2001*, Montréal, Québec Amérique, 1998.

Beauvais, C. et J. Jenson, *Social Cohesion : Updating the State of the Research*, Ottawa, Canadian Policy Research Networks, 2012.

Béland, P., *Le français, langue d'usage public au Québec en 1997*, Québec, Conseil supérieur de la langue française, 1999.

Béland, P., *Langue et immigration, langue du travail: éléments d'analyse*, Québec, Conseil supérieur de la langue française, 2008.

Bergeron, G.,"Géographie linguistique et aires de variation du parler au Québec", *Terminogramme-Bulletin d'informaion terminologique et linguistique*, Office québécois de la langue française, Québec, n° 80, 1996.

Bernier, I., *Mondialisation de l'économie et diversité culturelle : les enjeux pour le Québec. Document de réflexion*, Document préparé pour la Commission de la culture, Assemblée nationale du Québec, mars 2000.

Bernier, S., "La statistique culturelle régionale : problèmes, projets et développements récents au Bureau de la statistique du Québec", dans *Actes du Colloque Recherche : Arts et Culture*, Québec, Institut québécois de recherche sur la culture et ministère de la Culture, 1993.

Bernier, S., "Les dépenses culturelles des municipalités en 2007", dans *Statistiques en bref*, n° 55, Observatoire de la culture et des communications du Québec, décembre 2009.

Black, E. R., et A. C. Cairns, "A Different Perspective on Canadian Federalism", *Administration publique du Canada*, vol. 9, 1966.

Blackburn, J., (dir.) *Recueil de textes. Séminaire sur l'avenir de la culture et des communications. Musée des Beaux-arts du Québec, 13 juin 2007*, Québec, Ministère de la Culture, des Communications et de la Condition féminine, Direction du lectorat, de la recherche et des politiques, 2007.

Boissonnault, C.-M., "La politique culturelle du Québec 1867-1960", Travail d'étudiant, Université de Montréal, Département de science politique, Manuscrit transmis à l'auteure par le professeur Iain Gow, 1971.

Bouchard, C., *La langue et le nombril ; Histoire d'une obsession québécoise*, Montréal, Fides, 1998.

Bouchard, G. et C. Taylor, *Fonder l'avenir. Le temps de la réconciliation*, Québec, Gouvernement du Québec. Rapport de la Commission de consultation sur les pratiques d'accommodement reliées aux différences culturelles, 2016.

Bougainville, L. A. de, "Journal de l'expédition d'Amérique commencée en l'année 1756, le 15 mars", *dans Rapport de l'Archiviste de la Province de Québec*, 1923-1924.

Bourassa, H., *La langue française au Canada*, Montréal, Imp. du Devoir, 1915.

Bourque, G., *Classes sociales et question nationale, 1760-1840*, Montréal, Parti Pris, 1970.

Brault, S., "La société civile et l'élaboration d'une politique culturelle métropolitaine : le cas de Montréal", dans *Tendances et défis des politiques culturelles : analyses et témoignages*, Les Presses de l'Université Laval, 2009 a.

Brault, S., *Le facteur C. L'avenir passe par la culture*, Montréal, Les Éditions Voix parallèles, 2009 b.

Breux, S. et J.-P. Collin, "La politique culturelle des villes québécoises face à la récente réforme municipale", dans *Cahiers de géographie du Québec*, vol. 51, n° 142, 2007.

Brouillet, E., *La négation de la nation. L'identité culturelle québécoise et le fédéralisme canadien*, Sillery, Québec, Cahiers des Amériques, Les éditions du Septentrion, 2005.

Cajolet-Laganière, H. et P. Martel, *La qualité de la langue au Québec*, Québec, Institut québécois de recherche sur la culture, 1995.

Canada, Statistique Canada "Tableau 8 : dépenses totales de l'administration fédérale au titre de la culture, selon la fonction et la province ou le territoire, 2006-2007", juillet 2009.

Canada, Statistique Canada, *Recensement du Canada 2006*, "Profil des communautés de 2006 : Résultats pour Montréal", 2010.

Canut, C. et al., *Comment les langues se mélangent*, Paris, L'Harmattan, 2001.

Castonguay, C., "L'évolution des transferts linguistiques au Québec, selon les recensements de 1971 et 1981", in L. Gérard et M. Amyot, 1986 tableau IV. I,

Québec, Conseil supérieur de la langue française, 1994.

Chaire de gestion des arts de l'École des hautes études commerciales de Montréal, *L'intervention culturelle des municipalités québécoises*, Regroupement québécois du loisir municipal, Montréal, 1993.

Charbonneau, H. et Guillemette A., "Provinces et habitats d'origine des pionniers de la vallée laurentienne", Québec, *Langue, espace et société : les variétés de français en Amérique du Nord*, Sainte-Foy, Presses de l'Université Laval, 1994.

Charlevoix, P.-F. Xavier de, "Histoire et description générale de la Nouvelle France", *Journal d'un voyage fait par ordre du Roi dans l'Amérique septentrionale*, Paris, Nyon Fils, 1744.

Chartier, D., *Le guide de la culture au Québec*, Éditions Nota bene, 2004.

Chevrier, M., "Des lois et des langues au Québec", *Études et documents, Québec*, Gouvernement du Québec, 1997.

Choquette, M., "La culture au registre municipal : un nouvel ordre politique du culturel", dans *Actes du Colloque Recherche : Arts et Culture*, Québec, Institut québécois de recherche sur la culture et ministère de la Culture, 1993.

Colbert, F. (dir.), Colloque *Décentralisation, régionalisation et action culturelle municipale*, Chaire de gestion des arts de l'École des hautes études commerciales de Montréal, 1993.

Conseil supérieur de la langue française, *La langue des animateurs de la radio et de la télévision francophones au Québec*, Québec, Gouvernement du Québec, Éditeur officiel, 1984.

Conseil supérieur de la langue française, *Indicateurs de la langue du travail au Québec*, Québec, Éditeur officiel, 1995.

Conseil supérieur de la langue française, *Le français au Québec*, Fides, Les publications du Québec, 2000.

Conseil supérieur de la langue française, *Le français, langue de cohésion sociale. Avis à la ministre responsable de l'application de la Charte de la langue française*, Québec, Gouvernement du Québec, 2008.

Corbeil J.-P., B. Chavez et D. Pereira, *Portrait des minorités de langue officielle du Canada : les anglophones québécois*, Ottawa, Statistique Canada, 2010.

Côté, R., *Québec 2001*, Saint-Laurent (Québec), Fides, 2000.

Dalphond, C.-E., *Le système culturel québécois en perspective*, Québec, Ministère de la Culture, des Communications et de la Condition féminine, Direction du lectorat et des politiques. 2008.

Dalphond, C.-E. et C. Audet, "Les pratiques culturelles dans la région de Montréal", dans R. Garon et M.-C. Lapointe, *Enquête sur les pratiques culturelles au Québec*, 6e édition, Ministère de la culture, des Communications et de la Condition féminine, 2009.

D'amours, M., "Une étude qualitative des politiques culturelles dans les municipalités québécoises", *Journal of Applied Recreation Research*, 19, 4, 1994.

Dansereau, J., "La politique linguistique du Québec. Vérités mensonges", dans *Revue internationale d'études québécoises*, vol. 2, n° 2, 1999.

David, A., *Propos sur la culture*, Recueil de textes colligés et présentés par Fernand Harvey, Montréal, Presses de l'Université de Montréal. 2010.

De La Durantaye, M., "Pour un cadre holistique d'analyse des politiques en matière culturelle : le cas d'une politique culturelle globale pour le Québec", dans Ministère des Affaires culturelles, *Actes du Colloque Recherche : Arts et Culture*, 1991.

De La Durantaye, M., "La performance publique en matière culturelle, l'expérience des organismes culturels et des politiques publiques des municipalités québécoises et de l'État québécois", dans *Actes du 9e Colloque international de la Revue Politiques et Management Public sur la performance publique*, Institut d'études politiques d'Aix-en-Provence, 1998.

De La Durantaye, M., "Municipal Cultural Policies in Québec and Quality of life indicators", dans Center for Cultural Research, International Journal of Cultural Policy and the Research Council of Norway (1999), *International Conference on Cultural Policy Research, volume* I, *volume* II, Bergen, Norway (Proceedings), 1999.

De La Durantaye, M., *Les politiques culturelles municipales au Québec. Portrait de la situation*, rapport de recherche, ministère de la Culture et des Communications du Québec, juillet 1999 (synthèse publiée par le MCCQ en 2000).

De La Durantaye, M., "Municipal Cultural Policies in Québec, Means of Local Development and Quality of Life for the Citizens", XVIIIth World Congress of the International Political Science Association (IPSA) : World Capitalism, Governance and Community : Toward a Corporate Millennium ? Thematic

Paper Session 24 : Local government and finance, Québec, Canada, 2000 a.
De La Durantaye, M., "État de la situation en matière de politiques culturelles municipales au Québec/Update on Municipal Cultural Policy in Québec", CCRN (Canadian Cultural Research Network) Colloquium 2000, Diversity and Culture : Beyond the Rhetoric, Closing Plenary : Cities and Difference : Connecting Communities through Arts. Culture and Leisure, Edmonton, Alberta, Édité par Les Arts et la Ville et traduit par la Fondation de la Famille Samuel et Saidye Bronfman, 2000 b.
De La Durantaye, M., "La coopération intermunicipale culturelle au Québec : une voie d'avenir", dans *Actes du 12e Colloque annuel de Les Arts et la Ville : Les arts et la culture dans la ville de l'an 2001*, Trois-Rivières, 2000 c.
De La Durantaye, M. (en collaboration avec G. Bordage), *Les conseils régionaux de la culture*, Trois-Rivières, Département des sciences du loisir, Université du Québec à Trois-Rivières, 1993.
De La Durantaye, M., J.-G. Lacroix et G. Pronovost (sous la direction de G. Pronovost), *Le public des arts et les pratiques culturelles : formation des usages, idéologies artistiques, logiques d'appareils*, rapport de recherche, Département des sciences du loisir, Université du Québec à Trois-Rivières, Département de sociologie, Université du Québec à Montréal, 1994.
De La Durantaye, M. et M. Bégin, "Chapitre 9:Les processus administratifs de l'offre culturelle", dans:J.-P. Baillargeon (dir.), *Les publics du secteur culturel, nouvelles approches*, Sainte-Foy, Les Presses de l'Université Laval et les Éditions de l'IQRC, 1996.
De La Durantaye, M., S. Fréchette et I. Roy, "Les politiques culturelles municipales au Québec, leur évolution depuis l'adoption d'une politique culturelle d'État en 1992 et le rapport avec les pratiques culturelles", Réseau canadien de recherche culturelle, Colloque interdisciplinaire spécial Politiques et pratiques culturelles : exploration des liens entre la culture et le changement social, Congrès des sciences sociales et humaines, Université d'Ottawa, 1998.
Deloffre, F., *Agréables conférences de deux paysans de Saint-Ouen et de Montmorency sur les affaires du temps (1649-1651)*, Paris, 1961.
Desloges, Y., "Culture, loisirs, sciences et alimentation, 1663-1791", dans Marc Vallières *et al., Histoire de Québec et de sa région*, Tome I : *des origines à 1791*,

Québec, Les Presses de l'Université Laval, 2008.
Després-Poirier, M., *Le Système d'éducation au Québec*, 3e éd., Montréal, Gaëtan Morin, 1999.
De Tocqueville, A., (1831-1859 [1973]), *Tocqueville au Bas-Canada. Écrits datant de 1831 à 1859, datant de son voyage en Amérique et après son retour en Europe*, Montréal, Les Éditions du Jour, 1973 (collection "Bibliothèque québécoise"), reproduit dans "Les Classiques des sciences sociales", dernière mise à jour : 17 octobre 2008, [En ligne], http://classiques.uqac.ca/classiques/De_tocqueville_alexis/au_bas_canada/au_bas_canada.html, consulté le 30 novembre 2020.
Dulong, G., *Bibliographie linguistique du Canada français*, Sainte-Foy/Paris, Presses de l'Université Laval/Klincksieck, 1966.
Dumas, D. et Boulanger, A., "Les matériaux d'origine des voyelles fermées relâchées du français québécois", *Revue québécoise de linguistique*, 11-2, 1996.
Farandjis, S., "Les parlers français et la francophonie", dans *France-Québec Images et mirages*, Montréal, Fides, 1999.
Faribault, M., "L'emprunt amérindien en français de la Nouvelle-France : solutions à quelques problèmes d'étymologie", *Français du Canada - français de France*, Actes du cinquième colloque international de Bellême, Tübingen, Max Niemeyer Verlag, 1999.
Faucher, de S.-M., *La question du jour - Resterons-nous français ?*, Québec, Imp. Belleau, 1890.
Fortier, A., "Le pouvoir fédéral des actions culturelles dont la somme forme peut-être une politique", dans *Pouvoirs publics et politiques culturelles : enjeux nationaux*, Actes du colloque tenu à Montréal les 17, 18 et 19 octobre 1991, Chaire de gestion des arts, Montréal, École des hautes études commerciales (HEC), 1992.
Fortin, A., *Nouveaux territoires de l'art. Régions, réseaux, place publique*, Québec, Éditions Nota bene, 2000.
Frenette, Y., *Brève histoire des Canadiens français*, Montréal, Boréal, 1998.
Garon, R., "Les équipements en tant qu'indicateurs d'accessibilité aux produits de diffusion culturelle", dans *Actes du Colloque Recherche : Culture et Communications*, ministère de la Culture et des Communications du Québec et Bureau de la statistique du Québec, 1997.

Garon, R. et L. Santerre, *Déchiffrer la culture au Québec : 20 ans de pratiques culturelles*, Québec, Les Publications du Québec, 2004.

Gasher, M., "From Sacred Cows to White Elephants : Cultural Policy Under Siege", dans Joy Cohnstaedt et Yves Frenette (dir.), *Cultures canadiennes et mondialisation*, Montréal, Association d'études canadiennes, 1997.

Gattinger, M. et D. Saint-Pierre, *Les politiques culturelles et l'administration "culturelle" publique des gouvernements provinciaux et territoriaux du Canada*, Québec, Les Presses de l'Université Laval (Coll. "Gouvernance et gestion publique") 2010 a.

Gattinger, M. et D. Saint-Pierre, "The 'Neoliberal Turn' in Provincial Cultural Policy and Administration in Québec and Ontario : The Emergence of 'Quasi-Neoliberal' Approaches", dans *Canadian Journal of Communications*, 2010 b.

Gémar, J.-C., *Les trois états de la politique linguistique du Québec*, Québec, Conseil supérieur de la langue française, 1983.

Gendron, J.-D., "La conscience linguistique des francoquébécois depuis la Révolution tranquille", *Langue et identité*, Sainte-Foy, Presses de l'Université Laval, 1976.

Giguère, R., *Politiques culturelles et politiques de développement régional au Québec : la culture dans les planifications stratégiques des régions du Québec 1992-1998*, mémoire de maîtrise en développement régional, Université du Québec à Rimouski, 1999.

Gilder, A.,"La langue française est-elle en péril ?", *La Lettre d'Alexandrie*, Université Senghor, Alexandrie, 1998.

Girard-Lamoureux, C., *La langue d'usage public des allophones scolarisés au Québec*, Québec, Conseil supérieur de la langue française, 2014.

Giroux, L. et al., *Les adolescents et la télévision de langue française*, Montréal, Département de communication, Université de Montréal, 1992.

Gordon, J.-C. et H. Beilby-Orrin, *International Measurement of the Economic and Social Importance of Culture*, Paris, Organisation de coopération et de développement économiques, [En ligne], http://www.oecd.org/dataoecd, consulté le 5 septembre 2020.

Gouvernement du Canada, *Rapport de la Commission royale d'enquête sur le bilinguisme et le biculturalisme*, Ottawa, 5 tomes, 1965-1969.

Gouvernement du Québec, *Rapport de la Commission royale d'enquête sur*

l'enseignement dans la province de Québec, 1964.
Gouvernement du Québec, *Rapport de la Commission d'enquête sur la situation de la langue française et sur les droits linguistiques au Québec*, 1972.
Gouvernement du Québec, *La politique québécoise de la langue française*, Québec, Éditeur officiel, 1977.
Gouvernement du Québec, *Enoncé politique en matière d'immigration et d'intégration*, Québec, ministère des Communautés culturelles et de l'Immigration, Québec, Éditeur officiel, 1990.
Gouvernement du Québec, *Le français langue commune. Enjeu de la société québécoise*, Rapport du comité interministériel sur la situation de la langue française, Québec, Éditeur officiel, 1996.
Gouvernement du Québec, *Un Québec pour tous ses citoyens. Les défis actuels d'une démocratie pluraliste*, Conseil des relations interculturelles, Québec, Éditeur officiel, 1997 a.
Gouvernement du Québec, *Guide d'élaboration et de mise en œuvre d'une politique culturelle municipale*, Québec, 1997 b.
Gouvernement du Québec, *Le Québec en mouvement. Statistiques sur l'immigration*, ministère des Relations avec les citoyens et de l'Immigration, Québec, Éditeur officiel, 1998.
Gouvernement du Québec, *Bulletin statistique de l'éducation*, Québec, Éditeur officiel, 1999.
Grandmont, G., "Réflexions sur les enjeux et défis des politiques culturelles publiques", dans C. Audet et D. Saint-Pierre (dir.), *Tendances et défis des politiques culturelles : analyses et témoignages, Québec*, Les Presses de l'Université Laval (Coll. "Chaire Fernand-Dumont sur la culture"), 2009.
Groulx, L., *Le français au Canada*, Paris, Librairie Delagrave, 1932.
Groulx, L., *L'enseignement français au Canada*, Montréal, Librairie Granger Frères, 1933.
Halford, P. W., *Le français des Canadiens à la veille de la Conquête, Témoignage du père Pierre-Philippe Potier*, Ottawa, Presses de l'Université d'Ottawa, 1994.
Harvey, F., "La politique culturelle d'Athanase David, 1919-1936", *Les Cahiers des dix*, nº 57, 2003.
Harvey, F., "Les relations culturelles entre la France et le Canada (1760-1960)", dans P.-A. Linteau et S. Joyal, *France-Canada-Québec. 400 ans de relations*

particulières, Montréal, Presses de l'Université de Montréal, 2008.

Hébert, L.-P.,"Le Québec et la micro-informatique : programmer ou être programmé", dans *L'avenir du français au Québec*, Québec, Conseil supérieur de la langue française, 1984.

Hébert, L.-P., *La politique linguistique du Québec*, Québec, Institut québécois de recherche sur la culture, 1988.

Héon, G., "Les Archives nationales du Québec : la mémoire de la nation", *Archives*, vol. 27, n° 2, 1995.

Homier, P., *La langue française au Canada*, Montréal, Ligue des droits du français, 1913.

Hyman, H., *L'idée d'un ministère des Affaires culturelles du Québec : des origines à 1966*, Mémoire de maîtrise en histoire, Montréal, Université de Montréal, 1988.

IFI Québec, *Présence et portraits régionaux des personnes immigrantes admises au Québec de 2008 à 2019*, Québec, Gouvernement du Québec, 2020.

Institut de la statistique du Québec (ISQ), Observatoire de la culture et des communications du Québec (OCCQ), *Statistiques principales de la culture et des communications au Québec, Édition 2009*, Québec, Gouvernement du Québec, 2009.

Institut de recherche sur le français en Amérique, *Le choix anglicisant. Une analyse des comportements linguistiques des étudiants du collégial sur l'île de Montréal*, Montréal, 2015.

Kearns, A. et R. Forrest, "Social Cohesion and Multilevel Urban Governance", *Urban Studies*, vol. 37, n°s 5-6, 2010.

Lafortune, B., "Les arts et la culture : une action soutenue des municipalités québécoises ?", *Loisir et Société*, vol. 16, n° 1, printemps 1993.

Langevin, J., *Cours de pédagogie*, Québec, 1865.

Lapointe, A., *L'incidence des politiques culturelles sur le développement des musées nationaux Canada-Québec depuis 1950*, thèse (Ph. D.), Sainte-Foy, Université Laval, 1993.

Laporte, P.-É., *Les nouvelles stratégies en faveur du pluralisme linguistique à la fin du XXe siècle*, Québec, Conseil supérieur de la langue française, 1994.

Laquerre, S. et M. de la Durantaye, *Méthode d'analyse d'un système culturel municipal : le cas de la ville de Longueuil et de sa politique culturelle*, Les Presses de l'Université du Québec, 2005.

Laurin, C., *Le français, langue du Québec*, Montréal, Éditions du Jour, 1978.

Les Arts et la Ville, Colloque *Les politiques culturelles : de l'intention au constat, Notes d'atelier et allocutions*, Lévis, 1996.

Létourneau, J., *Le Québec, les Québécois. Un parcours historique*, Montréal, Fides, 2004.

Levine, M.-V., *La reconquête de Montréal*, traduction de M. Poirier, Montréal, VLB éditeur, 1997.

Little, J., *Crofters and Habitants. Settler, Society, Economy, and Culture in a Quebec Township, 1848-1881*, Montréal et Kingston, McGill-Queen's University Press, 1991.

Marcel, J., *Le joual de Troie*, Montréal, Éditions du Jour, 1973.

Massicotte, D., *Montréal et son marché immobilier locatif de 1731 à 1831 : Stratification sociale, ségrégation spatiale et transition vers le capitalisme*, thèse de doctorat, Université de Montréal, 1995.

Maurais, J., *La norme linguistique*, Québec, Conseil supérieur de la langue française, 1983.

Maurais, J., *Les langues autochtones du Québec*, Québec, Conseil supérieur de la langue française, 1992.

McAndrew, M., *Les majorités fragiles et l'éducation*, Montréal, Les Presses de l'Université de Montréal, 2017.

McAndrew, M. et al., *Concentration ethnique et usages linguistiques en milieu scolaire*, Rapport de recherche présenté au ministère de l'Éducation, au ministère des Relations avec les citoyens et de l'immigration et au Conseil de la langue française, 2009.

Mercer, C., *Towards Cultural Citizenship : Tools for Cultural Policy Development*, Stockholm, Bank of Sweden Tercentenary Foundation et Gidlunds Förlag, 2002.

Mercier, L., *Contribution à l'étude du Glossaire du parler français au Canada, (1930) : Analyse de l'enquête linguistique(1902-1922) de la Société du parler français au Canada et de ses liens avec la genèse du dictionnaire*, Sainte-Foy, thèse de doctorat, Université Laval, 1992.

Ministère de la Culture et des Communications du Québec, *Indicateurs du développement culturel au Québec*, Document de travail, 1995.

Ministère de la Culture et des Communications du Québec, *Bibliothèques publiques, Statistiques 1996*, 1998.

Ministère de la Culture et des Communications du Québec, *Les politiques culturelles municipales : synthèse d'une étude*, Québec, 2000.

Ministère de la Culture et des Communications du Québec, *Pouvoir la culture ensemble - cahier de propositions*, Québec, Ministère de la Culture et des Communications, mai 2005.

Ministère de la Culture, des Communications et de la Condition féminine, *Entente sur le développement culturel de Montréal, Projets et programmes 2008-2011*, Montréal, 2011 a.

Ministère de la Culture, des Communications et de la Condition féminine, *Plan stratégique 2008-2011*, Montréal, 2011 b.

Ministère de la Culture et des Communications et Regroupement québécois du loisir municipal, *Guide d'élaboration et de mise en œuvre d'une politique culturelle municipale*, 1997.

Ministère de l'Éducation, *Rapport annuel, 2000-2001*, Québec, Publications du Québec, 2001.

Ministère des Affaires culturelles, *Statistiques des bibliothèques publiques (1961)*, Québec, Ministère des Affaires culturelles, 1962.

Ministère des Affaires culturelles, *Livre blanc de la culture*, présenté par P. Laporte, Québec, Gouvernement du Québec, 1965.

Ministère des Affaires culturelles, *Rapport annuel 1969-1970*, Gouvernement du Québec, Ministère des Affaires culturelles, 1970.

Ministère des Affaires culturelles, *Rapport annuel 1974-1975*, Gouvernement du Québec, Ministère des Affaires culturelles, 1975.

Ministère des Affaires culturelles, *Pour l'évolution de la politique culturelle du Québec. Document de travail* (Livre vert de Jean-Paul L'Allier), Québec, Ministère des Affaires culturelles, 1976.

Ministère des Affaires culturelles, *La politique culturelle du Québec. Notre culture notre avenir*, 1992.

Ministère d'État au développement culturel, *La politique québécoise du développement culturel*, volumes 1 et 2, Québec, Éditeur officiel du Québec, 1978.

Monnier, D.,"La langue d'accueil et de service dans les commerces", dans *Bulletin du Conseil supérieur de la langue française*, vol. 13, n° 2, 1996.

Morin, Y. C., "Les sources historiques de la prononciation du français du Québec", *Les origines du français québécois*, Sainte-Foy, Presses de l'Université

Laval, 1994.

Noël, D., *Les questions de langue au Québec, 1759-1850*, Québec, Conseil supérieur de la langue française, Éditeur officiel du Québec, 1990.

Office québécois de la langue française, *Rapport sur l'évolution de la situation linguistique au Québec*, Québec, 2016.

Paquin, S. (dir.), avec la collaboration de Louise Beaudoin, Robert Comeau et Guy Lachapelle, *Les relations internationales du Qébec depuis la Doctrine Gérin-Lajoie*, 1965-2005, Québec, Les Presses de l'Université Laval (collection "Prisme"), 2006.

Plourde, M., *La langue française au Québec*, Québec, Conseil supérieur de la langue française, 1985.

Plourde, M., *La politique linguistique du Québec*, Québec, Institut québécois de recherche sur la culture, 1988.

Poirier, C., "Vers des indicateurs culturels élargis ? Justificatifs des politiques culturelles et indicateurs de performance au Québec et en Europe", dans Caroline Andrew, Monica Gattinger, Sharon Jeannotte et Will Straw (dir.), *Accounting for Culture*, Ottawa, Presses de l'Université d'Ottawa, 2005.

Potier, P.-P., "Façons de parler proverbiales, triviales, figurées, etc. des Canadiens au XVIIIe siècle" (manuscrit de 1743-1758 souvent appelé le "Glossaire" du père Potier), *BPFC*, vol. 3 et 4, 1905-1906.

Poulot, D., *Histoire de la politique culturelle québécoise. La culture : un capital à faire fructifier, Regards sur l'action publique*, Gérald Grandmont, Montréal, Presses HEC Montréal, 2016.

Québec, *La politique québécoise de développement culturel*, Québec, Les Publications du Québec, 1978.

Quebec Community Groups Network, *Créer des espaces pour les jeunes Québécois et Québécoises : orientations stratégiques à l'intention des jeunes d'expression anglaise du Québec*, Montréal, 2017.

Québec, Institut de la statistique du Québec (ISQ), Observatoire de la culture et des communications du Québec (OCCQ), "Tableau statistique : part des secteurs de la culture et des communications dans l'économie", Québec (18 mai 2010) Québec, ISQ, Banque de données des statistiques officielles sur le Québec [En ligne], http://www.bdso.gouv.qc.ca, consulté le 15 octobre 2020.

Québec, Institut de la statistique du Québec (ISQ), Observatoire de la culture et des communications du Québec (OCCQ), "Enquête sur les dépenses de l'Administration publique québécoise au titre de la culture", [En ligne], http://www.stat.gouv.qc.ca/donstat/societe/culture_comnc/depense_culture/gouvernement_que/index..htm, consulté le 15 octobre 2020.

Québec, Institut de la statistique du Québec, "Dépenses publiques au titre de la culture. Administration publique municipale", tableaux 1.3, 2.1, 3.16, Québec, ISQ, [En ligne], http://www.stat.gouv.qc.ca/donstat/societe/culture_comnc/depense_culture/adm_pub_munic/index.htm. consulté le 15 octobre 2020.

Québec, Ministère des Affaires culturelles (MAC), Livre vert, *Pour l'évolution de la politique culturelle du Québec. Document de travail*, Québec, Ministère des Affaires culturelles, 1976.

Québec, Ministère de la Culture, des Communications et de la Condition féminine (MCCCF) (2009), *Notre culture au cœur du développement durable. Plan d'action du développement durable 2009-2013*, Québec, MCCCF, [En ligne], http://www.mcccf.gouv.qc.ca/index.php?id=329.pdf, consulté le 15 octobre 2020.

Québec, Secrétariat aux Affaires intergouvernementales canadiennes (SAIC), *Le statut politique et constitutionnel du Québec. Historique et évolution*, Québec, SAIC, 1999.

Rapport Parent. Rapport de la Commission royale d'enquête sur l'enseignement dans la province de Québec, Québec, Éditeur officiel du Québec, 3 t. en 5 vol., 2005.

Rivard, A., *Étude sur les parlers de France au Canada*, Québec, J.-P. Garneau, 1914. Robert, J.-C., *Atlas historique de Montréal*, Montréal, Art global/Libre Expression, 1994.

Rossell, J., *Les usages linguistiques des jeunes immigrants fréquentant les écoles secondaires de Montréal*, Montréal, 2006.

Rosset, T., *Les origines de la prononciation moderne étudiée au XVIIe siècle*, Paris, 1911.

Roy, A., "Le patrimoine immobilier de la Nouvelle-France au Québec : évolution des perceptions et jalons contemporains", Communication, Congrès de l'Institut d'histoire de l'Amérique française, Montréal, [En ligne], http://www.memoirenf.cieq.ulaval.ca/Quebec/Documents/IHAF2000.pdf, consulté le 15 octobre 2020, 2000.

SAIC, *Le statut politique et constitutionnel du Québec. Historique et évolution*, Québec, Gouvernement du Québec, Secrétariat aux affaires intergouvernementales canadiennes du ministère du Conseil exécutif. 1999.

Saint-Pierre, D., *La politique culturelle du Québec : continuité ou changement ? les acteurs, les coalitions et les enjeux*, Québec, Presses de l'Université Laval (Coll. "Management public et gouvernance") 2003.

Saint-Pierre, D., "Les politiques culturelles du Québec", dans R. Bernier (dir.) *L'État québécois à l'aube du millénaire*, Québec, Les Presses de l'Université du Québec, 2004.

Saint-Pierre, D., "Le Québec et ses politiques culturelles : de l'affirmation nationale à la promotion d'une culture distincte et créative", dans M Gattinger et D. Saint-Pierre (dir.), *Les politiques culturelles et l'administration "culturelle" publique des gouvernements provinciaux et territoriaux du Canada*, Québec, Les Presses de l'Université Laval (Coll. "Gouvernance et gestion publique"). 2010 a.

Saint-Pierre, D., "La politique culturelle du Québec : bilan et défis", dans *Tendances et défis des politiques culturelles : cas nationaux en perspective*, Les Presses de l'Université Laval, 2010 b.

Saint-Pierre, D. et C. Audet (dir.), *Tendances et défis des politiques culturelles : cas nationaux en perspective, France, Angleterre, États-Unis, Allemagne, Espagne, Belgique, Suisse, Suède, Québec, Pays de Galles et Écosse, Les organisations internationales*, Québec, Les Presses de l'Université Laval (collection "Chaire Fernand-Dumont sur la culture"), 2010.

Saint-Pierre, D. et F. Thuriot, "Culture et territoires en France et au Québec : évolutions communes et différences", *Pouvoirs locaux. Les Cahiers de la décentralisation* (France), n° 72-1, 2007.

Saint-Pierre, D. et M. Gattinger, avec la collaboration d'Anne-Marie Autissier, Fabrice Thuriot et Kevin Mulcahy, "Les politiques culturelles du Québec et des provinces canadiennes : sources d'influence, approches divergentes et pratiques convergentes", Communication, Colloque "50 ans d'action publique en matière de culture", Chaire de gestion des arts Carmelle et Rémi-Marcoux, École des hautes études commerciales (HEC), 2011.

Secrétariat d'État à la condition féminine, *Programme d'action 1997-2000 pour toutes les Québécoises*, Québec, 1997.

Stanley, D., "The Three Faces of Culture : Why Culture Is a Strategic Good Requiring Government Policy Attention", dans Caroline Andrew, Monica Gattinger, Sharon Jeannotte et Will Straw (dir.), *Accounting for Culture*, Ottawa, Presses de l'Université d'Ottawa, 2005.

Stanley, D., J. Rogers, S. Smeltzer et L. Perron, "Win, Place or Show : Gauging the Economic Success of the Renoir and Barnes Art Exhibits", *Journal of Cultural Economics*, 24, 2000.

Statistique Canada, *Cadre canadien pour les statistiques culturelles*, Ottawa, Catalogue de Statistique Canada nº 81-595-MIF nº 21, 2014.

Statistique Canada, *L'utilisation des langues en milieu de travail au Canada, Recensement de 2015*, Ottawa, 2018.

Statistique Canada, *Guide de la statistique de la culture*, Date de modification :juin 2009, [En ligne], http://www.statcan.gc.ca/ bsolc/olc-cel/olc-cel?catno=87-008-GIF&lang=fra, consulté le 7 août 2020.

Straka, G., "Sur la formation de la prononciation française d'aujourd'hui", *Travaux de linguistique et de littérature*, XIX, 1, Strasbourg, en dépôt à la librairie C., Paris, Klincksieck, 1981.

Tardivel, J.-P., *La langue française au Canada*, Montréal, La compagnie de publication de la revue canadienne, 1901.

Termote, M., "Le poids de l'immigration", *Le français au Québec*, Fides, Les publications du Québec, 2000.

Tétu, M., *La Francophonie*, Montréal, Éditions Guérin, 1987.

Tétu de Labsade, F., *Le Québec, un pays, une culture*, 2e éd., Montréal, Boréal, 2001.

Thurot, C., *De la prononciation du français depuis le commencement du XVIe siècle d'après le témoignage des grammairiens*, Paris, Imprimerie nationale, 1901.

Tocqueville, A. de *Oeuvres complètes, tome V: Voyages en Sicile et aux États-Unis*, Paris, Gallimard, 1957.

Trudel, M., *La population du Canada en 1663*, Montréal, Fides, 1973.

Trudel, M., *Catalogue des immigrants, 1632-1662*, Montréal, Éditions Hurtubise HMH, 1983.

UNESCO, *Understanding Creative Industries*, [En ligne], http://portal. unesco. org/culture, consulté le 10 septembre 2020.

UNESCO "Plan d'action sur les politiques culturelles pour le développement", [En ligne] http://portal.unesco.org/culture/fr/, consulté le 15 octobre 2020.

Vallières, M., Y. Desloges, F. Harvey, A. Héroux, R. Auger et S.-L. Lamontagne, avec la collaboration d'André Charbonneau, *Histoire de Québec et de sa région*, 3 tomes : *des origines à 1791, 1792-1939, 1940 à 2008*, Québec, Les Presses de l'Université Laval (chapitres 6, 11, 16 et 21 sur la vie culturelle), 2008.

Vézina, R., "Le français du Québec : visite guidée", dans *France-Québec, Images et mirages*, Montréal, Fides, 1999.

Viger, J., *Néologie canadienne* (manuscrits de 1810) édité par S. Blais, Ottawa, Presses de l'Université d'Ottawa, 1998.

Wade, M., *Les Canadiens français de 1760 à nos jours*, Montréal, Cercle du livre de France, 1963.

Worton, D., *The Dominion Bureau of Statistics : A History of Canada's Central Statistical Office and its Antecedents, 1941-1972*, Montréal, Presses universitaires McGill-Queen's, 1998.

Zemans, J., "The Essential Role of National Cultural Institutions", dans Ken McRoberts (dir.), *Beyond Québec : Taking Stock of Canada*, Montréal, Presses universitaires McGill-Queen's, 1995.

인터넷 사이트

http://www.mcccf.gouv.qc.ca
http://ville.montreal.qc.ca
http://www.assnat.qc.ca
http://www.culturemontreal.ca
http://www.sodec.gouv.qc.ca
http://www.olf.gouv.qc.ca
http://portal.unesco.org
http://www.culture.gouv.fr
http://www.stat.gouv.qc.ca
http://www.meq.gouv.qc.ca
http://www.statcan.gc.ca
http://www.calq.gouv.qc.ca
http://www.12.statcan.gc.ca
http://www.ameriquefrancaise.org
http://www.francophonie.org

【ㄷ】

【ㄹ】

【ㅁ】

【ㅎ】

【123】

서덕렬 한양대학교 불어불문학과를 졸업하고, 프랑스 파리10대학에서 프랑스어 통사·의미론 전공으로 프랑스어학 석사와 박사 학위를 받았다. 현재 한양대학교 프랑스학과 교수로 재직 중이며, 캐나다 몬트리올대학교 방문 교수로 퀘벡 프랑스어를 연구했고, 캐나다 정부 초청 교수로 퀘벡 문화정책에 대한 연구를 수행한 바 있다. 저서로 『기초실용프랑스어』, 『심화실용프랑스어』, *TEF(Test d'Évaluation de Français)*, *Cours de Langue et Culture Françaises 1, 2*, *Connaître la Culture Canadienne*, *Escargot* 등이 있고, 논문으로 「캐나다 퀘벡 문화정책 : 역사적 변화와 문화적 쟁점」, 「캐나다 문화 통계학 : 문화적 성찰과 비평」, 「프랑스어의 지리적 변이 현상」, 「사전의 실제에서 어휘적 변이」, 「캐나다 퀘벡의 통합정책 : 언어 통합과 사회 통합에 대한 성찰」 등이 있다.

캐나다 퀘벡 문화 담론

: 퀘벡 프랑스어와 문화정책

펴낸날 2022년 9월 15일 초판 1쇄

지은이 서덕렬 ● **펴낸이** 김우승

펴낸곳 한양대학교출판부 ● **출판등록** 제4-7호(1972.2.29)

주소 서울 성동구 왕십리로 222 ● **전화** 02.2220.1432-4 ● **팩스** 02.2220.1435

홈페이지 press.hanyang.ac.kr ● **이메일** presshy@hanyang.ac.kr

본문디자인·편집 김민지 ● **표지** 안광일 ● **인쇄** 네오프린텍

정가는 뒤표지에 있습니다. 잘못된 책은 구입하신 곳에서 교환해드립니다.

이 출판물은 한양대학교 교내연구지원 사업으로 연구됨 (HY-2021-G).

ISBN 978.89.7218.750.9 (93760)